LE MENSONGE DE L'ART

AUTRES OUVRAGES DE M. FR. PAULHAN

FÉLIX ALCAN, ÉDITEUR

(BIBLIOTHÈQUE DE PHILOSOPHIE CONTEMPORAINE)

Les Mensonges du Caractère, 1 vol. in-8	5 »
L'Activité mentale et les Éléments de l'esprit, 1 vol. in-8.	10 »
Les Types intellectuels, Esprits logiques et Esprits faux, 1 vol. in-8	7 50
Les Caractères (2ᵉ édition, augmentée d'une préface nouvelle), 1 vol. in-8	5 »
La Fonction de la mémoire et le souvenir affectif, 1 vol. in-16	2 50
Psychologie de l'invention, 1 vol. in-16	2 50
Les Phénomènes affectifs et les lois de leur apparition. Essai de psychologie générale (2ᵉ édition), 1 vol. in-16	2 50
Joseph de Maistre et sa philosophie, 1 vol. in-16	2 50
Analystes et Esprits synthétiques, 1 vol. in-16	2 50
La Physiologie de l'Esprit (5ᵉ édition, refondue), 1 vol. in-32 de la *Bibliothèque utile*. Broché, 0.60, cart.	1 »
Le Nouveau Mysticisme, 1 vol. in-16	2 50

La Volonté, 1 vol. in-18 (Doin, éditeur)	4 »

LE MENSONGE DE L'ART

PAR

FR. PAULHAN

PARIS
FÉLIX ALCAN, ÉDITEUR
LIBRAIRIES FÉLIX ALCAN ET GUILLAUMIN RÉUNIES
108, BOULEVARD SAINT-GERMAIN, 108
—
1907.
Tous droits de traduction et de reproduction réservés.

LE MENSONGE DE L'ART

INTRODUCTION

§ 1.

La vie de l'humanité est assurée ou rendue possible par de grandes fonctions sociales, l'art, la religion ou la science, qui dirigent l'homme en le trompant. Ces fonctions ne sont ni éternelles, ni invariables, elles se transforment et peuvent mourir. Mais, tant qu'elles s'accomplissent, l'homme se méprend constamment, d'une façon normale et obligatoire, sur leur nature et sur leur portée, et surtout il se méprend, grâce à elles, sur les sujets qu'elles lui montrent. Il se méprend en diverses façons, et l'illusion artistique, à demi-consciente, à demi-voulue, n'a point les mêmes caractères que l'illusion scientifique ou l'illusion religieuse. Les services que rendent ces différents mensonges sont différents aussi, de nature et de valeur, mais ils répondent, au fond, à un même office général, qui est de conserver et de développer l'esprit et la vie, et quelques caractères généraux leur sont communs à tous. Il peut être intéressant de rechercher comment chacune des grandes fonctions collectives réalise ses caractères généraux et sert à sa manière l'ensemble de la société. C'est de l'art que nous nous occuperons ici particulièrement.

§ 2

Ces diverses fonctions apparaissent comme presque nécessairement attachées à certaines matières. Il y a « des œuvres d'art » et des « religions », des « faits scientifiques » et des « théories philosophiques ». Mais c'est là déjà une apparence illusoire sur laquelle j'aurai bien souvent à revenir. En fait ce qui caractérise les différentes fonctions, c'est l' « attitude » de l'homme vis-à-vis des choses. Une « religion » peut être un « objet d'art » ou un « fait scientifique », s'il nous plaît de la considérer ainsi. Et cela a plu à quelques-uns qui ont considéré la religion en artistes ou comme un objet de science. Et de même une œuvre d'art peut être un objet de commerce ou d'industrie, ou bien provoquer des émotions religieuses. Ce qu'il y a de vrai dans l'opinion courante, c'est que certaines idées, certains sujets, certaines réalités sont plus aptes à provoquer, chez la plupart des hommes, telle ou telle attitude déterminée, l'attitude religieuse ou l'attitude artiste. Mais il n'y a là rien d'absolu, et ce qui constitue essentiellement l'art, ou la religion, ou la science, c'est l'attitude de l'homme.

En traitant de l'art, de sa nature et de ses origines, nous considérerons surtout la nature psychique ou sociale de ce qui est essentiel en lui, l'attitude qui le crée, plus que les objets que suscite cette attitude ou qui la provoquent. Il arrive que pour nous parler de l'origine de l'art, on tâche de nous restituer les premières formes de la peinture, de la musique ou de la sculpture. C'est quelque chose d'assez différent que j'essaie comme au reste cela ressortira suffisamment de cette étude. Je ne veux maintenant que prévenir un malentendu. Naturellement, d'ailleurs, nous ne pouvons étudier l'attitude artiste qu'en examinant différents objets auxquels elle s'applique, et la variété même de ces objets servira à mieux définir cette attitude.

§ 3

Le caractère général le plus important de l'art, c'est, il me semble, de créer une réalité illusoire et superficielle, destinée à déguiser, à remplacer provisoirement, et même, en certains cas, à remplacer pour toujours la vraie réalité, c'est de nous faire vivre dans un univers qui n'existe pas, ou qui n'existe guère, mais qui correspond à nos désirs. L'art consiste essentiellement à remplacer un monde réel qui nous froisse, qui ne nous satisfait pas, par un autre monde, moins vrai, mais plus satisfaisant.

Ainsi l'art se rapproche à la fois, d'un côté, des autres grandes fonctions comme la science, la religion, ou l'industrie, et, d'autre part, il s'en sépare nettement.

L'art, en effet, comme la morale, la religion, ou l'industrie, et comme en général toutes les formes individuelles ou collectives de la pensée humaine, tend à substituer une réalité supérieure, mieux systématisée, à une réalité inférieure, moins systématisée. Cela est assez évident. Nous retrouvons partout cette tendance à la conservation et au développement de la vie des éléments psychiques, de la vie de l'esprit, de la vie des sociétés. L'industrie y tend par la transformation du monde matériel, la morale par la systématisation de la volonté, la science par la systématisation de l'intelligence, la religion par la transformation de l'âme, par l'adaptation de l'homme et du monde, en tant qu'il dépend de l'homme, aux volontés d'êtres supérieurs. Mais nous trouvons bientôt une bifurcation importante. Tandis que toutes ces grandes fonctions visent à des transformations réelles du monde, ou recherchent la vérité qui permettra ces transformations, l'art ne tend que vers la création d'un monde illusoire et fictif, et ne se soucie guère de la vérité. La transformation qu'il produit est, sous quelques réserves que j'indiquerai plus loin, subjective, provisoire ou superficielle, mais singulièrement rapide, complète dans son domaine, et, parfois aussi, efficace. L'imagination, qui est la créatrice de l'art, nous présente comme accomplies des transformations que l'industrie et la science unies n'accompliraient pas en plusieurs années.

L'industriel et le savant peuvent les concevoir aussi vite, mais pour eux c'est là un point de départ, une hypothèse ou un projet. Il s'agit surtout de les faire passer dans le monde réel. Pour l'artiste c'est une sorte d'hypothèse qui est la réalité même, il ne s'agit point pour lui de l'incarner dans le monde vrai, mais de la réaliser et de la faire vivre sous sa forme irréelle et cependant durable. Et il ne cherche point, comme le ferait un politicien, par exemple, ou un avocat peu scrupuleux, à nous donner comme vrai son mensonge. Il lui assure, dans une certaine mesure, les caractères de la vérité, plus ou moins selon les cas, et selon ses goûts ou ses aptitudes, mais il sait très bien que nous ne le prendrons pas pour la vérité même, et c'est ce qu'il veut. Un peintre cherche à faire un portrait ressemblant, non à le faire passer pour le modèle. Un romancier, même réaliste, ne souhaite point qu'on lise son roman comme un compte rendu de cour d'assises.

§ 4

En disant que l'œuvre artistique est « subjective » et imaginative, tandis que l'œuvre industrielle ou morale est « objective » ou réelle, j'exprime d'une façon assez grossière et un peu inexacte une vérité incontestable. Il suffit donc d'indiquer les réserves qui s'imposent. L'œuvre d'art est objective en un sens. Une symphonie, un tableau existent en dehors de nous aussi bien qu'une paire de pincettes. Seulement leur valeur objective n'est pas la même, ou plutôt le rapport de leur valeur objective à leur valeur subjective. Il n'est pas besoin, d'ailleurs, d'insister longuement sur la différence qui distingue une forêt peinte ou décrite, d'une forêt réelle.

D'autre part, si l'art ne vise point essentiellement à

réaliser son œuvre comme la morale ou l'industrie, cette œuvre ne reste point sans influence sur le monde réel et l'art produit indirectement des effets tout à fait opposés à sa tendance essentielle. La poésie, le roman ne sont certainement pas sans influence sur le monde des esprits, ni peut-être la peinture et la sculpture sur le monde matériel. Ainsi l'art pourrait être une sorte de moyen très spécial et inconscient d'industrie et de morale, malgré sa nature propre qui l'oriente en un sens entièrement opposé. Comme à l'origine de leur existence, les grandes fonctions psycho-sociales arriveraient à se rejoindre aussi au terme de leurs destinées, peut-être. Parties d'un même point, elles arriveraient, par des chemins très différents, à un même but. C'est ce que nous aurons à voir.

§ 5

Examinons l'art, tout d'abord, dans son rôle de créateur d'un monde factice et illusoire qu'il substitue au monde réel qui nous gêne.

Le point de départ de son action est évidemment dans le désaccord qui existe soit dans l'esprit même de l'homme, soit entre l'homme et son milieu. Toute son activité implique le manque naturel ou la rupture de l'équilibre psychique et de l'équilibre social. L'art remplace cette harmonie absente par la feinte réalisation d'une harmonie supérieure. Et nous avons à examiner, de ce point de vue, les différentes formes de l'art. Nous verrons comment cette feinte se produit différemment en chacune d'elles. Nous étudierons aussi la façon dont l'homme, par l'attitude artiste, transforme en objets d'art une foule de choses que leur nature destinait à un autre sort, et qui servent effectivement, selon les individus, leurs aptitudes et leurs besoins, à des fins très différentes. Nous examinerons les rapports de l'art avec l'émotion du beau qui s'y rattache, mais pas aussi essentiellement qu'on le suppose. Elle en est comme l'achèvement et la perfection. Nous aurons aussi à considérer les rapports de l'art et du jeu. Et nous pourrons, je pense, rendre vraisemblable cette conclusion que l'art n'est pas un jeu, mais que bien plutôt le jeu est une forme spéciale et intéressante de l'art. Ceci nous amènera à parler de plusieurs formes frustes de l'art, de formes indifférenciées, et insuffisamment étudiées ou trop méconnues; d'arts tout subjectifs et personnels, mais dont l'importance est considérable et qui nous aideront à comprendre la vraie nature et les origines de l'art. Nous dirons quelque chose, enfin, des rapports de l'art avec le bien et le vrai comme avec le beau, avec la morale en général considérée comme embrassant toute la théorie de la pratique vraie. Et, après avoir enfin tenté le résumé synthétique de tout ce qui se sera ainsi dégagé, nous tâcherons d'en voir les conséquences.

CHAPITRE PREMIER

L'ART IDÉALISTE ET SUPRA-HUMAIN

§ 1

Un enfant a faim. Son assiette et sa cuiller sont devant lui. Il attend avec impatience sa soupe qui tarde à venir. Il peut se lever, aller la chercher, il peut crier, appeler sa mère, il peut aussi, comme je l'ai vu, imiter, en promenant sa cuiller dans son assiette et en la portant ensuite à sa bouche, les mouvements d'un enfant qui mange, et se régaler ainsi d'un plat imaginaire. Dans le premier cas, il agit en industriel, en ingénieur, en homme pratique ; dans le second, en politique ou en homme religieux ; dans le troisième, en artiste.

Tous les arts sont une sorte de geste compliqué qui crée en nous, ou qui suggère aux autres un monde fictif où nos besoins contrariés trouvent une satisfaction quelquefois très vive et généralement peu substantielle. Ils ressemblent tous au geste de l'enfant qui porte à la bouche sa cuiller vide, et ils dérivent de quelques faits analogues.

Mais selon les besoins qu'ils devront satisfaire, selon leur degré d'élévation, de force et de complexité, selon la nature et les facultés spéciales de l'artiste, selon qu'il sera enclin à jouir des formes, des couleurs, des sons, des idées abstraites ou des représentations affectives, selon que son esprit sera large ou étroit, analyste ou synthétique, selon qu'il profitera seul de son rêve ou qu'il voudra le communiquer aux autres, les arts se multiplieront en des formes extrêmement variées, depuis la symphonie ou le poème jusqu'à la simple rêverie. Chacun aura son art à soi, sa façon de se créer un refuge en dehors de la vie, et chacun aussi admirera ou imitera celui des autres, en tant que les autres lui ressemblent ou en tant qu'il interprétera leur art selon sa nature propre.

Il s'est fondé, parmi l'immense variété des cas individuels, quelques grandes classes d'art, assez nettement définies, quand on ne les regarde pas de trop près surtout, et qui correspondent aux principales qualités psychiques inégalement développées en chaque individus. Et dans chacune de ces classes, des formes différentes naissent, évoluent, se transforment, avortent, pour traduire la nature de chacun de nous, pour s'adapter aux différences des esprits et suivre, en les développant à l'occasion, les variations des désirs et des goûts. Naturellement, de nombreux malentendus facilitent, et parfois retardent, pour chaque homme, l'appropriation personnelle des œuvres qui parviennent jusqu'à lui.

§ 2

Le besoin le plus élevé de l'homme c'est un désir d'harmonie générale réalisée dans son esprit, dans la société, dans le monde. Mais tous nos besoins sont un besoin d'harmonie (et ceci est une tautologie sans doute) et chacun d'eux exprime une rupture ou une imperfection de l'équilibre. Depuis la faim ou la soif jusqu'au désir du « règne universel des fins » ou de la « spiritualisation de l'univers », ils ont tous le même caractère.

Ils se ramènent tous pour l'homme à une désharmonie mentale, quelles que soient leur origine et leur forme extérieure. Il est trop évident que l'homme ne peut s'inquiéter des choses que s'il est en rapport avec elles, et de leur désharmonie que pour le trouble que cette désharmonie produit en lui. Si notre équilibre interne n'était affecté en rien par les événements extérieurs, rareté des récoltes, guerre, désorganisation d'un système stellaire, nous ne pourrions ni sentir le désaccord, ni chercher à y remédier.

Il suffirait donc de remplacer en nous l'équilibre psychique qui dépend des choses extérieures par un équilibre nouveau sur lequel les événements du dehors n'agiraient plus, pour revêtir l'esprit d'une sorte de perfection subjective et personnelle, précaire peut-être et exposée à bien des mésaventures, illusoire et délicieuse tant qu'elle pourrait durer. Une barque peut ainsi naviguer librement et doucement dans un port tandis que la tempête au dehors grandit les vagues et brise les vaisseaux, mais elle n'agit pas réellement. L'art s'emploie à une œuvre pareille, c'est cette harmonie intérieure, personnelle et subjective, mais abritée contre les chocs du monde inhospitalier qu'il réalise ou qu'il tend à produire.

Plus il s'élève et plus l'harmonie qu'il crée ainsi est une harmonie générale et souvent abstraite, unissant l'ensemble de la personnalité dans son accord. Plus il descend, au contraire, et plus il tend à réaliser, toujours selon le même mode, des systématisations plus restreintes et plus spéciales, à satisfaire idéalement, par ses illusions, des désirs concrets et précis, plus particuliers ou plus grossiers.

§ 3

Voyons d'abord les formes les plus caractéristiques de l'art, ses œuvres les plus hautes, ses effets les plus élevés. Les deux choses ne se confondent pas absolument. L'action d'une œuvre d'art ne dépend pas seulement de son auteur et de sa nature, mais de celui qui la perçoit. Tel esprit élève le ton de l'œuvre et tel autre le rabaisse. Une symphonie de Beethoven peut évoquer un monde moins noble dans un esprit bas qu'un air vulgaire envoyé par un orgue de Barbarie dans une âme supérieure. Certaines impressions sont provoquées parfois par les œuvres les plus opposées à leur nature. Au reste, il ne s'agit pas pour nous d'examiner les différences individuelles dans la construction idéale évoquée par l'œuvre d'art, mais de reconnaître la fonction générale de l'art et d'en examiner les grandes formes et leurs valeurs décroissantes.

C'est la musique, semble-t-il, qui répond le plus complètement à l'idée de l'art. C'est par elle que la transformation du monde est le plus considérable. Par elle, un univers tout à fait nouveau, tout à fait artificiel vient se substituer au monde réel. Il n'a presque rien de commun avec lui, juste ce qu'il faut pour que nous puissions y pénétrer et nous y reconnaître. Cela s'applique surtout aux formes supérieures de l'art musical.

Une symphonie est un monde, un monde systématisé, une sorte de drame sans signification exprimable par des mots (en général) et qui non seulement finit bien, sur un accord parfait, mais qui se maintient constamment en dehors des cacophonies et où les discordances ne sont qu'un des moyens nécessaires de l'harmonie.

La musique est même à tel point le domaine et pour ainsi dire, le *lieu* de la systématisation que l'on est gêné pour trouver des termes qui expriment sa systématisation spéciale. Ceux qui la traduisaient ont pris un double sens, général d'une part, musical de l'autre (harmonie, accord, discordance, consonance, accord parfait, unisson) et quand on parle de la systématisation musicale, on a l'air de s'amuser à des jeux de mots.

L'importance, la complexité, la grandeur du drame musical pur, du drame heureusement intraduisible de la symphonie, apparaissent à l'esprit, si l'on pense aux innombrables éléments dont elle est composée. Une symphonie comprend plusieurs parties, chaque partie plusieurs morceaux plus ou moins distincts, plusieurs phrases qui paraissent, reparaissent, se transforment ; chaque fragment de phrase a plusieurs notes successives ou simultanées, et chaque note se compose de différents sons qui varient selon le timbre de l'instrument et chaque son lui-même est un composé de vibrations et chaque vibration est un système insondable, dont le retentissement en nous est singulièrement plus compliqué qu'on ne l'a cru longtemps.

Et tous ces éléments s'ordonnent, se combinent, s'opposent et se combattent aussi, puisque aussi bien tout accord suppose quelque lutte, mais d'une manière toujours voulue, toujours réglée, et même dans les compositions les plus âpres, toujours apte à donner aux auditeurs choisis l'impression d'une force harmonique, qui se développe avec sûreté. Les conflits ne dépassent jamais certaines limites et ils aboutissent toujours à se résoudre en une consonance (1) (sauf quelques exceptions négligeables, dont l'interprétation ne soulèverait aucune difficulté grave) (2).

(1) Voir à ce sujet dans la *Revue philosophique*, mon article La Composition musicale et les lois de l'activité mentale.

(2) En fait, je ne trouve nullement nécessaire qu'un morceau se termine par un accord parfait. Jadis l'accord parfait mineur était proscrit comme terminaison. Il se peut bien qu'un accord de septième paraisse plus tard suffisant. L'harmonie absolue sera moindre, mais la variété y gagnera. Et si l'on ne recherchait que l'harmonie absolue, il ne faudrait donc pas sortir de l'accord parfait. Le sens du morceau sera moins précis, moins déterminé, le morceau formera un tout moins compact et qui se suffira moins à lui-même peut-être. Mais en certains cas, cela ne sera sans doute pas un mal. De récentes productions musicales semblent bien montrer le caractère tout relatif de nos exigences en fait de tonalité, d'harmonie, de régularité du rythme.

La réalisation en nous de ce monde étrange, nouveau et systématisé substitue dans les cas les plus nets à notre activité toujours discordante et toujours malheureuse à bien des égards, une activité heureuse et coordonnée qui se traduit par une impression esthétique plus ou moins vive, par sentiment de plénitude de vie, de liberté, d'harmonie générale, de force victorieuse, qui ne peuvent s'exprimer. On rapprocherait trop par les mots forcément employés cet état spécial des sentiments ordinaires de la vie. Mais il a été plusieurs fois très bien indiqué et tous ceux qui sentent et comprennent réellement l'essence profonde de la musique l'ont ressenti. Une symphonie est, à proprement parler, une âme semblable à la nôtre, composée comme elle de systèmes et d'éléments, mais bien plus pure, bien moins imparfaite. Elle ne ressemble à l'âme humaine que par des caractères très généraux, elle ne s'unit point à elle (dans les cas les plus marqués) elle n'excite point nos passions humaines, ni nos idées. Elle se substitue à elles. Elle prend pour quelques moments la place de notre esprit, en s'accommodant comme elle peut des forces que celui-ci lui abandonne. Ce n'est plus nous qui vivons, mais une âme meilleure et plus haute qui s'installe et vit en nous et que nous avons à peine la force de contempler si même nous ne nous abandonnons pas complètement en nous laissant absorber par elle.

§ 4

C'est là l'impression esthéthique par excellence, celle qui ne résulte point de la satisfaction imaginaire accordée à quelqu'un de nos sentiments concrets, mais qui est une impression d'ensemble, l'émotion que nous donne la systématisation même en tant que telle et qui se combine à cette forme spéciale d'émotion que donne l'espèce propre de la systématisation réalisée (1).

Il y a quelque chose d'analogue dans toutes nos impressions artistiques, quelque chose qui correspond à un caractère général de l'art. Il s'y trouve aussi quelque chose de plus spécial. Un art quelconque est bien obligé, pour arriver à créer en nous un monde, de passer par nos sens et par nos idées. Il en résulte qu'à l'impression esthétique supérieure se mêlent d'autres impressions d'un ordre différent : le plaisir de l'ouïe, par exemple, ou le plaisir de la vue, ou encore le plaisir que donne, dans la littérature, l'éveil de certaines idées ou de quelque sentiment, comme la tendresse ou la pitié. Mais évidemment, c'est là une condition de l'art, ce n'est pas son but. La musique vise à autre chose qu'à nous charmer l'oreille et la peinture qu'à plaire à l'œil, et la littérature qu'à nous suggérer certaines images agréables. Il est de fait que la valeur des œuvres n'est nullement fixée par leur agrément. Mozart peut passer pour plus « agréable à l'oreille » que Beethoven et peut-être même

---

(1) Cf. mon article sur « l'Émotion esthétique », *Revue philosophique*, 1905.

parfois Donizetti que Wagner. Une nymphe rose et fraîche d'un peintre médiocre peut flatter l'œil plus doucement que le *Pied bot* de Ribera, et si l'on ne considérait que le plaisir facile des sens et de l'esprit, sans doute préférerait-on tel ou tel vaudeville à *Phèdre* et *l'Abbé Constantin* à *Salammbô*.

Mais si c'est une sorte d'admiration, de saisissement (au sens propre) qui doit accompagner l'émotion esthétique la plus haute, elle n'est nullement proportionnelle au plaisir de nos sens, ni à la satisfaction de nos sentiments d'homme, ni à la joie facile de notre intelligence. Elle va souvent à des œuvres qui la prennent de force, qui nous donnent quelque peine à les bien pénétrer, qui nous sont pénibles ou douloureuses même par quelques côtés, qui ne s'installent point en nous sans résistance. Mais il faut qu'elles arrivent à y susciter ce monde systématique, cette harmonie vivante dont je parlais. Quant aux moyens employés, aux sentiments provoqués, aux sensations données, aux idées excitées, quant à la forme spéciale même et à tout ce qui concerne le métier de l'artiste, peintre ou musicien, poète ou sculpteur, il faut que tout cela concoure à la réussite de l'œuvre, il faut que ces élément existent et soient perçus, plus ou moins nettement, dans leur individualité et dans l'ensemble où cette individualité se révèle et se perd à la fois, mais ils ne sont guère que les échafaudages, le mortier, et tout au plus les pierres de l'édifice. Les impressions agréables des sens, les idées, les sentiments comme l'amour, la pitié, la terreur peuvent y trouver place, mais ils ne valent esthétiquement que par l'ensemble dont ils font partie.

PAULHAN. — Mensonge de l'art.

Ce qui caractérise l'impression esthétique la plus haute, c'est toujours la substitution d'un monde harmonique artificiel au monde réel, d'une vie factice, harmonieuse et imaginative à notre vie ordinaire et naturelle. Moins nous éprouverons l'impression d'ensemble qui répond à cette vie, moins nous éprouverons l'émotion esthétique propre, plus elle restera faible, décolorée, mélangée d'éléments hétérogènes. Si nous ne savons pas apprécier tel ou tel procédé de métier, distinguer la nature et l'effet de telle touche ou de tel accord, apprécier l'emploi de tel timbre de hautbois ou de flûte, le mérite spécial de telle épithète rare ou de tel verbe pittoresque, telle coupe de vers, telle sonorité de voyelles et de consonnes, si nous ne pouvons comprendre telle idée ou vibrer de tel sentiment, ce sont autant de notes qui manqueront à l'accord total de l'émotion esthétique. Mais si nous nous attachons trop individuellement à quelqu'un de ces éléments, si nous sommes trop admirateur du métier ou trop portés à nous émouvoir d'une émotion ordinaire, c'est l'ensemble même de l'émotion esthétique supérieure qui disparaîtra. Et peut-être est-il plus « artiste » de l'éprouver même en négligeant ses éléments, que de s'attacher trop à ceux-ci. On peut suppléer jusqu'à un certain point à tout ce qui manque à une œuvre d'art ou à tout ce qu'on ne sait pas y comprendre, et éprouver une émotion esthétique d'ensemble sans en distinguer et même sans en sentir inconsciemment les éléments, parfois même en les dénaturant, en les idéalisant singulièrement. Une œuvre insignifiante, ou même mauvaise, peut parfois, selon nos dispositions, nous ouvrir le monde enchanté. Mais alors, notre impression devient bien plus personnelle et plus individuelle encore qu'elle ne l'est dans d'autres cas, et c'est le spectateur ou l'auditeur qui est vraiment en pareil cas le créateur et l'artiste. Il l'est toujours, à vrai dire, dans une certaine mesure, extrêmement variable.

§ 5

Certains caractères du monde de l'art sont assez évidents. On voit sans peine (au moins à ne considérer que l'ensemble des choses, car on pourrait épiloguer longuement sur la question) en quoi il est réel et en quoi il ne l'est pas. Il est généralement éphémère, artificiel et voulu. Enfin, il reste toujours individuel et intime. Il existe en moi, et non pas moi en lui. Et si même un peuple entier écoutait une symphonie, tous les mondes artificiels qui écloraient dans les âmes des auditeurs resteraient encore assez indépendants et assez isolés. Ils se ressembleraient plus ou moins, ils ne s'uniraient guère pour collaborer à une œuvre commune. Sans doute, l'émotion de chacun retentit sur l'émotion des autres. Cela est très important lorsqu'il s'agit de soulever une foule aux accent de *la Marseillaise*; mais le mélange de nombreux individus est d'importance secondaire et il est parfois gênant quand il s'agit d'apprécier une symphonie. J'imagine que bien des vrais amateurs se contenteraient d'entendre, cachés dans quelque coin obscur, sans voir et sans être vus. Dans une salle de concert, l'enthousiasme de chacun développe parfois l'enthousiasme des autres, quand il n'en est pas gêné. Mais alors, ce n'est peut-être plus l'art pur qui domine. C'est une conséquence sociale de l'art qui se produit, ou peut-être, en certains cas, une forme sociale de l'art sur laquelle nous reviendrons

Ainsi, le mensonge de l'art qui, comme tous les mensonges, repose sur quelque vérité, c'est l'évocation d'un ensemble d'éléments psychiques, idées, sensations, sentiments, mouvements mêmes, qui, au lieu de nous adapter à la réalité extérieure, nous en détache, et à certains égards nous isole.

Sans doute, ce n'est point là l'art qu'on se plait à nous dépeindre depuis quelques années, l'art social dont la fonction serait, au contraire, de rapprocher les hommes en leur insinuant les mêmes sensations, des impressions communes et des sentiments semblables. Est-ce à dire que cette conception de l'art soit fausse ? Elle ne l'est pas complètement, mais elle reste fort imparfaite et ne tient guère compte que de certains côtés et de certains effets de l'art que je considère comme secondaires ou comme dérivés.

L'art social me paraît provenir, pour un bonne part, de l'impuissance individuelle. Si nous nous unissons pour éprouver des sensations artistiques, c'est que chacun de nous ne peut se les procurer sans cela. Il serait généralement plus agréable, il me semble, de regarder un tableau chez soi que d'aller le voir au Louvre et d'entendre un concert sans dérangement et sans cohue. Peut-être serait-il plus agréable encore de se peindre ses tableaux, de composer sa musique et d'imaginer ses romans et ses poèmes. C'est ce que l'on fait, aussi bien, quand on le peut. Mais les raisons qui s'opposent à ce qu'il en soit toujours ainsi, sont assez claires, et pour créer notre monde factice nous avons besoin du monde réel; pour nous trouver dans l'isolement, il nous faut avoir recours aux autres.

D'autre part, l'esprit humain et la société savent utiliser et tourner vers un but les faits qui tendent vers un but opposé. C'est là un phénomène constant. A chaque moment on voit un progrès de la coordination mentale dériver de quelque incohérence psychique. Et de même on voit constamment la société tourner vers ses propres fins les efforts individuels des hommes en vue de leur propre satisfaction.

Ainsi, l'art en général, tout en étant essentiellement une protestation de l'individu contre la réalité qui l'opprime, une sorte de négation du monde extérieur et du monde social réel, peut fort bien avoir recours à ces mondes pour se réaliser dans sa vie factice et aboutir ainsi à une organisation sociale spéciale, ou même parfois à une organisation générale nouvelle et tout cet enchaînement de faits peut recommencer et recommencer encore.

Enfin l'art peut être social d'une manière différente. Une société peut, comme un individu, être froissée par son milieu, gênée dans son expansion. Alors elle peut, comme un individu, se réfugier dans une vie illusoire et factice, s'organiser une sorte de monde artistique, se retirer de la réalité. Entre cette forme extrême de l'art social et l'art presque purement individuel, les intermédiaires s'échelonnent. Des groupes sociaux peuvent s'organiser, soit d'une manière durable, soit d'une manière temporaire, pour s'isoler, pour s'organiser une vie en dehors de la vie réelle et normale. Les cercles, les soirées, les bals, les théâtres d'amateurs, avèrent cette tendance. Mais il me suffit pour le moment d'indiquer cet ordre de considérations que nous retrouverons plus tard.

§ 6

J'ai commencé l'étude de l'art supérieur en parlant de la musique, parce que c'est elle qui se détache ou qui nous détache le mieux de la vie réelle. Sans doute elle est capable d'exciter des sentiments humains, l'amour, la colère, et même, ce qui paraîtra plus surprenant parce que cela est plus rare, la passion des sciences naturelles ou le désir littéraire. Mais prise en elle-même elle constitue un ensemble d'éléments très différents de ce que nous montre l'expérience spontanée. Car en vérité ce n'est que par métaphore que nous parlons de la musique de la nature. Entre la musique de Beethoven dans la *Symphonie pastorale* et ce que nous entendons réellement en nous asseyant au bord d'un ruisseau, ou même en étant surpris par un orage, il y a bien plus de différences que d'analogies. Et celles-ci — à part une ou deux imitations plus directes — sont assez abstraites, ou bien indiquent seulement l'analogie des impressions qu'éveillent d'une part la musique, d'autre part la nature. Quand la musique se passe de programme et n'accompagne aucune action scénique, quand elle est simplement musicale, elle constitue un monde à part, le plus séparé qu'il nous soit donné de concevoir et de percevoir à la fois, des réalités de la vie. Rien dans le monde ne ressemble, d'une manière concrète, à une symphonie.

La peinture, au contraire, la sculpture, la littérature ne peuvent nous fournir un ensemble de sensations aussi éloigné de la vie réelle. Le peintre, le sculpteur, le poète ou le romancier sont bien obligés de s'inspirer de la nature et de l'imiter. Ils la transforment, sans doute, ils la défigurent et ils l'épurent. Mais les personnages qu'ils créent, les héros, et même les êtres fabuleux, auxquels nous avons souvent peine à accorder le degré de croyance nécessaire au mensonge de l'art, ressemblent encore aux êtres réels, et c'est d'eux qu'ils tiennent en quelque sorte le peu de réalité factice qui leur reste.

L'impression esthétique en est, en général, moins pure. Elle compense cette infériorité par des avantages dont il sera question plus tard. Au reste, l'art peut y être encore très haut et relativement très pur. Il suffit pour cela que les formes concrètes qu'il retrace, que les sentiments qu'il émeut en nous, que les idées qu'il évoque, nous ne les considérions point par rapport à notre vie réelle et au rôle qu'ils y peuvent jouer, mais que nous les situions dans un monde extérieur au nôtre, dans un monde imaginaire et détaché de notre vie. Et c'est là, je le crois, ce que l'on a appelé, en termes équivoques et assez impropres, le « désintéresment » de l'art, et c'est ainsi, je pense, que les passions sont « purgées » et peuvent contribuer à la formation d'un monde artistique.

Il est à remarquer qu'en effet, l'art dont nous recevons les impressions qui nous séparent le plus de notre monde et nous font le plus sortir de notre vie, c'est celui-là qu'en bien des cas on est convenu d'appeler le « grand art », et c'est une des raisons qui me fait croire que cette désignation n'est point tout à fait imméritée. Et, en effet, je pense qu'on s'entend pour mettre la symphonie au-dessus de l'opéra-comique et le drame lyrique au-dessus de la romance sentimentale. Pareillement on s'entendra sans doute pour reconnaître que Phèdre est d'un genre plus « noble » que *Célimare le bien-aimé*, ou la *Légende des siècles* que les menus poèmes sentimentaux et réalistes de tel contemporain.

C'est que les héros mythiques, lointains ou vaguement historiques des drames de Wagner, de la tragédie ou des poèmes épiques, sont en effet plus loin de nous que les personnages du vaudeville ou du lyrisme contemporain. L'antiquité classique doit une bonne part du prestige qui l'a illustrée à ce que ses héros ne sont point de notre monde. Quand on essaye de les rapprocher de nous, de nous montrer en eux des êtres semblables à nos contemporains et à nous-mêmes, vivant d'une vie normale et réelle, sortant de leurs attitudes abstraites et théâtrales, on les a peut-être, dans la mesure où l'on a réussi, rendus plus sympathiques et à certains égards, plus intéressants ; mais on leur a certainement enlevé quelque chose de leur pureté esthétique. Les personnages de la littérature la plus haute vivent d'une vie qui ressemble à la nôtre, en ce qui lui est nécessaire pour être une vie, mais qui en diffère par ailleurs autant qu'il leur est possible. Et c'est là, en même temps que ce qui en fait l'élévation et la pureté, ce qui en fait aussi le danger.

De même pour la peinture. Les personnages mythologiques ou historiques doivent leur noblesse apparente et une partie de leur valeur à ce qu'ils ne sont pas mêlés à notre vie. Ils vivent, quand ils vivent, d'une sorte de vie surnaturelle ou extra-naturelle, et par là ils sont aptes à entrer dans le monde artistique, dans ce monde étrange, harmonisé comme une symphonie, réglé par l'imagination, par la fantaisie de chacun et aussi par de vieilles habitudes et par des conventions qui restent respectables, jusqu'au moment où elles viennent à manquer à leur devoir, où elles sont impuissantes à faire vivre le monde de l'art.

§ 7

Si l'on a pu croire que l'éloignement dans l'espace pouvait, en art, équivaloir à l'éloignement dans le temps, c'est que cet éloignement aussi écarte de notre vie et nous rend étrangers les personnages représentés. Par là, Bajazet et Roxane pouvaient devenir comme Phèdre ou Thésée, comme Nicomède ou Mithridate, des héros de tragédie. Ils évoquaient un monde presque aussi éloigné de la vie contemporaine.

Et tout ce qui est capable de créer ainsi le monde de

l'art et d'y entrer comme élément, cela même nous révolte ou nous répugne si cela tente de se mêler à notre vie. S'ils rencontraient Bajazet dans la rue, ou le Cid sur quelque plage à la mode, ceux qui les admirent à la scène, les regarderaient avec un sourire. Et si leur vie se réalisait devant nous dans tous ses détails vrais, si elle se mêlait à la nôtre et tentait de se l'assimiler, l'impression générale serait la haine et le dégoût plus encore que la curiosité. Les coutumes de nos prédécesseurs en tant qu'elles apparaissent dans une œuvre d'art, en tant qu'elles reconstituent un monde disparu ou évoquent un monde imaginaire, nous charment et parfois nous passionnent. Mais en tant qu'elles viennent s'immiscer dans notre vie qui les a quittées et qu'elles affirment quelque prétention à la transformer et à la diriger, elles nous semblent odieuses ou ridicules et nous les raillons ou nous les combattons sans ménagements. Et cela nous montre encore l'opposition de l'art et de la vie, et ce que c'est que le mensonge essentiel de l'art. Mais ce qui fait la difficulté, c'est qu'il faut que la matière de l'art idéaliste (en dehors de la musique) soit capable de nous faire sortir du monde réel, mais aussi qu'elle puisse nous donner l'illusion d'un autre monde, réel aussi. Il faut que le monde de l'art idéaliste ressemble assez au nôtre pour que nous puissions le comprendre et l'aimer, il faut qu'il en diffère assez pour que nous le sentions en dehors de nos affaires et de nos succès, de nos amours et de nos haines. Les conditions de son apparition varient naturellement avec chaque moment et aussi avec chaque individu. Une convention acceptée remédie un peu à ces divergences et les régularise. Mais l'effet produit n'en est pas moins très variable. Ce qui est, pour l'un, du grand art idéaliste, sera simplement ennuyeux et vide, irreprésentable pour l'autre, un troisième le prendra dans un sens réaliste et parfois grossier, pour y trouver de quoi flatter ses désirs les moins artistiques.

§ 8

L'écueil de l'art surhumain ou extra-humain, c'est comme on peut s'y attendre, le manque de vie. La musique se passe très bien de ressembler, de façon concrète, à notre existence, elle a sa vie propre. Une symphonie existe par elle-même, elle se développe en nous, elle tient d'elle-même son propre mouvement. Un tableau, une statue ne les tiennent guère que de nous. C'est à notre âme, c'est à notre corps qu'elles doivent ce qui, en elles, nous donne l'impression de la systématisation active, de l'organisation vivante. Peut-être en a-t-il été jadis ainsi pour la musique. Peut-être, comme on l'a soutenu, a-t-elle dû à l'expression des passions humaines ses premiers effets sur l'homme. Je n'en suis pas du tout convaincu, et, d'ailleurs cela nous importe peu, car elle s'est dégagée de cet anthropomorphisme. Ce qui lui a été possible ne l'est pas à la peinture et à la sculpture. Elles sont forcément faites à l'image de l'homme. Elles ne le dépassent qu'en le prolongeant. Il en est de même pour la littérature qui reste humaine aussi, bien plus que la musique, et ne peut point ne pas le rester. Sans doute certaines formes des arts du dessin peuvent se rapprocher de la musique et sortir de la vie humaine, mais elles restent imparfaites, sans puissance et sans grande efficacité, en général. L'arabesque en est une. Elle représente un art assez pur, mais elle le représente mal. La vie y fait défaut. Son harmonie reste pauvre parce qu'elle est immuable par elle-même et ne représente qu'elle. Elle n'a ni la vie réelle, ni la vie symbolique, du moins à un assez haut degré.

Je ne vois qu'une exception partielle assez importante. C'est l'architecture qui nous la fournit. Encore faut-il bien distinguer. Un édifice, en tant qu'il est approprié à sa destination, et qu'il est destiné à satisfaire des besoins de confort ou de luxe peut être commode, il n'est pas artistique, et ne le devient que si nous le considérons abstraitement, comme ensemble de moyens coordonnés en vue d'une fin, sans nous en servir, sans le faire entrer dans la pratique de notre vie, en prenant vis-à-vis de lui « l'attitude artiste » dont je parlerai tout à l'heure. Aussi un vieux monument, même ruiné — ou surtout ruiné parce que cela le met encore plus en dehors de notre vie — appartient-il plus aisément au monde de l'art. Le temple de Neptune, la cathédrale de Chartres, voilà qui nous donne l'impression artistique sans imiter la vie humaine. Un vieux monument est par lui-même un monde d'art, par la combinaison des moyens et l'unité des fins, la complexité de ses parties. Cependant la vie humaine arrive encore à ces vieux monuments et les remplit de ses ondes mouvantes et de leurs mille bruits. A moins d'être des architectes de profession ou des amateurs très instruits, ce qui nous intéresse le plus, quand nous visitons un édifice d'autrefois, c'est la vie qu'il nous révèle, les passions, les idées dont il fut le témoin, qui l'ont créé et qu'il a développées et raffermies, dont l'écho vibre encore sous ses voûtes, et qu'il fait revivre un instant pour nous. Et l'architecture rejoint par là les autres arts humains, encore qu'elle n'imite pas directement la nature et l'homme (au moins d'une manière très apparente et concrète).

Mais le défaut des arts comme la peinture, la sculpture, la poésie ou le roman qui restent toujours attachés à l'homme, c'est que, s'ils veulent trop s'écarter de la vie réelle, ils risquent de devenir exsangues, sans vie, peu intéressants, de se perdre dans des formules connues, usées, ressassées, insupportables. A mesure qu'ils s'éloignent de l'homme, ils risquent de l'intéresser moins. En devenant plus abstraits, plus purs, ils deviennent plus froids et plus pauvres, souvent plus raides et plus faux. Ils s'insinuent moins aisément dans l'esprit et le retiennent moins. Le monde qu'ils tendent à faire naître n'a plus la force de vivre, et pour trop épurer l'art ils peuvent le tuer. L'exemple de la tragédie est là qui montre l'écueil, et aussi l'exemple de la peinture. L'art devenu conventionnel, théâtral au mauvais sens du mot, convenu, ce n'est plus l'art capable de susciter le monde où notre esprit va revivre. Les successeurs de Racine, David lui-même et ses imitateurs, illustrent suffisamment le danger, un des plus graves auxquels l'art soit exposé. L'antiquité semblait devenue insupportable, ses dieux et ses héros odieux pour jamais. Il suffit pourtant que de grands artistes reprennent ces sujets rebattus pour les faire revivre. Ce n'est point pour Ponsard que je dis cela ! ni même peut-être absolument pour les *Erynnies* de Leconte de Lisle, mais la tragédie ou une forme d'art analogue reste possible et virtuellement féconde (1). Et Gustave Moreau en reprenant d'une manière originale les légendes antiques, en les incarnant dans ses tableaux au dessin subtil et charmant, au coloris rare, éblouissant, délicat et fort, malheureusement peut-être éphémère, en les chargeant de symboles nouveaux, a pu passionner bien des âmes et leur ouvrir un nouveau monde d'illusions. On lui a reproché son manque de réalisme. Il faut le reconnaître, et voir ce qui lui manque, mais se rendre compte aussi que c'est là comme la rançon de ses qualités. On ne les a pas impunément.

§ 9

L'art littéraire ou plastique peut encore arriver à l'art extra-humain en se combinant avec une autre forme d'art qui le soutient et lui communique sa vie. C'est le cas du drame musical tel que Wagner l'a compris.

Qu'on en puisse discerner avant Wagner des rudi-

---

(1) Je citerai, comme preuve, le poème dramatique de M. R. Dumas : *Vers le Destin*.

ments ou des ébauches, qu'il y ait moyen de retrouver dans *Robert le Diable*, par exemple, quelque avant goût de *Tannhäuser* que l'opéra de Mozart, de Weber ou de Gluck ait un rôle à peu près analogue, en ce qui nous intéresse ici, c'est ce qu'il serait peut-être intéressant de discuter si l'on se proposait de rechercher l'origine et de suivre la filiation du drame lyrique. Il suffit ici de s'en tenir à l'œuvre de Wagner qui en a donné les modèles les plus puissants et les plus complexes. On sait qu'elle est à la fois littéraire, philosophique, musicale et plastique. Destinée à être entendue, elle doit être vue aussi. On a pu dire que certains actes des drames de Wagner étaient des tableaux commentés par une symphonie. Et en effet ils sont cela, mais ils sont autre chose encore. Et l'ont sait que Wagner fut plus encore qu'un musicien, un « poète par le son ».

Aussi, si ses héros sont des symboles, ce sont des symboles vivants. La vie de certains d'entre eux paraîtrait sans doute assez abstraite si l'on se bornait à lire le poème, mais elle s'enrichit par divers moyens. D'abord elle s'assimile la vie même de ses interprètes et je n'insiste pas trop sur cet avantage qui devient bien souvent, par l'insuffisance presque forcée des acteurs, une cause de faiblesse. Le personnage surhumain de Wagner est presque toujours plus ou moins rabaissé par son incarnation. Le spectateur doit s'illusionner pour le réaliser suffisamment en lui. La vie profite encore de la décoration, de la mise en scène, de tout l'art plastique, visuel, que réalise une représentation théâtrale. Mais elle est surtout animée, exaltée par la vie de la symphonie qui la suit, la commente, la soutient, la détaille. Grâce à cette symphonie, nous la pénétrons, nous en sentons les frémissements continuels, les épanouissements, les retraits et les transformations, les froissements, les ruptures avec une délicatesse, une subtilité, une force telle que la vie réelle en paraît pâle et terne. Par cette intime fusion des arts, le drame lyrique de Wagner s'il n'atteint pas à la pureté artistique de la symphonie que sa nature lui interdit, nous ouvre un monde plus riche et plus somptueux, encore assez éloigné de la vie réelle, mais où les passions humaines s'avivent et grondent.

§ 10

Ainsi l'office général de l'art, c'est la création d'un monde en dehors de la réalité, d'un monde qui vit en nous, et dans lequel nous nous figurons vivre, la création d'une vie qui se substitue à notre vie propre, et où parfois nous nous absorbons tellement que nous en perdons la sensation du monde réel et même la conscience de notre moi. Et nous avons tous des besoins d'harmonie, des désirs précis ou vagues, élevés ou mesquins, que le monde où nous vivons froisse et comprime. L'art ne transforme pas ce monde, comme l'industrie, il ne nous apprend pas, comme la science, à le connaître pour arriver à le modifier ensuite ou nous consoler de la réalité par l'idée que nous l'avons comprise, il ne nous offre pas, comme la religion, le secours d'une puissance supérieure à l'homme, capable d'améliorer réellement les choses d'ici-bas ou de nous faire vivre, quand nous les quitterons, d'une vie meilleure. Son rôle est tout autre. Par un mensonge, il supprime ce monde et en fait éclore un autre à sa place. Cet autre, il ne nous le donne pas comme vrai. Nous savons parfaitement qu'il est faux. Mais tout en le sachant faux, il faut que nous l'acceptions comme vrai, que nous accueillons l'illusion suggérée que l'art nous impose par la puissance de ses procédés, il faut que nous la laissions vivre en nous et que nous nous donnions à elle. Et nous vivons alors, pour quelques instants, d'une vie factice, supérieure et surhumaine.

Tel est au moins le rôle de l'art idéaliste et extra-humain. Nous verrons, en étudiant d'autres formes de l'art, que si ses moyens varient, son but essentiel reste toujours le même, alors même que les artistes ne l'aient pas toujours compris. Mais ce monde nouveau où l'art nous convie, il faut qu'il sache nous le faire accepter, et que nous puissions nous y plaire. L'art idéaliste fait relativement très peu appel aux pouvoirs de la vie réelle. C'est une cause de pureté et de faiblesse. D'autres formes d'art créent autrement leur monde et ont leurs qualités et leurs défauts particuliers.

CHAPITRE II

LE SENTIMENTALISME ET LE RÉALISME DANS L'ART

§ 1

Les aptitudes artistiques des individus sont très diverses. De cette diversité sont nés les différents arts, les différentes écoles, les différents goûts, les différentes modes, les différentes appréciations et même les interprétations différentes puisque chacun comprend et sent, en somme, à la fois à la façon des autres et selon sa propre nature. Ils sont nés aussi de la diversité des aptitudes d'un seul individu. Des facultés diverses, des tendances opposées coexistent en chacun de nous, ou bien se succèdent et se remplacent. Et souvent des arts différents viennent leur donner tour à tour leur pâture imaginaire.

Parmi les différences ainsi produites, je m'occuperai à présent de celle qui me paraît importer le plus à une conception générale de l'art. Les formes extra-humaines de l'art semblent destinées surtout à satisfaire un besoin général d'harmonie, un désir que je dirai presque inconsciemment métaphysique (1). Celles qui s'offrent à nous à présent s'adressent au contraire, à des tendances plus spécialisées, et à celles qui doivent s'exercer dans le courant de la vie. Si l'art n'a pas absolument pour but, dans les plus élevées de ces formes, leur satisfaction, il les met en jeu, du moins, pour arriver à construire son monde idéal et imaginaire. Ces formes empruntent plus à la vie, elles sont, en cela, moins pures, moins absolument artistiques. Cela ne signifie point qu'elles restent tout à fait inférieures aux premières. Elles ont des avantages qui manquent à celles-ci, et leur valeur varie avec les effets de ces avantages et de ces inconvénients qui changent avec chaque œuvre.

§ 2

Pour que l'art vive, il faut que son monde idéal puisse naître et se fixer en nous. Il est trop naturel que la peinture ne puisse le suggérer à des aveugles. Mais chacun est plus ou moins aveugle ou sourd à sa façon. Et, sans que nous puissions toujours en distinguer les causes — encore que l'on puisse noter, par exemple, quelques-unes des imperfections psychologiques qui empêchent un

---

(1) Est-il besoin de faire des réserves sur certains cas particuliers ? Il est bien évident que le goût de la musique, en tant que plaisir sensoriel, peut être surtout une simple tendance concrète, comme le goût des gâteaux ou le désir de sensations lumineuses agréables.

homme de sentir la musique — nous sommes très diversement sensibles aux différents arts.

Pour bien des personnes, l'art extra-humain, l'art idéaliste reste sans résonnance. Il ne peut éveiller en elles l'ensemble d'images et d'idées, d'impressions, de sentiments divers, d'émotions et de mouvements qui constitue le monde artistique. De même certaines personnes ne peuvent entendre et enchaîner les idées abstraites. L'art idéaliste en évoquant des impressions générales ou tout au moins des émotions qui ne sont pas celles de la vie se prive lui-même d'une grande force et rend bien plus difficile la réalisation de ses créations dans un nombre d'esprits assez considérable

§ 3

Tout le monde au contraire est capable, sinon de s'intéresser artistement à la vie, au moins de vivre, de se représenter des objets, des scènes, des combinaisons d'actions et de faits, d'éprouver certains sentiments. Aussi la vie humaine et les divers objets de l'expérience, nos sentiments, les péripéties de vies semblables à la nôtre sont une matière d'art fort commode. Elle s'impose pour ainsi dire à l'artiste. Elle soutient déjà quelque peu les conceptions de l'art extra-humain, elle s'affirme bien plus dans l'art sentimental et dans l'art réaliste. Dans certaines formes inférieures de l'art, elle est presque seule admise, et ces formes arrivent à différer très peu de la vie même, et à se perdre en elles.

Ce sont en effet les sentiments semblables à ceux que

la vie nous fait éprouver, les passions, les idées correspondant aux événements réels de notre existence que l'on imaginera, en général, le plus aisément. Ce sont eux aussi que l'on aura le plus de plaisir à faire vivre. Ils sont toujours plus ou moins contrariés en ce monde. Un monde où ils seront satisfaits sera aisément accepté par l'imagination, accueilli avec plaisir par l'esprit. Il aura d'autant plus de chances pour se substituer à la réalité que, d'une part, il lui ressemblera davantage, que, d'autre part, il sera plus systématisé, et mieux en harmonie avec nos désirs. Car le monde de l'art naît toujours des défauts du monde réel.

Il ne faut pas se faire une idée trop simple de cette harmonie et supposer par exemple qu'un roman doit toujours « bien finir ». Il peut satisfaire d'autres désirs que celui de la représentation idéale d'une vie heureuse, des goûts d'art et de métier, de style et de composition, de conséquence dans les caractères, d'images riches et neuves, de reconstitution habile des milieux ou des types, d'intrigues compliquées, même une tendance à la pitié et à la cruauté inconsciente qui s'y dissimule.

§ 4

Pour réaliser une vie systématisée, l'art extra-humain emploie des éléments qui ne sont pas empruntés à la vie réelle ou qui ont subi de grandes transformations. La musique symphonique n'excite pas forcément des sentiments de la vie normale. En tout cas, ce n'est pas son principal office. Et celui qui admire en artiste la beauté des mathématiques ne fait pas appel à des émotions d'amour, de pitié, de colère ou de haine. Dans l'art humain, dans l'art sentimental ou réaliste, le monde harmonique qu'il s'agit de créer est composé d'éléments bien plus directement empruntés à la vie. L'impression en est plus aisément vivante et forte, mais aussi plus troublée. Elle n'est pas, en général, absolument esthétique, elle nous révèle l'art occupé, non plus à nous créer un monde esthétique qui satisfasse notre désir général et abstrait d'une vie harmonique, mais à satisfaire des sentiments plus particuliers, plus concrets.

Sans doute cette satisfaction imaginaire est moins vive que la satisfaction positive, mais aussi combien est-elle moins entravée par les événements, combien plus aisément se conforme-t-elle à nos exigences souvent minutieuses et souvent aussi contradictoires! C'est une compensation importante, et sans doute insuffisante à remplir notre vie entière, mais utile et même nécessaire à de certains moments. Et peut-être non seulement console-t-elle de la non-satisfaction si ordinaire de nos désirs, mais repose-t-elle aussi de leur satisfaction trop vive ou trop forte et le remplace-t-elle avantageusement en certains cas. Elle rachète d'ailleurs par sa perfection relative sa faiblesse naturelle. Plus nette, moins troublée que la satisfaction réelle, elle peut en certains cas lui être préférée.

Un roman, une pièce de théâtre, un tableau satisfont ainsi en nous certains sentiments ordinaires de la vie. Beaucoup de gens y trouvent les émotions d'amour, les impressions de vie luxueuse, accidentée, large et compliquée, les plaisirs de sympathie ou de pitié que la vie leur refuse ou leur accorde trop parcimonieusement. Avec cette satisfaction, il s'en produit une autre. C'est une sorte de plaisir secondaire, plus réfléchi, plus synthétique; il résulte de la perception plus ou moins nette du système d'événements, d'impressions, d'idées qu'a construit l'art et qu'il introduit en nous, et de son appréciation sentie en tant que système organisé. En lisant un roman nous éprouvons des impressions très variées semblables à celles de la vie, mais en même temps nous percevons l'ensemble de moyens qui produit ces impressions, leur convenance à les produire : les événements, les caractères, la composition, les qualités du style, sa finesse, son originalité, son éclat, l'abondance des images et des idées. Cette perception s'accompagne d'une impression spéciale, qui est plus proprement artistique. Elle suit la contemplation désintéressée, plus ou moins reconnue comme telle, et se confond presque avec l'impression que donne l'œuvre d'art idéale ou extra-humaine. Elle est le retentissement en nous du monde de l'art agissant par l'ensemble de son système.

§ 5

L'importance de ces deux facteurs varie beaucoup d'une personne à l'autre. L'émotion artistique est chez certaines personnes très faible, à peine perceptible. Cependant je crois bien qu'elle n'est jamais complètement nulle. Lire un roman ou vivre sa vie, sympathiser avec Roméo ou bien être amoureux pour son propre compte, cela est toujours différent. Même le spectateur naïf qui invective le traître, sait bien que ce qu'il voit n'est pas réel, et apprécie vaguement, à sa façon, l'art grossier et efficace de l'auteur du drame où le jeu de l'acteur et la combinaison qui le fait vivre quelques heures dans un monde d'illusions attachantes, une nouvelle vie qui se substitue en lui à la sienne. Son impression est presque aussi peu esthétique qu'il est possible, elle l'est cependant un peu. A plus forte raison le sera-t-elle chez le spectateur ou le lecteur plus raffiné d'un ouvrage meilleur.

Et nous retrouvons ici, par conséquent, cette impression abstraite et synthétique que nous donnait l'art idéaliste. Seulement, un peu mêlée déjà, généralement, à des impressions d'ordre plus humain, même dans les réalisations du monde de l'art les plus éloignées de la réalité, elle est ici bien moins isolée encore. Et parfois elle ne se dégage plus bien nettement et l'on pourrait être tenté de la nier.

§ 6

L'art humain prend des formes variées selon les parties de la réalité qu'il introduit dans son monde, selon les procédés par lesquels il les construit. Et ces formes diverses conviennent à la variété des esprits, créateurs ou récepteurs.

Voici l'art passionnel, émotif, sentimental. C'est celui qui cherche surtout à susciter en nous un monde d'émotions semblables à celles de la vie réelle. Les œuvres qu'il produit sont nécessairement très inégales et aussi de genre assez différent. La poésie lyrique, les vers de Lamartine ou de Musset, s'y rattachent visiblement, de même la poésie satirique quand elle veut exciter vivement les passions (*les Châtiments*, par exemple, en prenant cette œuvre par son côté artistique et non par le côté politique et pratique). On comprend fort bien que, comme cela a été remarqué, les lyriques aient souvent excellé dans la satire.

Bien des romans peuvent encore se ranger dans la même catégorie. Tous ceux, en vérité, par qui l'auteur cherche à distraire le public en chatouillant sa sensibilité, en parlant à son cœur ou à ses sens, et pareillement beaucoup de pièces de théâtre. La valeur artistique de ces œuvres, du monde qu'elles évoquent, peut être très haute ou très basse, selon les moyens employés, selon les images, les idées, le sentiment, le style. De *Pêcheur d'Islande* au roman de Feuillet, ou au roman feuilleton vulgaire, de Musset à des sous-imitateurs arriérés de Lamartine je n'ai pas besoin d'indiquer la distance.

La peinture et la sculpture s'adressent parfois aussi au cœur de l'homme. Il y a sans doute quelque chose qui répugne au véritable artiste dans l'exploitation d'un sujet sentimental ou sensuel. Mais une partie du public jouit bien plus volontiers d'un tableau ou d'une statue qui excite en lui la pitié ou la tendresse, la sensualité ou quelque passion politique. C'est pour des qualités assez étrangères à l'esthétique sinon à l'art (car nous verrons qu'il ne faut pas confondre ces deux choses) que l'on voit se multiplier dans les devantures les reproductions des tableaux à succès. Il serait assez intéressant d'analyser par exemple la vogue singulière dont a joui naguère l'*Angelus* de Millet et dont ses *Glaneuses* ont profité, comme pendant. On y trouve à des doses variables selon les individus, de l'admiration et un sentiment vraiment esthétique, le désir de réagir en faveur d'un peintre trop méconnu pendant sa vie, un peu surfait peut-être après sa mort, un peu de religiosité plus ou moins vague, du snobisme et de l'engouement, le respect et la curiosité qu'inspire une œuvre payée d'un prix extraordinairement élevé, parfois un certain esprit démocratique, peut-être un intérêt plus ou moins superficiel pour le travailleur, le paysan, une émotion littéraire due à des souvenirs de La Bruyère, un sentimentalisme volontiers un peu niais et conventionnel; la poésie du son de la cloche dans les champs, la considération de qualités techniques, etc. Une même œuvre peut être comprise et appréciée de manières diverses et opposées, et crée en des esprits différents des mondes qui ne se ressemblent guère.

Aussi peut-elle être ramenée à des genres bien divers. Et je n'ai nullement ici la prétention de classer rigoureusement les œuvres. Une telle classification serait impossible parce que la nature de l'œuvre dépend de celui qui la produit, mais aussi de tous ceux qui en prennent connaissance, et peut-être encore de ce qu'elle est en elle-même, je veux dire des facilités plus ou moins grandes qu'elle offre pour être comprise de telle ou telle façon et qui ne correspondent pas toujours aux intentions ou aux dispositions de l'auteur ni aux interprétations du public. Il arrive assez naturellement qu'une œuvre d'art est idéaliste pour l'un et réaliste pour l'autre, que les qualités de sentiment y intéressent une portion du public tandis qu'une autre est séduite par la technique et qu'une troisième reste indifférente. Les mondes d'art réalisés dans ces différentes classes d'auditeurs, de spectateurs et de lecteurs ne se ressemblent guère, ils diffèrent même, si on les examine de près, d'un individu à l'autre, à celui même qui lui ressemble le plus. De plus, chez quelques-uns, aucun monde d'art n'arrive à se développer notablement, tandis que pour d'autres tout devient occasion d'en créer, même les objets ou les événements qui semblent devoir le moins s'y prêter.

Sans sortir pour le moment du domaine de l'art, nous trouvons des œuvres qui ne semblent point surtout faites pour faire vivre l'individu dans un monde idéal, pour l'enlever à la vie réelle, mais au contraire pour l'y diriger. L'art n'est ici qu'un moyen, et je reviendrai sur ce procédé qui enlève l'art à sa destination pour le subordonner à la politique, aux tendances sociales, à l'industrie même, en un mot à la « morale » si nous prenons le mot dans un sens suffisamment compréhensif et synthétique. Ainsi, on a pu dire de *la Case de l'oncle Tom*, que c'était à peine de l'art. Et pareillement pouvait-on le dire de bien des romances ou des romans sentimentaux et de pas mal d'œuvres pornographiques. J'unis à dessein ici des œuvres de caractère très opposé pour mieux faire ressortir le procédé général qui les a toutes également produites.

Elles cherchent toutes, en effet, à influencer la vie réelle au moyen du monde de l'imagination. Peut-on cependant les rejeter hors de l'art ? Cela est discutable, et, à mon sens, cela est injuste. *Les Châtiments* sont une œuvre d'art quoique le monde que Hugo y crée soit créé surtout pour agir sur le monde réel et le transformer. Il y a satisfait copieusement ses indignations et ses rancunes en cherchant à les faire partager. Elles ont agi en ce sens sur certains lecteurs, cela n'est pas douteux. Il n'en reste pas moins qu'en réalisant un monde qui s'écarte du vrai, quand ce ne serait que par tous les artifices compliqués d'un admirable génie poétique, l'œuvre devient tout autre chose qu'une simple diatribe de tribun, et que, en tout cas, pour les artistes, elle a été une œuvre d'art. Mais on en peut dire autant de toutes les œuvres en tant qu'elles font autre chose que pousser à l'action réelle ou exprimer une réalité. Elles ne seront pas toutes au même niveau, le caractère de l'art y apparaîtra plus ou moins, la beauté (qui n'est pas la même chose) y sera plus ou moins grande, parfois très haute, parfois à peu près nulle, mais toutes celles qui auront ce caractère de créer un monde imaginaire sont, à des degrés divers, et pour cela seulement, des œuvres d'art.

Cette quantité d'art, pour ainsi dire, que contient chaque œuvre, variera, comme la qualité, selon les personnes. Il est des enfants qui regardent des tableaux de maître pour les nudités excitantes qu'ils y trouvent ou qui lisent un roman avec l'espoir d'y rencontrer des détails scabreux. Il est également des personnes qui recherchent les mêmes côtés des œuvres, mais pour s'en choquer au lieu de s'en réjouir, en même temps qu'elles s'en régalent. On se rappelle la singulière réprobation qui accueillit *Madame Bovary*, et l'on sait bien le blâme qui frappe certaines œuvres de peinture ou de sculpture. Mais tandis que certaines personnes sont surtout préoccupées, à propos des œuvres d'art, d'idées morales, d'autres seraient enclines à regarder les questions de morale en artistes.

Inversement, des œuvres sentimentales ou passionnelles qui, pour la plupart des connaisseurs, sont à peine ou ne sont pas des œuvres d'art, excitent au contraires des émotions esthétiques et créent des mondes d'art très vivants en des âmes bien douées mais peu développées encore. Une âme artiste trouve de l'art partout, comme un affamé prend plaisir aux nourritures les plus grossières. En somme, l'œuvre d'art est un prétexte à créer en nous un monde nouveau. Ce prétexte peut être plus ou moins spécieux, mais, tel quel, il peut nous suffire. L'œuvre peut nous offrir un monde à peu près terminé par un auteur, nous n'avons plus qu'à le recréer, mais parfois aussi elle ne fait que nous le suggérer vaguement. Les enfants s'amusent souvent mieux avec des morceaux de bois informes, des objets indécis, sans but, et ils se construisent de bien plus doux rêves qu'avec les joujoux ingénieux et bien construits qui ont séduit leurs parents. Ils font leur œuvre d'art eux-mêmes. Et c'est ce que fait toujours, mais dans une proportion très variable, le spectateur ou le lecteur.

Seulement, alors, on peut se demander ce que c'est qu'une « belle œuvre ». On ne peut en juger uniquement par l'impression de l'auteur, cela est évident, nous aurions trop de belles œuvres ! On ne peut en juger non plus par l'impression de celui qui la reçoit. Peut-être faudrait-il distinguer le jugement de l'impression et rapporter le jugement à un spectateur idéal, dont je n'ai pas à chercher ici la formule, mais que l'on supposerait toujours dans certaines conditions déterminées d'intelligence et de sensibilité variables à chaque époque, et, dans chaque milieu, et aussi pour chaque individu, ce qui fait que la solution du problème est difficile. En fait on arrive à s'entendre en gros, et à construire ce spectateur à la condition de ne pas vouloir en préciser trop minutieusement la nature. C'est ainsi qu'il nous arrive de juger notre plaisir. Nous pouvons jouir très vivement, et même esthétiquement d'une œuvre que nous jugeons en soi médiocre ou mauvaise. Il est des œuvres qu'on aime plus qu'on ne les estime, d'autres qu'on respecte volontiers d'un peu loin. M. Brunetière a signalé ce fait, et il a eu raison. Par conséquent une esthétique objective, une esthétique rationnelle n'est pas impossible (1). Et l'on peut la fonder sur la perfection relative de l'objet à juger.

Mais il est bon d'en voir les limites et la portée, et la part qu'il convient de faire et qu'il est difficile, sinon

---

(1) Voir par exemple, Paul Souriau : *La Beauté rationnelle* (Paris, F. Alcan.)

impossible, de faire avec précision, à l'interprétation et je dirai à la résonnance individuelle de chaque lecteur ou de chaque auditeur.

Il reste qu'il y a dans chaque œuvre quelque art, et quelque possibilité d'impression artistique. Et c'est une question qui se pose : où commence l'art, où finit-il ? Nous entrevoyons déjà que, dans la vie psychologique telle qu'elle se présente à nous et telle que nous pouvons la comprendre, on peut trouver de l'art partout. C'était l'idée de Guyau, mais je crois l'entendre autrement que lui, n'ayant pas la même conception de l'art. Nous retrouverons plus tard, par d'autres chemins, cette même question de l'art universel.

§ 7

La musique nous conduirait à des vues analogues. Elle tient sa place dans l'art humain et il faut bien en parler aussi. Qu'elle puisse servir à exprimer et à exciter nos sentiments, cela n'est pas douteux. On a cru même y voir sa principale raison d'être. La question de l'expression musicale a été très discutée. Au fond je la crois assez simple. Je ne pense pas que la grande fonction de la musique soit de traduire des émotions, mais les conditions mêmes de son existence lui imposent très souvent ce rôle. La musique nous donne une excitation systématisée. Nous pouvons la considérer en elle-même, comme réalisant un monde bien coordonné, comme une sorte d'esprit vivant dont les éléments sont des sons et n'a pas de signification exacte dans aucune autre langue, qui ne peut se traduire sans s'altérer, sans se transformer en termes de sentiments ou d'idées. Seulement cette vie systématisée, nous pouvons en employer, en laisser se dépenser la force au profit de quelques sentiments ou de quelques idées même. Quelques analogies abstraites entre certaines formes musicales et certains sentiments, analogies qu'il est parfois difficile de définir, rendent plus naturelles et plus fréquentes certaines associations, certaines interprétations, et, par exemple, l'association qu'on cite souvent et qui reste imprécise et grossière, du mode mineur et des sentiments tristes. Mais l'excitation musicale se dépense presque aussi bien à réveiller et à faire naître des sentiments et des idées avec lesquels on ne peut lui trouver de ressemblance appréciable. Darwin redoutait la musique parce qu'elle éveillait trop ses préoccupations scientifiques. Elle facilite à d'autres la composition littéraire. J'ai éprouvé moi-même que, lorsque je suis mal disposé pour la contemplation musicale pure, la musique exaspère en moi d'une manière pénible certains sentiments. Chacun résonne à sa façon sous le choc qui le fait vibrer.

L'essence même de la musique est de former une sorte d'esprit qui remplace le nôtre. C'est ce qui se produit à peu près dans les cas extrêmes. On conçoit que, bien souvent, nos tendances ne se laissent point supprimer, et, au contraire, cherchent à profiter de cette excitation qui arrive à l'employer selon leur nature propre, à s'en servir pour vivre et s'exalter. De là l'expression musicale, de là le rôle de la musique dans l'art humain. Naturellement ce rôle profite des analogies que j'ai indiquées déjà entre certaines formes musicales et certaines formes de notre activité psychique. Dire qu'une composition musicale est une sorte d'esprit, c'est impliquer que cet esprit ressemble à certains égards, au nôtre. En effet, le rythme, le ton, la nature des intervalles employés par la mélodie, la rapidité ou la lenteur des sons, leur longueur ou leur brièveté, la différence des timbres, c'est-à-dire la variété des combinaisons d'éléments, la nature consonante ou dissonante des accords tout cela représente autant de côtés de la vie musicale plus ou moins analogues aux différentes formes de la vie de nos passions, et peut les rappeler, les exciter, les renforcer. Il ne faut pas demander à la musique, pour l'art passionnel, autre chose que ces analogies. Avec la vie de l'intelligence ou des perceptions, les ressemblances sont plus lointaines encore, et peut-être l'expression musicale, en ce cas, repose-t-elle sur l'évocation des états affectifs qui accompagnent les perceptions ou les idées, en dehors de la musique imitative dont le rôle, s'il n'est pas nul, est du moins très effacé.

Ce pouvoir expressif ou plutôt suggestif et excitant de la musique a été très utilisé par l'art humain et passionnel. Déjà, il pénètre assez souvent, selon les dispositions de l'auditeur dans l'art extra-humain et le trouble. Mais il y a aussi des symphonies à programme, il y a le drame lyrique et l'opéra, l'opéra comique et l'opérette, il y a la romance sentimentale et la chansonnette comique où la musique vient renforcer l'impression profonde ou légère, gaie ou lugubre donnée par les idées qu'éveillent le programme, le libretto de l'opéra, les paroles de la chanson. On trouve un dernier vestige, plus bas encore, de l'influence de la musique dans le « trémolo à l'orchestre » qui accompagne les situations tragiques dans les mélodrames.

Le plaisir proprement musical subsiste à côté du plaisir passionnel. L'amateur goûtera encore, en même temps qu'il s'émouvra de sentiments d'amour ou de pitié, le plaisir spécial de l'enchaînement des sons et des accords. La mélodie et l'harmonie créent en partie et soutiennent le monde artistique plus concret, plus humain qui naît dans l'esprit de l'auditeur pour remplacer le monde réel. L'impression d'ensemble est très complexe et facilement incohérente, car les divers éléments du monde de l'art ne sont pas toujours unis par des liens bien logiques ni bien serrés. L'opéra, l'opéra comique (je ne dis pas le drame lyrique) compensent trop souvent leur richesse et la variété des impressions qui s'y accumulent, par une incohérence teintée de ridicule et par quelque grossièreté. Au reste, de l'art le plus haut jusqu'au plus bas, les différences des œuvres et des auteurs intercalent des mondes dont la valeur varie infiniment.

§ 8

On rappelle, on excite les sentiments en imaginant les situations qui les évoquent. C'est le procédé courant de la littérature. Mais les événements peuvent acquérir une sorte de valeur propre et être considérés pour eux-mêmes. Sans doute, on ne peut pas les détacher absolument des sentiments qui les provoquent ou qui les suivent. Cependant, un art proprement passionnel se distingue nettement d'un art surtout « dramatique », *Dominique*, par exemple de la *Tour de Nesle*. Par art « dramatique », ici, je n'entends pas l'art théâtral, mais bien l'art, quel que soit le procédé qu'il emploie, qui consiste surtout dans la combinaison des événements. Le roman d'aventures, le roman policier, le drame de cape et d'épée, la comédie d'intrigue, le théâtre de Scribe, le roman d'Alexandre Dumas père ou de Gaboriau le réalisent plus ou moins. J'en rapproche certaines formes de l'art imaginatif, celles qui exercent surtout notre faculté de combiner des images, non de les évoquer, comme le fait l'art plastique.

Nous trouvons encore ici une sorte de retour d'un art assez inférieur vers l'art extra-humain dont il ne rejoint que des formes assez basses. Il y a toujours, sans doute, quelque chose d'extra-humain, quelque chose d'abstrait dans toutes les formes de l'art. Les combinaisons dont je parle, en effet, n'intéressent pas forcément notre sensibilité affective. Les héros de Scribe ni même ceux de Dumas ne sont pas très émouvants en général. Ils nous intéressent bien plutôt par leur activité que par leurs sentiments. Le roman d'aventures, le roman policier, n'ont pas tant pour but d'émouvoir notre compassion et de nous faire rêver d'amour que de nous faire suivre avec plaisir une intrigue enchevêtrée et qui se débrouillera peu à peu, que de nous attacher à des combinaisons d'événements invraisemblables et rapidement successifs. Le système qui se substitue en nous à la rivalité est un système de luttes et de rivalités, de combats et d'entreprises galantes, où le sentiment passe au second plan, où l'action est prépondérante. Nous le considérons un peu avec le même plaisir qu'une arabesque compliquée, ou plutôt qu'une succession d'accords qui s'enchaînent et aboutissent à l'accord parfait. Alors même que le dénouement est triste, il y a un dénouement, c'est-à-dire une résolution, dans un sens ou dans l'autre, des circonstances de l'action, une fin sur l'accord parfait majeur ou mineur.

Naturellement l'art passionnel se mêle toujours plus ou moins à l'art dramatique, il le soutient, et il le complique, il nous y intéresse. Et puis, il faut toujours faire la part de l'émotivité spéciale du lecteur. Alexandre Dumas pleura, dit-on, sur la mort de Porthos, et les combats de Bussy d'Amboise comme les prouesses de Rocambole ont dû émouvoir quelques âmes sensibles.

La littérature dramatique s'écarte d'ailleurs de la réalité et se rapproche souvent de la littérature passionnelle avec laquelle elle se confond partiellement, en ce qu'elle nous offre un monde où les sentiments sont particulièrement intenses, nets, exaltés, précipités, moins mêlés et moins nuancés que dans la vie. Les caractères y sont plus tranchés et plus simples, les intrigues plus serrées, plus précises, avec un dénouement plus décisif. Le monde de l'art exagère comme toujours certains aspects de la réalité, pendant qu'il en amoindrit d'autres. Son ossature est plus nette et plus visible, et l'on y reçoit l'impression de forces supérieures, intellectuelles, passionnelles et physiques. Tout cela, joint à l'excitation agréable des sentiments, constitue un ensemble facilement systématisé, quoique superficiel souvent et parfois grossier, capable de s'imposer à 'esprit, de lui plaire et de le captiver, de l'éblouir par l'accumulation d'événements peu ordinaires et de lui faire illusion sur sa complexité réelle et sur son importance. Parfois un plaisir plus intellectuel intervient aussi, un plaisir, de mystère éclairci, de combinaisons et d'intuitions qui devinent. Par là certains récits d'Edgar Poë, *le Double Assassinat dans la rue Morgue, la Lettre volée, le Scarabée d'or*, abstraction faite des qualités techniques dont je nem'occupe pas encore et à ne les prendre que pour les événements qui s'y expliquent, relèvent singulièrement le genre.

§ 8

La peinture se prête moins que la littérature à l'art dramatique, la sculpture moins encore, la musique un peu plus. Le peintre a parfois des intentions littéraires. Alors ce qui correspond en peinture à l'art dramatique et imaginatif, c'est le fait divers illustré, la représentation d'un assassinat ou d'un accident où le peintre vise à nous intéresser plus qu'à nous émouvoir. Certaine peinture historique, celle de Paul Delaroche, par exemple, ou même de Lebrun qui peut-être relève plutôt cependant de l'art décoratif, rentre dans ce genre. Mettons, puisqu'il y a des degrés en tout, qu'elle s'y place à un degré supérieur. Des mérites de composition, de dignité, d'intelligence peuvent la relever pour ceux qui sont peu sensibles au beau pictural. La peinture de genre est encore au-dessous.

Pourquoi cependant la peinture de genre peut-elle devenir un art bien plus élevé, comme cela s'est vu, par exemple, en Hollande au dix-septième siècle ? Il faut tenir compte de la grande habileté de métier des peintres hollandais, de leurs qualités de luminaristes ou de coloristes, de leur conscience et de leur sincérité, de leur originalité, et aussi du sentiment qui se dégage de leurs toiles. Tout cela enrichit le monde créé par l'artiste, et complique le système psychique qu'il suscite, lorsque tout cela est perçu par un esprit capable de le comprendre.

Rattachons encore à l'art imaginatif des formes d'art dont les qualités sont plus spéciales, et par exemple, la peinture qui vise à nous intéresser par des harmonies complexes de couleurs. On a vu dans l'*Entrée des Croisés à Constantinople*, de Delacroix, une « symphonie en bleu majeur ». Whistler aimait à donner à ses tableaux des titres comme « symphonie en bleu et argent » ou « en noir et or ».

On voit l'intention et qu'il ne s'agit ici ni de faire vibrer notre sensibilité d'hommes, ni de nous intéresser à des combinaisons littéraires, mais d'émouvoir par des moyens spéciaux, un sens spécial, d'exciter par des combinaisons de couleurs notre goût pictural. A certains égards, des œuvres de cette nature peuvent être considérées comme rentrant dans l'art extra-humain. Cela dépend une fois de plus de la façon dont on les prend. On peut y jouir d'une harmonie supérieure, y voir réalisée une vie extra-humaine, on peut aussi se complaire, en les regardant, dans le plaisir compliqué de l'œil, admirer les ressources du peintre, ses procédés, les effets originaux qu'il obtient. Enfin le sujet lui-même n'est pas d'importance nulle et vient aussi éveiller certains sentiments plus adaptés à la vie ordinaire, qui enrichissent encore l'œuvre perçue et dont l'importance varie avec le spectateur. Si l'on a vu une symphonie dans l'entrée des croisés, on a pu aussi en faire un commentaire psychologique, parler de la lassitude farouche des vainqueurs.

La musique varie aussi ses moyens pour créer le monde de l'art. Il y a une musique « dramatique » ou imaginative. C'est, en dehors du drame lyrique dont j'ai déjà parlé, d'abord la musique de quelques opéras, de quelques opéras-comiques, plus vive, plus brillante, plus élégante, qu'expressive, la musique des opéras d'Auber, par exemple, moins « dramatique » au sens ordinaire du mot, mais plus musicalement active, si je puis dire, que celle de Meyerbeer, par exemple. C'est encore la musique à programme, la musique descriptive. Elle peut partir d'assez haut. Il y a des orages justement célèbres. Mais, on ne sait pas jusqu'où elle peut descendre. J'ai entendu imiter par un orchestre le départ d'un train de chemin de fer.

Les œuvres musicales se prêtent comme les autres à diverses interprétations et selon leurs auditeurs, elles réaliseront un monde extra-humain ou humain, plus sentimental, plus intellectuel ou plus sensoriel. La différence principale entre ces cas divers, c'est que dans les uns l'œuvre d'art pénètre bien plus profondément l'esprit, le prend presque tout entier, chez les autres elle reste plus près de la surface, n'intéresse que quelques sentiments ou quelques idées. Au reste, ce retentissement intérieur de l'œuvre qui en fait la valeur artistique, il est difficile de l'analyser un peu minutieusement et même de le décrire avec exactitude, et il varie considérablement avec l'œuvre et avec l'esprit qui s'en imprègne.

L'art sensoriel se rattache à l'art imaginatif. C'est celui où ce qui est recherché, c'est surtout le plaisir de l'œil et de l'oreille, toujours plus ou moins mêlé de plaisir intellectuel et affectif, car il y a, en tout ceci, des nuances fort variables. Il est des assemblages de sons ou de couleurs qui font sur les sens l'effet d'une caresse. C'est là encore un monde fictif et réel à la fois qui se substitue au monde réel, et quoique assez borné et restreint par sa nature, il peut cependant envahir l'esprit assez loin, tant est prolongé parfois le retentissement de la sensation.

§ 9

On pourrait croire que l'art fantastique serait, par sa nature essentielle, extra-humain. Ce n'est pas, il me semble, sa principale qualité.

Il doit quelques-uns de ses effets à des combinaisons extraordinaires, et se rapproche par là de l'art dramatique. Il a cet avantage de permettre des combinaisons plus variées, plus libres, plus curieuses. Mais la nouveauté du monde qu'il suscite est compensée par son peu de solidité. Il lui est difficile de nous donner l'impression du réel, de nous faire suffisamment accepter ses décors artificiels et ses péripéties qui nous heurtent, s'il est réellement original. Et ce qui frappe chez les vrais maîtres du genre, c'est précisément qu'ils y ont réussi. S'il s'agit d'un fantastique traditionnel et consacré, alors nous acceptons plus facilement son monde, mais il perd ses charmes d'étrangeté. Il plaira pourtant aux enfants et à tous ceux qui se délectent à revenir dans les mêmes voies.

En dépassant notre savoir, ou en le précédant, en en façonnant les matériaux selon ses besoins, l'art fantastique peut créer un monde élargi, plus souple et plus riche à certains égards et plus profondément intelligible, peut-être, malgré les apparences, que le monde réel. Il suppose entre les choses des connexions plus étendues, plus variées, plus précises que celles qui sont connues, et augmente les pouvoirs de l'esprit humain, sa puissance pour agir, pour sentir et pour connaître. Il nous donne à la fois le plaisir du mystère et le plaisir de deviner des lois, des rapports, des facultés inconnues. Les premières expériences scientifiques sur l'hypnotisme ont pu prendre, pour le public, l'agrément de certains récits fantastiques. On y recevait l'impression d'un monde étrange, inconnu, différent du monde considéré jusque-là comme le seul réel, et où s'exaltait la puissance de l'esprit. En même temps, ce monde mystérieux, on le pressentait soumis à des lois, on commençait à le préciser et à le connaître. On subissait l'impression inquiétante de la nuit en même temps qu'on voyait poindre la clarté d'une aube pleine de promesses. Et aussi bien les faits d'hypnotisme, de lucidité et de télépathie ou des faits analogues, ont été toujours utilisés par les auteurs de contes fantastiques.

Ce n'est pas seulement un intérêt intellectuel qu'excite l'art fantastique, c'est aussi un intérêt émotionnel. C'est par là qu'il est surtout un art « humain ». Les moyens qu'il emploie lui permettent de satisfaire moins incomplètement des sentiments ordinaires l'existence de la vie. Plus il s'écartera, à certains égards, de la réalité, mieux le monde de l'art pourra remplir son office. Les contes de fée montrent à l'imagination enfantine un monde où les conditions de la vie ne contrarient plus des goûts qui se satisfont, avec une vivacité et une force inaccoutumée. Chez les hommes, l'art fantastique crée aussi une vie d'un bonheur plus aigu, plus pur, plus rare ou plus violent, moins contrarié, plus exubérant et plus dégagé de ses freins habituels, comme dans *les Mille et une Nuits*.

Mais s'il invente des occasions de tristesse douce et de tendresse, il fabrique aussi des mondes de terreur et d'angoisse. Il est à peine besoin de rappeler les contes d'Hoffmann, d'Erckmann-Chatrian et surtout d'Edgard Poë ou de Wells.

Le récit fantastique permet d'exciter certains sentiments purement humains en leur conservant une allure artistique. C'est ce que fait l'art en général, le fantastique n'est qu'un des moyens employés par lui et c'est un moyen qui montre un peu naïvement parfois l'essence de l'art. Le monde de l'art doit à la fois être accepté par nous et rejeté cependant, car il ne faut pas que nous le jugions vrai, ou que nous agissions avec lui comme avec un monde réel. L'idéalisme, le réalisme, le fantastique ont chacun leurs avantages et leurs défauts. Le fantastique diminue l'impression de réalité, mais il nous fait accepter son monde en excitant puissamment certains sentiments et aussi en se combinant avec une petite dose de réalisme qui nous entraîne. (Voyez, par exemple, quelques nouvelles de Mérimée, et, en particulier, la *Vénus d'Ille*, où le doute sur l'explication réelle des faits est ingénieusement utilisé aussi.) La terreur qu'éveille un conte d'Edgar Poë est évidemment d'une autre qualité que celle qu'inspire le récit d'une attaque nocturne dans une rue où nous passons le soir. Il nous inquiète moins brutalement et moins réellement, et par cela même, d'une manière plus esthétique, en ce que la terreur ne s'applique pas au monde réel. Car s'il nous effraye réellement, s'il nous inspire des craintes sur notre avenir, des doutes sur notre santé mentale, ou sur la réalité des influences occultes, ce n'est plus là, à proprement parler, un effet artistique.

En même temps, cette terreur qu'il nous inspire, quoique moins brutale, est parfois aussi vive, aussi pénétrante, plus angoissante qu'une autre. Pour créer la terreur fantastique, l'auteur a dû supposer des événements plus effrayants qu'un assassinat, de lentes et subtiles désorganisations du moi, des angoisses, des tortures morales auprès desquelles un simple coup de couteau imprévu peut sembler un événement choquant, mais sans grand intérêt. Un soleil éclatant dans un beau tableau ne nous rend qu'une partie de la pâle lumière diffuse dans la salle du musée, mais il nous paraît infiniment plus lumineux et nous donne une sensation d'éblouissement quand la clarté ambiante nous paraît terne.

Que des récits fantastiques, que des contes de fée aient jadis été, et qu'ils soient encore même des mythes incarnant les conceptions que l'homme pouvait se faire des phénomènes naturels, qu'ils soient aussi parfois de simples métaphores prises au sérieux, ce nous est une occasion de constater un mélange assez incohérent, mais qui n'est point rare, de la science ou de la philosophie avec l'art et de constater des formes de transition et d'amalgame.

§ 10

L'art réaliste nous montre une nouvelle combinaison de procédés pour réaliser le monde fictif. Tandis que l'art sentimental, l'art dramatique, l'art fantastique s'attachent surtout à produire le système psychique par la satisfaction idéale de nos désirs ou le jeu de notre imagination, l'art réaliste et l'art plastique, l'art plus technique et spécialisé qui s'y rattache, s'efforcent d'y arriver, d'une part par l'imitation plus stricte de la réalité qui nous rend plus aisément acceptable le monde de l'art et souvent aussi par les qualités de l'exécution, les raffinements et les recherches de la technique.

Le principe de l'art réaliste est de se rapprocher de la nature autant qu'il est possible. Et ceux qui l'ont vanté ou qui ont tenté de s'y conformer, ont réagi contre la tendance idéaliste et consolante de l'art, ils ont mis souvent une certaine complaisance à reproduire la nature dans ses vulgarités, dans ses bassesses et dans ses laideurs. Ils y ont cherché ce qui nous choque. Cela n'est pas essentiel au réalisme, mais c'est une réaction assez naturelle. Par là, ils semblent aller contre la nature même de l'art. Il leur fallait donc, pour que leur œuvre eût une valeur, trouver des compensations ailleurs. C'est ce qu'ils ont fait, sans toujours s'en rendre compte. Car les théories réalistes ont été illustrées d'innombrables bévues. On y sent confusément le besoin d'un monde d'art vivant et acceptable à l'esprit, mais si les auteurs, en fait, ont réalisé leur œuvre d'une manière parfois intéressante, ils n'ont guère vu les raisons qui la rendaient telle. Et je songe surtout en écrivant ceci aux théories de Zola.

Ainsi l'art idéaliste s'écarte de la réalité pour nous rendre son monde plus agréable et l'art réaliste se rapproche de la vérité pour nous rendre son monde plus acceptable, au risque de le laisser relativement incohérent et mal unifié.

La tendance réaliste ne peut guère se manifester que dans les arts plastiques et dans la littérature. En musique, elle ne saurait conduire bien loin. Les cas où la musique peut imiter des bruits du monde réel sont rares et peu intéressants. Et cette imitation est bien lointaine, bien symbolique, elle relève de l'art imaginatif plutôt que de l'art symbolique. Les orages, par exemple, même le plus beau, celui de la *symphonie pastorale*, ne reproduisent guère des bruits d'orage. On a signalé dans *Robert le Diable* l'imitation, par l'orchestre, du bruit des dés roulés dans un cornet, pendant que Robert et les chevaliers jouent, bruit qui devient de plus en plus sombre à mesure que Robert perd davantage. Il n'y a plus là imitation seulement, mais imitation et interprétation affective. La musique cherche à rendre à la fois le bruit de dés — ce qui est un peu puéril — et son effet sur Robert, ou peut-être aussi à donner une sorte d'expression objective de la destinée du chevalier normand. On pourrait citer encore l'imitation du bruit du rouet dans les accompagnements de *Marguerite au rouet*, de Schubert, ou de la chanson du roi de Thulé dans le *Faust* de Gounod et plusieurs faits du même genre dans un assez grand nombre d'œuvres. Mais tout cela n'importe guère, le réalisme y étant en somme très peu marqué (1).

En somme, le réalisme aboutit à figurer un monde imaginaire, assez semblable au monde réel pour que nous y retrouvions les choses et les gens que nous connaissions. A ce titre, il excite un plaisir intellectuel, qui a, comme on l'a soutenu avec exagération et comme on l'a nié avec une exagération presque égale, quelque

---

(1) Cf. Weber, *les Illusions musicales*, et mon compte rendu de ce livre dans la *Revue philosophique*, 1883.

chose du plaisir scientifique. Le monde créé nous plaît comme réalisant un système plus ou moins bien réussi. Il ne choque pas nos goûts et nos aspirations comme le monde réel parce que nous savons bien qu'il n'est pas vrai. Nous avons des impressions du même genre en contemplant dans une cage un beau tigre, qui ne risque pas de faire irruption dans notre vie réelle, ou bien encore lorsque nous voyageons. Nous voyons alors des pays, des gens qui nous intéressent, mais qui ne se mêlent pas à nos affaires, qui sont en dehors du courant régulier de notre vie. Ils restent un peu pour nous à l'état d'objet d'art. Et c'est là un cas de l' « attitude artiste » que j'étudierai plus loin. Je le mentionne ici seulement pour préciser le sens du réalisme.

Bien entendu le réalisme ne saurait être absolu. Il se mêle toujours plus ou moins d'idéalisme, comme l'idéalisme, en littérature et en peinture au moins, s'imprègne toujours de réalité. Toutes ces distinctions que nous établirons pour l'étude sont adoucies en réalité par des milliers de nuances — que le lecteur ou le spectateur complique beaucoup par son apport personnel dans l'impression artistique.

Le réalisme, au reste, ne néglige pas l'effet des sentiments humains. Il s'en faut. Même son souci de se tenir aussi près que possible de la ressemblance du monde réel l'amènera à susciter certaines impressions avec plus de vivacité. Il peut même devenir un simple moyen au service de l'art sentimental ou sensuel. Ce n'est pas ainsi qu'on l'a toujours compris en France ; mais les romanciers anglais, Dickens, ou Georges Eliot surtout ont voulu éveiller des sympathies pour leurs héros et leur soin de les rendre réels, lorsqu'ils s'en préoccupent, ne va guère sans le souci de nous les faire aimer (1).

En France, les quelques romanciers qui ont composé, bon gré, mal gré, l'école naturaliste et qui sont d'ailleurs très différents ont, pour la plupart, subordonné le sentiment au rendu, au métier, à l'exactitude parfois. Cependant ils ne se sont guère asservis à la reproduction littérale de la nature, sauf Flaubert, par une sorte de manie, un scrupule excessif et qui le quittait parfois, sauf Maupassant, par impuissance peut-être et défaut d'imagination. Plus qu'un observateur exact, bien qu'il le fût plus qu'on ne l'a cru, Zola fut, comme on l'a dit, un poète épique, et comme on ne l'a pas assez vu, un poète symboliste. Il a construit avec une rare puissance de vastes mondes où grouillent des personnages animés d'une vie simple et frappante et dont la nature se symbolise par quelques êtres caractéristiques : un cabaret, un escalier de maison bourgeoise, un puits de mine, par quelques gestes uniformes, constamment répétés. Ces mondes vivent et se transforment, nous assistons à la lente dégradation par l'alcoolisme d'un ménage d'ouvriers, à la naissance et à l'envahissement progressif d'un grand magasin. Des foules circulent dans ces œuvres et les animent. Et tout cela donne une matière d'art, un système traité pour lui-même, un peu à la manière de l'art extra-humain.

---

(1) Cf. Brunetière, *le Naturalisme anglais*.

L'intention morale de l'auteur et son désir de nous faire éprouver des impressions d'amour ou de dégoût ne sont guère visibles. Je ne parle pas, bien entendu, de ses derniers romans, de la série interrompue par la mort de Zola. Des intentions morales et des idées sociales — louables sans doute, par ailleurs — ont dominé ici, et malheureusement le monde créé a été moins vivant, moins riche et moins large, l'œuvre d'art a été amoindrie.

Flaubert aussi est un « objectif ». Il s'est acharné à ramasser des documents, à se mettre en face de la réalité, à s'en imprégner pour la transporter dans son œuvre. On sait assez comment il y est, dans ses bons jours, parvenu. Mais le principal caractère de son art, c'est la glorification de l'art lui-même. Et c'est, par contre-coup, le mépris de ce qui n'est pas l'art. Et de là, un retour à l'appel au sentiment, mais au sentiment opposé aux sentiments ordinaires de la vie. Ceux-ci sont excités parfois, il est sans doute des lecteurs qui s'attendrissent sur Mme Bovary ou sur Mme Arnoux, ou qui compatissent aux premières timidités de Léon ; mais ils sont légion ceux qui se sont réjouis orgueilleusement de la sottise de Homais. Et la dérision de l'amour qui s'étale cruellement est un appel à des sentiments qui ne sont pas exclusivement artistiques. Il serait facile de trouver des tendances sentimentales plus fortes et plus directes chez les Goncourt et surtout chez Daudet en qui elles dominent parfois le réalisme.

Maupassant est peut-être le plus « réaliste », au moins dans une bonne partie de son œuvre. Encore faut-il reconnaître en lui une ironie plus latente que celle de Flaubert, moins truculente et moins féroce d'aspect, plus riche et plus maigre, d'un mépris plus indifférent.

Cette ironie, ce mépris aboutissent à la construction d'un monde assez spécial analogue par sa tenue générale au monde de l'idéalisme quoique assez différent de lui. Le système qui le constitue comprend l'action même, l'ensemble des personnages créés par l'auteur, de leurs idées, de leurs impressions, de leurs actes, l'image des objets décrits, des milieux naturels ou sociaux. Le réalisme pur s'arrêterait ici. Par son attitude ironique et dédaigneuse et parfois aussi par son expression de sentiments plus humains, l'auteur éveille en outre chez le lecteur une série de sentiments et de pensées qui viennent compléter le système primitif en le jugeant, l'enrichir, l'encadrer en quelque sorte, s'harmoniser avec lui. Ces impressions changent avec le lecteur et elles supposent une réaction marquée de sa propre personnalité, une sourde conscience de sa supériorité intellectuelle et morale et parfois de celle de l'auteur et de quelques autres lecteurs avec qui on se sent en bonne compagnie, une sympathie avec l'auteur et son public. Ainsi les choses vont se compliquant et tout cela fait un ensemble assez bien systématisé, qui peut fournir une bonne matière de contemplation artistique.

§ 11

Il faut tenir compte des qualités de métier dont les réalistes ont souvent, avec raison, fait grand état. Quelques-uns, comme Champfleury, se sont, forcément sans doute, satisfaits à peu de frais. Ils restent des artistes inférieurs. Et alors ils sont à peu près obligés de se rabattre sur l'excitation des sentiments ordinaires de la vie. Les qualités de métiers, les mérites techniques sont un moyen de subvenir aux défauts de l'idéalisme comme à ceux du réalisme. Elles compensent la faiblesse de la documentation, comme le parti pris de se passer des émotions communes. Elles donnent un accroissement de sytématisation par des procédés essentiellement artistiques, c'est-à-dire en dehors de la vie commune, et c'est ainsi avec raison que l'on considère comme les plus « artistes » ceux qui les ont le plus magnifiquement montrées, ou avec le plus de conscience et de soin. Toutes les qualités du style ou de la composition, la rareté, la précision, la clarté, le pouvoir suggestif des termes employés, la richesse, l'éclat, la délicatesse, la nouveauté des images, l'ordre et le développement régulier des idées, des événements, des caractères, l'originalité des tournures, tout cela se ramène à des systématisations spéciales du monde de l'art. Tout cela l'enrichit, directement ou indirectement, d'éléments harmonieux, tout cela en améliore l'ordonnance ou le débarrasse d'éléments inutiles ou dangereux, le développe, en hâte la réalisation et nous la rend plus facile ou plus complexe. Et ainsi, l'accroissement de systématisation qu'il ne veut pas devoir aux procédés idéalistes ou à l'appel aux sentiments humains, le réaliste l'obtient par le soin constant des qualités techniques, et l'idéaliste obtient de même celui qu'il ne peut ou ne veut trouver dans l'imitation trop approchée de la réalité.

Et d'un côté nous voyons Hugo, par exemple, compenser par une prodigieuse et unique accumulation des qualités de métier du poète, je ne dirai pas le manque, ni même la faiblesse — qu'on lui a trop reprochée — mais la qualité relativement ordinaire de quelques-unes de ses facultés, et se maintenir par là à un rang tout à fait supérieur. Et d'autre part, nous constatons que certains réalistes sont des artistes avant tout. Au lieu d'épurer la nature dans leur œuvre (ce qu'ils font encore d'ailleurs à leur façon jusqu'à un certain point), ils ont perfectionné la manière de la présenter, au lieu d'idéaliser les choses, ils ont idéalisé leur évocation dans l'esprit. Comme il s'agit avant tout de créer dans l'âme du spectateur ou du lecteur un monde idéal systématisé, des procédés, qui ne sont pas d'ailleurs incompatibles, peuvent se suppléer l'un l'autre.

On sait assez jusqu'où Flaubert poussait la conscience extérieure et le scrupule de l'exactitude, lui qui revoyait longuement, allant à pied, les bords de la Seine, pour en faire une description vraie et qui se documentait si copieusement. Après quoi il déclarait que tout cela était insignifiant. Et il se tourmentait encore bien plus pour écrire, s'acharnant sur son œuvre, effaçant, raturant, passant des journées au travail pour achever quelques lignes. Maupassant, Goncourt, Daudet, Théophile Gautier, Leconte de Lisle, qui sont — comme Flaubert d'ailleurs — autre chose que des réalistes, mais qui ont voulu faire voir la réalité, et dont l'art plastique est une forme de réalisme, ont eu aussi le souci du style, de l' « écriture artiste », de la forme impeccable et définitive.

Inversement les réalistes qui ont peu sacrifié à la forme ont dû, pour faire vivre leur œuvre même d'une vie momentanée, faire appel à des sentiments de la vie ordinaire ou à des idées morales ou sociales. J'ai déjà mentionné le cas de Champfleury, qui me paraît bien oublié d'ailleurs. Alexandre Dumas fils a compensé ses défauts de style et d'imagination par la composition, la charpente solide de ses pièces et aussi par les préoccupations morales qui enrichissent le monde qu'il évoque et ont donné à ses pièces une importance au moins passagère.

§ 12

Si nous admettons dans l'art des romans, des tableaux qui excitent notre compassion pour les malheureux ou éveillent en nous des impressions de tendresse ou d'admiration pour l'héroïsme, je ne vois pas pourquoi nous refuserions à priori d'y admettre ceux qui tendent à exciter et à satisfaire l'amour du savoir, l'amour du bien moral, le désir du bien-être et tous les sentiments de ce genre.

Au reste, presque toutes les œuvres littéraires font

appel à quelques-uns de ces sentiments. Si l'amour domine généralement la littérature, la richesse n'y est pourtant pas négligée, ni même le désir de savoir et de comprendre, ni le sentiment moral, l'amour du bien ou la haine des crimes. Je n'ai qu'à rappeler le théâtre de Scribe et d'Augier, les mélodrames, et l'on pourrait même citer des œuvres d'art plus relevées.

Mais à côté de ces œuvres qui, tout en faisant appel à ces sentiments de la vie commune, ont cependant pour caractère essentiel de créer un monde fictif, il en est d'autres qui ne créent leur monde fictif que pour agir sur le monde réel. Leur but principal est de rendre les hommes meilleurs ou de leur inculquer certaines idées pratiques ou théoriques, ou de leur développer l'esprit en leur inculquant doucement certaines connaissances. Et d'ailleurs, entre l'œuvre d'art pure et l'œuvre pratique pour qui l'art n'est qu'un moyen, il y a tous les intermédiaires possibles. Les formes mixtes sont même les plus fréquentes. Il suffira de citer les récits de Jules Verne, quelque romans d'Edmond About (*Maître Pierre*, par exemple). Nous trouvons dans cette catégorie des œuvres de premier ordre comme *les Provinciales*, et si nous voulons descendre jusqu'à l'autre extrémité de la série, des pauvretés comme des exercices de mnémotechnie en vers.

Ce mélange d'art et de réalité, cette intrusion du monde fictif, et des procédés par lequel l'art le crée, dans le monde réel, nous le rencontrerons souvent. Le contenu de notre pensée, quand nous nous livrons même à la contemplation esthétique, ne saurait être indiffèrent à notre vie, et, d'autre part, toutes les matières ne sont pas également bonnes pour l'art. Il en résulte un singulier mélange, une action réciproque et continue de la vie fictive sur la vie réelle et de la vie réelle sur la vie fictive.

§ 13

Nous entrevoyons les mille moyens avec lesquels l'homme se crée, par l'art, un monde fictif qui vit en lui, ou dans lequel il vit lui-même, où il entraîne les autres hommes en leur communiquant son rêve, et surtout en leur fournissant les matériaux avec lesquels ils construiront eux-mêmes le leur.

Il s'agit toujours de substituer à la vie réelle, incohérente, pénible ou ennuyeuse, une vie systématisée, relativement harmonieuse, et qui, surtout, nous enlève pour un moment au moins à la réalité. Évidemment, il faut des procédés très divers pour qu'ils puissent convenir aux différents esprits et aussi aux besoins différents, aux crises successives d'une même âme. Tel homme ne sera nullement sensible à la musique qui s'éprendra d'un tableau, et tel autre restera complètement froid devant un art extra-humain qui s'abandonnera délicieusement aux sentiments d'amour ou de pitié qu'une œuvre littéraire ou qu'un drame musical fera résonner dans l'intimité de son cœur. Et tel homme ne pourra créer un roman qui fera de splendides échafaudages d'abstractions ou de sons musicaux. Mais aussi un même esprit, selon les moments, aura besoin de se réfugier dans des mondes d'art totalement différents. Il est des états douloureux qu'une musique, même élevée, exaspérera et auxquels un roman pourra peut-être nous enlever.

N'oublions pas d'ailleurs que chacun transforme selon ses goûts et selon ses désirs l'œuvre qui lui est soumise et même l'œuvre qu'il a créée, car il ne m'est nullement prouvé que les grands artistes mêmes aient toujours le plus et le mieux joui des mondes splendides qu'ils nous ont ouverts.

Aussi ne peut-on établir aucune démarcation bien nette entre les différentes formes et les différents procédés de l'art. Tous les éléments que nous sommes obligés de séparer, d'isoler dans nos analyses, se mêlent, se combinent, s'influencent l'un l'autre dans la réalité. C'est un fait essentiel qu'il ne faut jamais perdre de vue. L'analyse, qui n'est pas constamment rectifiée par la synthèse, tend constamment à nous tromper.

CHAPITRE III

L'ATTITUDE ARTISTE

§ 1

L'art n'est pas invariablement lié à quelques espèces de phénomènes. Il nous apparaît presque forcément sous les formes traditionnelles et relativement fixes de la musique, de la peinture, de la littérature. Mais il peut exister en des modes infiniment variés. Toute activité humaine, tout événement, tout fait, quel qu'il soit, peut devenir une matière d'art. Et ce qui fait l'art, ce n'est pas telle ou telle activité, tel ou tel objet, c'est la façon dont nous le considérons et dont nous en usons. Une statue peut être pour certains individus un objet de commerce, et non un objet d'art. Tout dépend de l'attitude que nous prenons vis-à-vis des choses.

Prendre l'attitude artiste vis-à-vis d'une chose quelconque, c'est la considérer comme nous considérerions un objet d'art. C'est l'isoler du monde réel, c'est la faire entrer dans une sorte de monde imaginaire et fictif, en refusant tacitement ou explicitement de tenir compte de ses qualités réelles, des fins pour lesquelles elle a été produite, où elle est communément employée ; c'est l'apprécier pour sa beauté, non pour son utilité ou sa vérité.

Pour un commerçant qui ne comprendrait rien à la peinture, un tableau ne serait guère plus qu'un objet de négoce, qu'un produit destiné à la vente et tout à fait assimilable, en ce qui l'intéresse, à une marchandise quelconque, à des pains de sucre ou à de l'alcool à brûler. Inversement, il est possible de considérer en artiste une locomotive, par exemple. On n'en utilise pas alors la vitesse et la force pour aller conclure une affaire ou contempler un paysage, mais on réalise en son esprit l'agencement de son mécanisme, ses chaudières, ses leviers et ses roues, son foyer et son charbon ; on voit la combinaison et la dépendance de ses parties, on en comprend l'activité spéciale, et on en saisit la convergence et le système ; on perçoit l'unité finale, la longue et lourde file de wagons qui va être entraînée par elle et l'on comprend en même temps sa fonction sociale : des hommes l'ont fabriquée, l'alimentent et la dirigent, d'autres l'ont progressivement créée, et elle a réalisé leurs idées, incarné leur génie ; elle symbolise toute une civilisation humaine, une époque de notre vie, et d'autres hommes sont continuellement emportés par elle ; elle les prend, les enlève, les disperse au loin et les distribue le long de son parcours, se mêlant ainsi aux affaires, aux joies, aux douleurs de l'humanité. Si nous considérons en lui-même tout ce système ainsi formé, sans songer à l'utiliser pour nos besoins, sans avoir la préoccupation de nous instruire, de nous faire des idées vraies, si nous en admirons simplement l'harmonie interne et la beauté spéciale, nous pensons et sentons en artistes. Nous sommes devant la locomotive comme nous serions devant un tableau ou devant un roman. Elle nous fournit le monde systématisé livré à notre contemplation.

Ainsi, accidentellement, une œuvre industrielle, un fait quelconque peut devenir matière de contemplation, entrer dans l'art. Elle est une œuvre d'art non par destination et par la volonté de celui qui l'a faite (et encore le créateur peut avoir été un « artiste » lorsqu'il l'a créée), mais par occasion, et par la volonté plus ou moins consciente de celui qui la contemple. C'est là un fait extrêmement important et très fréquent, dont nous rencontrerons de nombreuses variétés. En somme, la différence de l'œuvre d'art et de l'œuvre industrielle, ou religieuse, ou scientifique n'est pas absolue. Toute œuvre se prête à être considérée de différentes façons et nous pouvons prendre devant elle l'attitude artiste, comme l'attitude scientifique et l'attitude religieuse, comme l'attitude de l'industriel. Sans doute, toutes les choses ne se prêtent pas aussi bien à ces diverses attitudes de l'esprit, mais surtout tous les esprits ne savent pas les prendre également, ni chacun d'eux aussi bien à tous les moments de sa vie. Tout est objet d'industrie pour un esprit industriel, comme tout est objet de science pour un esprit scientifique, et tout est également objet d'art pour un esprit artiste, au moment, du moins, où ces qualités s'exercent et prédominent en eux.

§ 2

Et l'attitude artiste enrichit singulièrement le domaine de l'art en y contraignant des idées, des objets, des actes qui semblaient n'y devoir jamais entrer. L'art l'extra-humain et l'art humain en profitent.

Le caractère artistique de la philosophie et des sciences abstraites est bien souvent senti et reconnu. C'est l'office de la science d'être vraie (je me dispense, pour le moment, de chercher le sens compliqué de ce mot) et c'est l'ambition de la philosophie de le devenir. Mais elles peuvent aussi être belles et c'est là un caractère dont la reconnaissance accompagne communément la contemplation artistique. On a dit que les mathématiques étaient la science de l'ordre et de l'élégance. Leurs propositions nettes et rigoureusement enchaînées, dépendant les unes des autres et dont les conséquences s'en vont à l'infini forment, pour autant que j'en puis juger, un admirable système. Naturellement, les vérités simples de l'arithmétique, plus près de la réalité, plus aisément vérifiables, se prêtent moins à la contemplation artistique. Au contraire, les enchaînements de propositions générales qui n'éveillent aucune idée d'utilité et dont on peut négliger même la vérité éventuelle, font une très belle matière d'art.

Leur effet est peut-être comparable à celui de la musique, malgré les éclatantes différences qui l'en séparent. On a dit de la musique qu'elle était une mathématique de l'esprit qui ne prenait pas conscience de ses calculs.

Retournant en quelque sorte le mot, nous pourrons dire que les mathématiques sont une sorte de musique abstraite où la conscience des opérations, la netteté, la clarté relative du mécanisme affaiblissent l'impression vitale et spontanée, en enrichissant l'effet total de tout ce qu'y ajoute la conscience claire et le jeu plus visible et plus compliqué de l'intelligence.

L'art qui se forme ainsi est un art extra-humain ; il ne fait pas appel à des sentiments de la vie ordinaire. L'émotion qu'il produit est une émotion d'ordre abstrait et se rattache à la contemplation d'un système qui paraît vivre par l'enchaînement et le développement des éléments qui le composent.

La philosophie, la métaphysique prennent également une très haute valeur artistique de même nature. Si bien qu'on leur en a fait un grief. Et c'est assez souvent une façon de les déprécier que de ne voir en leurs produits que des œuvres d'art, en leur déniant tout caractère scientifique ou pratique.

L'auteur d'un système croit volontiers à sa vérité. Mais il est généralement possible et souvent très facile aux autres d'en faire abstraction. Il est des systèmes qu'on ne tient ni à croire ni à réfuter, au moins longuement. Mais que le système soit vrai ou faux, il a toujours cela pour lui qu'il est un système, un enchaînement d'idées et de faits coordonnés. Par là, il est apte à devenir un monde artistique, à vivre en nous d'une vie isolée et factice, à nous séparer du monde réel, à tenir la place d'une œuvre d'art, à devenir œuvre d'art lui-même.

Et en effet on prend assez souvent un plaisir artistique avec un système philosophique à la vérité duquel on ne croit pas, à l'utilité duquel on croit moins encore. Mais on se plait à la rigueur des propositions, à leur enchaînement serré, à la logique qui unit en un seul tout d'innombrables éléments. On évoque ainsi par la pensée un monde artificiel et faux, mais bien ordonné et qu'on substitue pour un moment au monde réel et à l'idée que nous en avons prise. C'est la caractéristique même de l'art. Nous pourrons avoir ainsi plaisir à reconstituer en nous le monde de Spinoza, ou celui de Renouvier, si différent, sans être le disciple de l'un ou de l'autre de ces philosophes, et même en étant disposé, par ailleurs, à les combattre. Et la différence des attitudes éclate ici. Si nous restons « artistes », nous admirons, nous sympathisons, nous écartons toute critique, nous ne voyons pas les faiblesses de l'œuvre, ses fêlures ou ses brouillards, nous la réalisons en nous aussi harmonieuse, aussi riche, aussi vivante qu'il est possible. Si, au contraire, nous pensons en savants ou en philosophes, nous tâcherons de faire apparaître les contradictions aussi bien que les harmonies, nous ferons appel au contrôle des idées acquises déjà, nous heurterons le beau système à l'expérience qui le froissera ou le disloquera, nous soumettrons cette harmonie fragile à tous les dissolvants dont nous disposons, pour ne conserver que ce qui aura résisté. Il y a une attitude artiste et une attitude de philosophe. Nous pouvons devant un système prendre l'une ou l'autre. Toutes deux ont leur raison d'être, mais elles ne correspondent pas aux mêmes besoins généraux. Elles peuvent pourtant combiner leur action. En contemplant un système en artiste et pour lui-même nous pouvons nous préparer à le critiquer avec d'autant plus de justice que nous l'aurons mieux réalisé en nous. Et en critiquant un système, en l'épurant, en en comprenant mieux la portée, nous pouvons préparer une plus belle matière à la contemplation artistique.

Les spéculations philosophiques nous présentent quelques-unes des grandes conditions de l'effet artistique le plus haut, je veux dire l'ampleur de la matière, la masse considérable des éléments mis en jeu. La spéculation philosophique s'étend à tout, embrasse tout. Les lois générales qu'elle formule s'appliquent ou sont censées s'appliquer à tous les ordres de phénomènes. Elles résument et symbolisent d'innombrables millions de faits. Le monde qu'elles suscitent est bien un univers entier. Sans doute, sa richesse dépendra de la puissance de l'esprit qui la réalisera et qui peut rester bien inférieur à celui de l'auteur du système comme il peut quelquefois le dépasser. Il en est pour qui les abstractions restent des formes vides, froides, sans prolongements dans l'esprit et sans retentissement dans le cœur. Ceux-là ne seront pas plus disposés à apprécier en artistes un système de philosophie que d'autres à sentir la musique, qui n'est pour eux qu'un bruit plus prétentieux.

La science aussi, sous toutes ses formes, qu'il s'agisse des sciences naturelles ou des sciences historiques se prête à l'attitude artiste. Naturellement ses théories les plus compréhensives et les plus générales y sont surtout favorables. Les travaux de Claude Bernard, de Fustel de Coulanges, de Darwin, de Pasteur, nous donnent une forte impression artistique si nous les considérons en eux-mêmes, sans les prendre à notre compte ou sans les rejeter, sans vouloir les utiliser à notre profit, simplement pour le système d'idées, d'impressions, de faits qu'ils construisent en nous. Un système scientifique est un monde aussi et nous pouvons le considérer comme un monde d'art. Une hypothèse scientifique peut être, à ce point de vue, aussi séduisante qu'une théorie supposée vraie. Elle gagne même en souplesse et en largeur à n'être pas encore bien établie et très arrêtée, elle y perd quelque peu en force. Elle relève plutôt de l'art idéaliste, et la théorie acceptée de l'art réaliste.

La science est toutefois moins étendue que la philosophie, elle embrasse moins d'éléments, elle intéresse moins les sentiments abstraits et généraux, elle se débarrasse moins aisément de son caractère de vérité et même de son caractère possible d'utilité. Enfin elle est en général moins hypothétique. Elle a donc, au point de vue artistique, certaines infériorités par rapport à la philosophie, certaines supériorités aussi. Elle est moins extra-humaine, elle est moins idéalisée, moins abstraite. Et puis, il convient encore, en tout ceci, de faire sa part à la différence des esprits.

§ 3

Les choses abstraites, philosophiques ou scientifiques ne sont point les seules que nous puissions considérer en « esthètes ». Si l'attitude artiste réalise l'art extra-humain, elle réalise aussi, avec des réalités plus concrètes, un art moins abstrait. Tous les événements de la vie peuvent être considérés par nous, selon nos goûts et nos aptitudes, comme une matière d'art.

Cette façon de les contempler, et, pour les contempler, de les produire au besoin, c'est ce que l'on a appelé le « néronisme » et cela a intéressé les esprits il y a quelques années. De même que l'amour de la science peut inspirer des expériences cruelles, et faire observer sans pitié des maux douloureux, la tendance artistique peut amener l'homme à se désintéresser des sentiments qu'il observe ou dont il provoque l'émoi. Tout cela suppose une attitude spéciale vis-à-vis des phénomènes. Devant un incendie, ce sera agir en être social que d'aller chercher des secours ou de se mettre à la chaîne, en savant que de l'observer simplement en en recherchant les causes, ou en en prévoyant des conséquences qu'on ne fait rien pour empêcher ou favoriser, en artiste que de le contempler comme un spectacle, d'admirer les reflets de la flamme, la montée de la fumée, l'épanouissement des gerbes d'étincelles.

A certains égards, l'attitude artiste peut être très variable. Ce n'est pas une même chose, au point de vue social, que de faire mettre le feu à une grande ville pour s'assurer un spectacle rare ou de regarder courir, sans lui venir en aide, un passant décoiffé par le vent. Mais au fond la tendance est la même. Elle consiste à faire un spectacle et un simple spectacle de ce qui est le monde réel, de ce qui est la joie ou la souffrance d'autrui. Cela est très fréquent. Il est assez ordinaire de se distraire aux faits divers d'un journal, sans quoi j'imagine que les journaux en contiendraient moins, de se complaire aux détails d'un assassinat, ou d'un accident terrible. Ce n'est point avec le désir d'être utile à la police, ou de venir en aide aux victimes, ce n'est pas non plus pour nous instruire sur nos risques ou pour nous apprendre à les éviter. Non, c'est plutôt pour contempler, en dehors de la vie, une tranche de vie. On s'intéresse à des récits de ce genre comme à un roman, un roman qui a l'avantage d'être réel, c'est-à-dire de s'imposer bien plus fortement à notre esprit.

Je prends l'exercice de l'attitude artiste sous cette forme grossière et commune pour en bien montrer le caractère universel. Il suffit de s'être un peu promené dans Paris pour savoir combien de gens arrête dans nos rues le spectacle le plus insignifiant. Un cheval étendu par terre — et l'on sait si la chose est fréquente — immobilise quelques dizaines de curieux. Ils ne cherchent pas, en général, à venir en aide à la bête ou à son conducteur, ni à leur nuire. Ils contemplent simplement, ou ils contemplent surtout, car des réflexions morales ou pratiques peuvent bien leur venir à l'esprit. Mais peut-être font-elles aussi partie du spectacle. Ils assistent à un petit drame, simple, peu intéressant, très peu élevé, mais qui a pour lui la force de la réalité. Et cela nous indique la force de la chose directement vue et combien elle peut compenser, pour bien des esprits, la complexité, le raffinement, la délicatesse, ou l'élévation.

Chacun selon ses goûts se réjouira de tel ou tel spectacle, du bonheur ou du malheur d'autrui, des petites intrigues qu'il pourra surprendre et auxquelles il évitera de se mêler, des événements mesquins de la vie de tous les jours, ou des vicissitudes de la politique, des aventures qui modifient les rapports des peuples, des guerres et des congrès pacifistes. L'homme en qui domine la tendance à la contemplation artistique s'intéressera à toutes ces choses ou à quelques-unes d'entre elles comme à une pièce de théâtre. Leur réalité ne lui importe qu'en ce qu'elle assure son impression et la rend plus vive, plus cuisante ou plus douce. Il se peut aussi qu'il provoque, dans la sphère où il s'agite, quelques-uns des événements qui l'intéressent. On raconte d'un romancier qu'il se plaisait, dans les maisons qu'il fréquentait, à amener peu à peu un enfant à renverser une lampe. Cela pouvait être une attitude de psychologue, ou d'observateur intéressé, cela pouvait être aussi l'attitude désintéressée d'un artiste. Il existe, je crois, des gens qui ne seraient point fâchés de mettre dans la peine ceux qu'ils aiment pour se donner le plaisir d'avoir pitié d'eux. Tout au moins sont-ils heureux pour cela des malheurs qui arrivent à leurs amis, sans l'avouer et peut-être sans trop s'en rendre compte. Il y a quelque « néronisme » souvent dans la pitié. Et peut-être même prennent-ils un plaisir d'artiste non seulement à leur pitié, mais même à l'aide efficace qu'ils peuvent apporter aux autres.

On voit combien ici les choses se compliquent et dans quel amalgame peuvent se trouver unies des choses aussi opposées que l'art et la vie réelle. Quoi qu'il en soit nous retenons l'extrême importance de ce que j'ai appelé l'attitude artiste. Elle introduit la vie même dans l'art, mais en la dépouillant de son caractère de réalité, en la faisant sortir, pour ainsi dire, d'elle-même, en en isolant une portion qui devient une simple matière à contemplation artistique comme un tableau ou comme une symphonie. Et toutes les formes générales d'art que nous pouvons examiner ailleurs, art extra-humain, art abstrait, art humain, l'attitude artiste les reproduit en des circonstances différentes, sans objets créés spécialement pour la contemplation.

CHAPITRE IV

L'IMMIXTION DE LA VIE RÉELLE ET MORALE DANS L'ART

§ 1

Nous avons constamment supposé et dit jusqu'ici que, l'art créant un monde fictif, ou que l'homme feignant par l'attitude artiste de contempler un monde fictif, ce qui est une sorte de mensonge redoublé, il fallait faire abstraction dans la contemplation artistique, de la vérité, de l'utilité et de la morale. Cette idée s'imposait par la clarté de l'étude et de l'exposition. Mais elle est beaucoup trop simple. Nous aurons plus tard à voir l'appréciation et l'usage que l'on peut faire de l'art au point de vue de la morale, il faut examiner pour le moment comment l'art peut considérer l'utilité, la moralité et la vérité, comment il peut en tirer parti et les faire servir à des fins qui ne sont point les leurs et qui vont même contre celles-ci.

J'ai dit que pour apprécier au point de vue de l'art un système philosophique, il fallait ne pas vouloir l'admettre comme vrai ou le réfuter, j'ai opposé l'attitude artiste à l'attitude philosophique et critique qui cherche à le juger, à le rectifier, à le déclarer vrai ou faux ou partiellement vrai, partiellement faux.

Cependant il serait plus juste de dire que quand nous prenons l'attitude artiste vis-à-vis d'une théorie quelconque — et même vis-à-vis d'un fait quelconque sans doute — nous la considérons comme vraie. Nous écartons non point les faits et les idées qui la continuent, car ils en font logiquement partie, mais ceux qui la contredisent. Seulement nous ne sommes pas tout à fait dupes de notre adhésion, nous savons qu'elle ne fait point partie de notre vie réelle, qu'elle est isolée, momentanée, qu'elle est un monde à part dans le monde où nous vivons réellement. Nous nous mentons à nous-mêmes en n'acceptant que ce qui soutient la théorie contemplée, mais nous nous mentons aussi en l'acceptant et nous ne sommes pas dupes de ce double mensonge, quoique notre attitude puisse varier du doute assez conscient à l'adhésion presque complète et presque aveugle.

Ce qui fait l'objet de notre contemplation, c'est une harmonie, une systématisation, une perfection relative. Si c'est l'harmonie d'un système philosophique ou religieux que nous contemplons, nous écarterons, instinctivement et pour un moment, toutes les contradictions internes du système et tous les démentis de la logique et de l'expérience. Nous tendrons à les dissimuler, à les laisser hors de notre regard.

C'est dire que nous tendrons à accepter le système comme vrai. Car qu'est-ce que la vérité sinon l'harmonie interne d'une doctrine et l'absence de contradictions de la part de la logique et de l'expérience? Nous n'en avons ni d'autre preuve, ni même d'autre conception. Et c'est dire qu'une doctrine vraie serait, toutes choses égales d'ailleurs, plus belle et plus favorable à la contemplation artistique qu'une doctrine fausse. Je dis : toutes choses égales d'ailleurs, et cette restriction est nécessaire pour plusieurs raisons. Une doctrine fausse peut être plus compliquée, plus riche en idées secondaires, elle peut suggérer plus d'impressions et de sentiments qu'une vraie et regagner en beauté par là ce qu'elle perd par la moindre rigueur de sa systématisation. Une doctrine vraie peut nous faire penser plus qu'une théorie fausse à ses conséquences pratiques, elle peut nous entraîner plus vite dans le domaine de l'industrie ou de la morale et nous faire sortir de la contemplation artistique.

Car c'est le système qui fait le vrai comme c'est le système qui fait le beau. Et pourtant le beau ne se confond pas avec le vrai. Peut-être à la limite s'uniraient-ils et deviendraient-ils indiscernables. En tout cas dans notre monde relatif et disloqué le vrai et le beau ne se confondent point. Ils ont des côtés communs et ils diffèrent. Les qualités du système n'y sont point les mêmes : dans le vrai la systématisation doit être aussi rigoureuse que possible, dans le beau elle doit être surtout large et riche. Il importe moins que quelque contradiction y subsiste si l'on peut s'empêcher pour un moment de la remarquer explicitement. Et la contradiction qui détruit la vérité n'est pas celle qui gêne le plus la beauté. La beauté admet des degrés et des nuances que repousse la conception ordinaire du vrai. Et pourtant il n'y a ni de beauté sans quelque vérité, ni de vérité sans quelque beauté.

§ 2

L'art et la science paraissent se distinguer nettement. Le genre de contradiction que supporte l'art est contraire à l'esprit de la science, et réciproquement la science constate des oppositions et des désordres que l'art efface très souvent. La science a pour critérium l'expérience réelle et l'art a pour but de remplacer cette expérience réelle par un ensemble de phénomènes désirés. Mais les faits que la science enregistre, les lois qu'elle trouve, par cela même qu'elles offrent quelque harmonie correspondent aussi à quelque désir. A cause de cette harmonie, ils peuvent ainsi devenir des objets de contemplation. Et c'est ainsi que des médecins peuvent contempler en artistes une « belle » maladie.

Mais pouvons-nous continuer à opposer aussi nettement l'art et la vie réelle ? Le contraste subsiste en se transformant quelque peu. La vie réelle et tout ce qui s'y rattache, la science, la morale peuvent nous offrir des faits, des idées, des sentiments systématisés. Ces faits peuvent être à ce titre des objets de contemplation artistique. Mais alors ils sont isolés du monde vrai, par l'attitude artiste. L'art, en ce cas, prend son monde dans le monde réel, mais il le met à part, il l'isole, il le rend faux en le séparant de ce qui l'entoure. Le médecin qui admire un beau cas, ne le traite pas, pour le moment, en médecin, le moraliste qui s'intéresse à un « beau » crime, ne le traite pas en moraliste, et l'homme qui admire la religion qu'il croit vraie, à ce moment-là, il ne la pratique pas, il ne la traite pas en homme religieux.

Seulement ici la contemplation peut être déterminée par la vérité même. Ni le médecin ne contemplerait aussi volontiers un cas imaginaire, ni le moraliste un crime de roman, ni le croyant une religion fausse. En sorte que la vérité même, par ce qu'elle offre de particulièrement systématisé, par l'harmonie spéciale qui la constitue devient quelquefois la base même du mensonge de l'art. Et l'attitude artiste peut avoir de bons effets sur le savant, le moraliste ou le dévot. Tant l'homme est ingénieux à combiner vers une même fin les forces qui semblent s'opposer le plus directement !

Au reste, si la vérité peut servir l'art, elle lui nuit bien souvent. D'abord, les vérités que nous connaissons — et qui sont toujours mêlées de quelque illusion — sont souvent peu esthétiques. Elles sont trop fragmentaires, trop sèches, trop froides, trop difficiles à généraliser sûrement et à poursuivre dans toutes leurs conséquences exactes. Tout cela nuit au système artistique et le monde de l'art reste souvent terne et froid si l'imagination ne l'étend, ne le colore et ne l'échauffe. Et il est trop évident que si l'art naît du besoin de substituer au monde réel un monde qui satisfasse mieux soit l'ensemble de nos tendances, soit quelques-uns de nos désirs, la vérité sera, par sa nature même, assez souvent dangereuse pour l'art.

§ 3

Le bien se comporte dans l'art à peu près comme le vrai. Qu'il puisse s'introduire dans un monde fictif, cela n'est pas un instant douteux. Une bonne partie de nos œuvres d'art comporte une certaine appréciation morale ou utilitaire des personnes, des idées, des affections et des événements. Cela est au moins vrai pour certaines œuvres littéraires ou plastiques. Et il me suffira de rappeler l'importance que Taine étudiant l'idéal dans l'art a cru devoir attribuer à la « bienfaisance du caractère », ce qui est, en somme, un autre nom de son utilité ou de sa moralité.

Pour ne prendre qu'un exemple concret, il est hors de doute que les tragédies de Corneille tendent à nous faire admirer ses héros et à nous les faire admirer pour leurs qualités morales. Le Cid pour son jeune courage, Auguste pour son empire sur lui-même, Nicomède ou don Sanche pour leur héroïsme hautain. Et c'est une tradition de l'art idéaliste, dans le roman, dans la tragédie, dans la comédie même, de nous présenter des personnages qui excitent notre admiration ou notre sympathie par la beauté, c'est-à-dire souvent par la moralité de leur caractère. Si cette tendance a produit des œuvres où la platitude est plus évidente encore que l'intention morale, c'est ce qui nous importe peu pour le moment. Ou peut-être même cela montre-t-il la force d'une poussée qui agit sur toute une lignée d'esprits, des plus hauts aux plus médiocres.

C'est que, en effet, l'action morale, la vertu est une reproduction ou une idéalisation de la nature qui répond bien à la nature de l'art, et l'on en dirait autant d'ailleurs de l'immoralité quand elle dépasse les proportions du monde réel. La moralité aussi est une systématisation. Un acte est vertueux quand il tend à l'harmonie supérieure du monde, quand il crée, quand il prépare, quand il constitue, ou même simplement quand il symbolise un monde plus harmonisé que le monde actuel.

Le monde harmonique que rêve la morale est, comme celui que tâche de découvrir ou de construire la science, analogue, par son caractère de systématisation, au monde de l'art. Comme celui de l'art, il n'est pas réel. Mais à l'inverse de celui de l'art, il aspire à se réaliser. Cette différence les sépare suffisamment, mais cette ressemblance suffit à faire du premier un objet de contemplation très appréciable, soit que l'on se plaise, comme dans le drame ou le roman, à s'imaginer des morales réalisées, concrétées en des actes et des sentiments précis, en des êtres humains fictifs, mais vivants, soit que l'on se contente d'une contemplation abstraite. Il est possible d'admirer ainsi esthétiquement, sans leur donner son assentiment réel, l'édifice sévère que forment la morale stoïcienne ou la morale de Kant, ou les plus riantes perspectives de l'abbaye de Thélème. Des mondes abstraits, fictifs et assez bien coordonnés viennent remplacer en nous, pour un moment, la réalité discordante et grossière. La morale abstraite devient alors une sorte de refuge pour les âmes contemplatives, comme la musique ou la peinture. Et l'âme peut même être assez charmée de ces rêveries pour ne plus beaucoup se soucier d'en venir aux difficultés de l'application pas plus qu'elle ne songe à voir entrer dans un salon les héros de Corneille ou à imposer aux forêts des murmures wagnériens. Il semble qu'un certain nombre de personnes satisfont ainsi leurs bons instincts, selon la nature de leur imagination, par la lecture de romans vertueux, par la représentation de drames où le vice succombe et par des exaltations morales sans aucune conséquence pratique au sujet de belles idées qui, chez elles, restent infécondes.

Comme nous faisions, tout à l'heure, abstraction de la vérité d'un système pour l'admirer en objet d'art, de même nous ferons maintenant abstraction de la moralité réelle des héros moraux ou du système de morale. J'admirerai la morale de l'*Imitation* sans être chrétien et la franchise héroïque de Polyeucte sans me soucier le moins du monde que sa manière d'agir devienne la forme générale de l'activité humaine. L'attitude artiste produit ici les mêmes effets que dans le cas précédent. Nous irons aisément jusqu'à supporter, jusqu'à admirer des bandits et des scélérats qu'il nous répugnerait peut-être d'approcher de trop près dans la vie réelle. Et plus l'immoralité est grande, c'est-à-dire plus le système d'actes et d'idées qui va contre les formes sociales admises est fort et cohérent, plus il attirera notre admiration. La qualité de systématisation qui fait la morale, fait aussi l'immoralité selon le sens dans lequel elle s'emploie. C'est ainsi que nous prenons un plaisir d'art et un plaisir d'art idéaliste à suivre les grands scélérats de Balzac ou de Shakespeare ou les personnages dominés par un vice qui les envahit peu à peu et les anéantit : Iago, par exemple, ou le baron Hulot.

Au fond, c'est la même chose que nous admirons dans les uns ou dans les autres, c'est le degré de cohérence et la richesse de l'organisation d'une tendance. Les caractères que Taine a appelés le degré d'importance et le degré de bienfaisance des caractères sont, au fond, un seul et même caractère, si nous considérons l'importance générale et la bienfaisance générale. Toute force systématisée est un bien, prise en elle-même, elle est un mal pour les forces qu'elle contrarie. Notre idée du bien ne peut être que celle d'une harmonie. Une passion quelconque est toujours en elle-même une harmonie puissante; à cet égard, elle est un bien. Elle peut empêcher ou ruiner d'autres harmonies. C'est alors que, selon leur importance, et aussi selon le point de vue que nous choisirons, elle deviendra un mal. La haine de notre société est une passion qui peut contribuer à la beauté et à la moralité spéciale d'une secte de révoltés. Elle sera d'autant plus morale à ce point de vue, d'autant plus immorale au point de vue opposé, qu'elle sera plus puissante, plus souple et plus riche. Et l'on comprend aisément comment la moralité et l'immoralité peuvent être des matières d'art, en nous offrant des mondes plus systématisés que le monde réel et capables de remplacer celui-ci.

L'avantage resterait à la moralité, comme il restait tout à l'heure à la vérité. La moralité, en effet, ce serait l'harmonie complète, absolue; l'immoralité, c'est l'harmonie partielle et fragmentaire, opposée à d'autres harmonies supérieures ou jugées telles. Il en résulterait que le caractère esthétique s'accroît avec la moralité. Seulement, nous ne pouvons connaître la moralité absolue, nous n'en avons aucune idée, et toutes nos morales ne sont, en somme, que des tentatives vers une harmonie supérieure qui pourrait à la rigueur, dans notre ignorance du fond de l'univers, n'être au bout du compte, et pour qui connaîtrait l'ensemble total des choses qu'une immoralité plus grande. Et, de plus, la moralité absolue est une chose contradictoire, ce sur quoi je n'insiste pas ici. Mais il faut bien reconnaître encore que la moralité, sous la forme la plus élevée que nous puissions connaître, reste abstraite et parle très peu à notre organisation et à notre cœur. De là son infériorité artistique. Elle reperd ainsi une partie des avantages que nous lui reconnaissons, de même que la vérité se trouvait, à certains égards, inférieure à l'erreur ou à l'hypothèse comme matière d'art. Les inconvénients sont ici les mêmes. Il est souvent difficile de réaliser un système assez riche avec une morale abstraite, dont toutes les conséquences et toutes les incarnations ne peuvent être prévues. Et, d'autre part, celles que l'on peut prévoir n'ont souvent aucun intérêt artistique, on les connaît trop, et si, comme il est ordinaire, on adopte comme vraie la morale de son milieu ou une morale analogue, on est fatigué de les avoir entendu énoncer et recommander. Les préceptes et les considérations de la morale commune sont trop devenus une série de lieux communs sans intérêt, quand ils ne sont pas réduits à un mécanisme purement verbal, pour qu'on ait du plaisir à les contempler. Si l'on réagit contre son milieu, on est souvent porté vers l'attitude du moraliste, du praticien, du lutteur plus que vers l'attitude artiste. Ou si l'on s'intéresse vraiment à la morale commune, alors on regardera comme une profanation de la considérer en œuvre d'art, et cela serait en contradiction avec son principe même. Voilà bien des raisons pour qu'une morale qu'on accepte vraiment soit une mauvaise matière d'art, encore que cela ne soit pas nécessaire. Il y a des esprits à qui l'attitude artiste est si naturelle qu'ils la prennent instinctivement à tout propos. Il y en a d'autres à qui les froissements de la vie, le dégoût de la lutte ou la faiblesse, l'impossibilité de réagir contre trop de gens et trop de forces sociales l'imposent plus accidentellement.

Au contraire, une morale théorique ou réalisée qu'on ne prend pas à son compte peut offrir un charme de fruit défendu si l'on n'est pas très scrupuleux, ou, si on l'est un peu plus, faire éviter l'apparence de légèreté, d'immoralité même que donne la contemplation en artiste d'une partie importante de la vie réelle. L'attitude artiste permet de concevoir et de développer des pensées qu'on n'oserait se permettre si on les prenait au sérieux, et la fausseté, à nos yeux, d'une morale nous permet de la prendre sans remords comme objet de contemplation.

Tout ceci varie selon les différences des esprits et des caractères. Il est difficile ou impossible de dégager ici beaucoup de lois générales, tellement les faits sont changeants, nuancés et compliqués. On peut dire que les esprits pour qui la morale — soit réalisée dans une action, un drame, un roman, soit théoriquement présentée sous forme de système — fournira une bonne matière d'art sont ceux qui s'intéressent aux questions morales sans les prendre trop au sérieux, et sans avoir des principes absolument arrêtés. Ceux que les considérations morales ennuient se garderont avec soin d'en faire l'objet de leur contemplation, mais ceux qui se passionnent pour elles tâcheront de les vivre plutôt que de les condenser en un monde réel et factice qui n'existe qu'en eux et pour eux.

§ 4

L'utile ne peut se distinguer du bien. Il n'en est, selon le sens qu'on lui donne, qu'un aspect ou qu'une partie. Au sens ordinaire, la valeur de l'utile comme matière d'art suggérerait les mêmes considérations que la valeur du vrai et du bien. Différents individus l'apprécieront très différemment. Très pratiques, ils prendront l'utile trop au sérieux pour le contempler avec le désintéressement de l'artiste. Très dégoûtés des réalités vulgaires que l'usage considère, avec une incontestable étroitesse, comme représentant surtout l'utilité, ils n'auront aucun plaisir à les regarder. L'idée d'une combinaison utile, d'une idée pratique, d'une théorie appliquée leur répugnera comme une sorte de souillure ou de dégradation. En regardant un torrent rapide qui court libre et pur dans un vallon, un homme pratique pensera aux usines que cette eau « inutile » pourrait alimenter, un contemplateur de paysage verrait dans ce projet une sorte de sacrilège. Et ni l'un ni l'autre ne s'amuseront à le contempler d'une manière désintéressée. Pourtant, il comporte une combinaison compliquée de moyens et de fins qui peut intéresser un moment ceux qui, sans être ingénieurs, et même en préférant, pour leur agrément personnel, voir couler de l'eau propre, sont des imaginatifs comprenant la beauté précise (et bien troublée) des phénomènes sociaux. Ils se consolent des difficultés de l'exécution, ou de quelques déboires, en faisant des projets qui ne doivent rester pour eux que des projets, en rêvant à des entreprises grandioses qui renouvelleraient la nature et l'homme et changeraient le régime économique d'un pays. Peut-être aussi s'arrêteront-ils plus volontiers à ébaucher de grands poèmes d'industrie et de technique si la richesse de leurs aptitudes les condamne à ne développer qu'une partie de leurs énergies, ils satisfont ainsi de leur mieux les tendances que des désirs dominants ont refoulées. Et c'est bien à cela que sert essentiellement l'art, à nous donner dans le rêve cette vie harmonieuse que nous refuse la réalité.

Une idée d'utilité, un projet technique et pratique peut développer en nous des éléments et les y coordonner, comme un poème ou comme une symphonie. Comme ceux-ci, il est un tout systématisé, une harmonie, qui peut en gêner d'autres, mais qui vaut par elle-même. Ceux qui ne peuvent pas l'apprécier seront ceux qui ne sauront pas prendre l'attitude artiste vis-à-vis d'une œuvre d'utilité : hôpital ou usine, locomotive ou machine agricole. Soit qu'elle les intéresse trop au point de vue pratique, soit qu'elle ne les intéresse en rien, qu'elle choque leurs goûts ou froisse leurs aspirations, ils ne peuvent la faire sortir de la vie réelle pour la faire entrer dans le monde fictif qui est celui de l'art.

§ 5

Ainsi, de tous les côtés, la vie assiège et pénètre l'art, tandis que l'art emprunte constamment à la vie réelle. Elle lui fournit des objets de contemplation. C'est que la vie est par elle-même un système. Et toutes les formes, tous les produits que crée l'homme et qui sont le but des grandes fonctions sociales, comme la science, la religion, la morale, et tous les sentiments, toutes les idées, tous les actes qui les constituent ou qui en dérivent sont, à quelque degré, systématisés. C'est pourquoi le bien, l'utile, le religieux, le social, le vivant s'imposent si souvent à l'art. D'une part, il prend à la réalité des éléments pour fabriquer son monde fictif en les abstrayant, en les transformant, en les combinant. D'autre part, il se borne à en isoler certaines parties et à les considérer comme si elles ne faisaient point partie du monde réel, si elles étaient destinées à la contemplation pure. Au fond, si différents qu'ils soient en apparence, les deux procédés reviennent au même. Il s'agit toujours de créer un monde fictif destiné à remplacer le monde vrai. Seulement ce monde peut être fictif par lui-même, il peut le devenir par notre volonté de le considérer comme tel. Dans le premier cas, notre imagination, ou l'imagination du créateur de l'œuvre d'art, crée un monde ; dans le second cas, nous le volons, nous nous l'approprions. Dans le premier cas, nous prenons au monde réel les éléments à combiner, dans le second, nous prenons la combinaison toute faite. La différence de l'esprit qui choisit le premier procédé à celui qui se sert du second est celle du voleur qui prend un peu partout, en mille endroits, les matériaux dont il fera une machine et celui qui dérobe une machine toute faite. L'essentiel, pour lui, c'est d'avoir sa machine. L'essentiel pour celui qui souffre violemment ou sourdement du monde réel, c'est d'avoir un monde idéal.

Mais ce monde idéal est envahi constamment par des fragments de réalité qui s'y installent. Le réalisme, l'attitude artiste, la contemplation artistique des vérités scientifiques, des idées morales ou pratiques, nous montrent cet envahissement. Même l'art le plus idéaliste et le plus abstrait est souvent troublé par des éléments réels et humains. Une symphonie excite des impressions de tristesse ou de gaieté, d'amour ou de désespoir. Ce n'est pas son rôle le plus haut, mais notre nature s'y traduit ainsi. Et même si l'on considère la forme essentielle la plus élevée de l'art, si haute qu'elle soit, et pour inaccessible même qu'elle devienne, ce qu'elle réalisera, si ce n'est pas un monde réel, c'est un monde qui tiendra la place du monde réel, c'est-à-dire qui sera bien forcé de lui ressembler en quelque chose, qui sera au moins l'activité parfaite vers laquelle nous voudrions voir évoluer la réalité.

Et on peut entrevoir qu'à une limite qu'il serait peut-être contradictoire de supposer atteinte — ce qui est le caractère des limites — l'art et la vie se confondraient, que la systématisation parfaite y prendrait à la fois les caractères du vrai, du beau, du bien, de l'utile, etc. De même, si l'on prolonge tous les méridiens jusqu'au pôle, ils se confondent dans un même point qui les représente tous.

Bornons-nous, quant à présent, à rappeler quelles variétés de formes peut prendre l'art. Nous commençons, il me semble, à entrevoir que ce n'est pas un phénomène isolé, une sorte d'exception plus ou moins brillante aux formes ordinaires de la vie. Il se mêle constamment à notre existence, et ceci deviendra, je pense, de plus en plus évident, et notre existence aussi se mêle à lui et le pénètre. Cette création d'un monde fictif plus ou moins vaste, où nous nous réfugions loin de la vie, est un fait constant qui prend des formes extrêmement variées, et dont je suis bien loin d'avoir indiqué toutes les catégories. Nous en verrons d'autres, que nous n'aurions point comprises avant d'avoir étudié l'attitude artiste. Mais auparavant il nous faut examiner encore une question connexe, un fait qui se mêle souvent à l'art, qui n'en constitue pas l'essence, qui ne lui est peut-être pas nécessaire, mais qui lui est en fait intimement uni, je veux parler de l'idée et de l'émotion du beau. Et ce point, nous ne l'aurions pas compris non plus sans avoir vu ce que c'est que l'attitude artiste.

L'attitude artiste, en effet, c'est ce qu'il y a de plus essentiel dans l'art. Ce qui fait qu'un objet est réel, ce qui fait qu'il est utile, ce qui fait même qu'il est beau, c'est sans doute, jusqu'à un certain point, l'attitude que nous prenons vis-à-vis de lui-même, c'est aussi, pour une part qu'on peut estimer très considérable, sa nature propre. Au contraire ce qui fait qu'un objet est un objet d'art, ce n'est pas tant sa nature propre que notre attitude. On peut dire qu'elle fait à peu près tout.

L'art est une chose subjective, c'est avant tout une façon de nous servir des objets, c'est une attitude, ou, si l'on préfère, une sorte de geste de l'esprit, une forme de son activité. Un habitant de la Chine ignore mon existence, je n'en existe pas moins, ma réalité ne dépend pas de lui ; que nous ayons ou non pénétré les lois des phénomènes, ces lois ne s'imposent pas moins à nous et ne nous font pas moins sentir leurs effets. Quelle que soit notre appréciation sur la moralité d'un acte, il se peut que cet acte déroule ses conséquences presque de la même façon ; que nous en connaissions ou non les motifs, ces motifs n'en sont pas moins réels et de nature à s'accorder avec l'existence du milieu social dans lequel ils ont pris naissance, ou à le contrarier. La moralité d'un acte ne dépend pas de la connaissance que nous en avons et de la conception que nous en prenons, du moins elle n'en dépend pas absolument. Et son utilité non plus.

La beauté même n'est pas tout à fait sous notre dépendance. Sans doute, c'est en nous que se produit l'émotion du beau, mais les rapports qui provoquent cette impression, la perfection qui la légitime, si c'est nous qui les faisons en partie, nous ne les créons pas complètement, et en bien des cas nous n'y intervenons guère que pour les percevoir, non pour les produire. Ce n'est pas moi qui fais la beauté de la Victoire de Samothrace, si c'est moi qui la sens. J'en crée une partie sans doute, j'en crée ce qu'y ajoutent les impressions, les idées, les images qui viennent l'entourer dans mon esprit, mais elle n'en est pas moins belle sans moi et en dehors de moi. Et si la beauté a quelque chose de subjectif, c'est ce qui la lie étroitement à l'art lui-même.

Au contraire, il n'y a pas d'art sans attitude artiste, et dès que cette attitude existe, l'art est créé. La Victoire de Samothrace n'est une œuvre d'art, que parce qu'elle réalise une conception d'artiste, ou parce que nous la contemplons. Pour un commerçant non artiste, elle serait une matière de négoce ; pour un archéologue non artiste, elle serait un objet de science, une matière à discussion. Et inversement, n'importe quel objet de science, de piété, n'importe quel produit d'industrie peut devenir un objet d'art, si je fais le geste artiste en le regardant, si je le contemple en lui-même, et s'il me sert à me séparer de la vie réelle et active. Si l'homme ne crée pas le beau, il crée l'art, et l'art n'est que le résultat de son attitude, de même il ne crée pas le vrai, mais la science, il ne crée pas le bien, mais la morale.

Et par là il me semble que s'esquissent déjà les rapports de l'art et du beau.

CHAPITRE V

L'ART ET LE BEAU

§ 1

L'impression de beauté, c'est celle que nous donne normalement la contemplation désintéressée d'un tout harmonisé de perceptions, d'images, de sentiments. Je crois bien que toutes les définitions du beau peuvent se ramener à celle-là qui n'en est pas la plus agréable, mais qui en est la plus abstraite et la plus générale.

La beauté, nous venons de le voir, peut exister indépendamment de notre personnalité — telle est la beauté d'une symphonie ou d'une statue — et même indépendamment de toute personnalité et de toute contemplation, si les rapports auxquels se rapportent l'impression du beau, et, par conséquent, le « beau » lui-même, abstraitement considéré, peuvent continuer à exister. Pour qu'une action héroïque soit belle, il n'est pas nécessaire qu'elle soit connue et appréciée, même de celui qui l'a commise.

Le beau dans l'art, le beau cherché et voulu, le beau même d'une machine ou d'un objet d'industrie quelconque est ainsi réalisé par le rapport des moyens aux fins, par l'harmonie des éléments assemblés dans l'unité d'une œuvre. Plus les éléments sont nombreux et compliqués eux-mêmes, plus l'harmonie est voisine de la perfection, plus aussi la beauté objective augmente.

Mais, d'autre part, cette beauté objective, pour être perçue, doit éveiller dans notre esprit tout un système d'impressions, d'images, d'idées. Ce cortège altère, déforme, transfigure ou complète la nature primitive de l'objet de la contemplation. Et alors on observe un double effet. D'une part la beauté de certains objets est complètement méconnue parce que nous ne savons pas nous assimiler l'œuvre qui la renferme. Et d'autre part, au contraire, certains objets nous paraissent beaux sans l'être en eux-mêmes, c'est nous qui, en vibrant à leur contact, créons leur beauté, que nous répandons généreusement sur eux. Ce qu'il y a de beau, alors, ce n'est pas leur nature, ce sont les idées, les émotions, les images, c'est l'ensemble, le système de faits psychiques qu'ils suscitent en nous. Un poids quelconque en tombant sur une touche de piano peut faire naître un son harmonieux. La beauté, l'harmonie, n'est pas dans le poids, elle est dans le son.

Les exemples de beautés méconnues sont innombrables. La beauté d'une symphonie n'existe pas pour celui dont l'oreille est fausse et dont le sens musical n'est pas exercé. Il ne peut réaliser en lui le monde harmonieux qui lui est offert. Il est trop clair que la beauté d'un poème échappe pour la même raison à celui qui n'en entend pas la langue. Et de même la beauté propre d'une locomotive est inconnue à celui qui n'en voit ni le mécanisme, ni les effets. Mais souvent la beauté d'une œuvre industrielle passe inaperçue, parce que des impressions d'un autre genre nous empêchent de l'apercevoir. C'est que nous pensons trop à son utilité, ou que nous sommes trop impressionnés par de petits détails désagréables, que nous sommes prévenus, d'une manière générale, contre l'industrie en général comme source de beautés et que nous avons trop d'autres occasions plus faciles d'exercer notre sens du beau.

Il faut une certaine éducation technique, une certaine somme de connaissances et d'habitudes, pour que le système qui naît en nous ait la richesse et l'ampleur voulues. Lorsque l'objet contemplé excite des sentiments que presque tout le monde connaît pour les avoir éprouvés, ou pour désirer les éprouver, l'émotion esthétique est facile. Presque tous les hommes peuvent être impressionnés par un roman. Quand il s'agit de choses plus spéciales, l'impression est plus difficile et plus rare, elle est presque réservée aux spécialistes, ou à ceux qui, sans l'être, savent à l'occasion se faire une âme de spécialistes. Ainsi, un ingénieur appréciera plus volontiers la beauté d'une machine; un ouvrier des champs, celle d'un chargement de paille ou de foin; un paysan, celle d'un jardin potager. Et la beauté de toutes ces choses sera méconnue par bien des lettrés et par bien des artistes. Et quand des esprits trop différents semblent admirer une même chose, ce n'est pas la même chose qu'ils admirent, et ce n'est pas pour les mêmes raisons. Un paysan admirera une meule de paille pour la façon dont elle est construite, un peintre pour les tons qu'elle prend au soleil couchant, un citadin pour les impressions champêtres qu'elle éveille en lui. Un lecteur ordinaire et un lettré un peu blasé n'admireront pas un roman pour les mêmes qualités. Et celui-là trouvera la beauté dans l'éveil de quelques impressions d'amour et de pitié, ou dans quelques complications d'intrigue, tandis que celui-ci s'émerveillera de l'harmonie, du rythme des phases, du choix des mots, et de la vivacité des images. Le peintre admire dans un tableau des qualités de facture qui échappent au profane et celui-ci s'émeut de l'intérêt du sujet auquel le premier peut ne pas prendre garde. Chacun, selon ses habitudes de penser, de sentir et d'agir, crée ainsi en lui-même un monde différent et c'est ce monde qui lui donne l'impression de la beauté s'il est assez riche et assez harmonisé. Si non, le spectateur reste froid, ne comprend pas la beauté de ce qu'il voit, et souvent, raille, s'ennuie ou s'en va.

Si les beautés méconnues sont innombrables, les beautés que nous créons ne le sont pas moins. Il est assez habituel d'attribuer aux objets une beauté qui n'existe que dans les impressions que nous avons en les percevant. Bien des beautés naturelles paraissent être dans ce cas, les impressions de repos, de tranquillité, de fraîcheur, de pureté, ne semblent guère avoir d'admirable que le système qu'elles forment en nous, que leur pouvoir d'éveiller en nous des sentiments, des ensembles d'images et d'idées qui nous isolent de la vie réelle. C'est notre contemplation qui fait leur beauté. Les forces naturelles que nous admirons ont sans doute quelque chose de réel. Il y a une puissance dans la mer, dans le vent, dans l'orage, à laquelle, prise en elle-même, on peut trouver quelque beauté. Pourtant, cette beauté est bien peu de chose si l'on songe à l'incohérence des forces physiques et de leurs effets. Si notre rêve ne les embellissait, elles seraient bien pauvres. La beauté de la mer est faite d'émotions humaines. Elle est dans la contemplation qu'elle nous impose par son contraste même les conditions ordinaires de notre vie. Elle est encore dans les images que nous nous faisons de la vie des matelots, des hommes qui vivent d'elle et sur elle, de ses révoltes et de ses colères, des êtres vivants étranges et variés qu'elle nourrit, de ses mystères et de notre impuissance devant elle. Mais, même dans les œuvres humaines, que de beautés nous créons! George Sand a placé, dans un de ses romans, un futur artiste qui se donne sa première émotion esthétique en tapant au hasard sur un piano et qui ne retrouve plus d'impression comparable à celle-là. C'est là un fait dont les analogues sont de chaque moment. Il y a des heures où tout nous charme, comme il y en a où tout nous dégoûte, et nous accordons ou nous refusons alternativement la beauté selon les caprices de notre tempérament ou de nos rêves. Une personne peu raffinée trouve belle une œuvre quelconque, si elle excite en elle quelque sentiment qui lui plaît. Le raffiné peut s'y plaire aussi, seulement il connaît mieux ses émotions, il distinguera le beau de l'amusant ou de l'agréable, et il verra mieux ce qu'il met de lui-même dans son impression qui, d'ailleurs, aura changé de nature. Et il pourra bien ne plus porter un jugement de beauté sur une œuvre d'art qui, cependant, lui fera plaisir.

Il résulte de tout cela que si notre impression du beau correspond bien à une forme de notre activité mentale, cette forme est mobile et changeante, et les occasions selon lesquelles elle se réalise sont très variables, c'est là ce qui a tant compliqué la question du beau, ce qui la rend insoluble si on la pose d'une certaine façon.

§ 2

Le beau ainsi compris est-il inséparable de l'art ? Il semble bien que l'attitude artiste, que nous la prenions à l'égard d'une œuvre faite pour l'art, ou d'une réalité quelconque, s'accompagne toujours d'une tendance à éprouver l'impression du beau, c'est-à-dire de quelques-unes des conditions de cette impression, par exemple de la formation dans l'esprit d'une harmonie d'images, de sentiments et d'idées ; mais il paraît aussi que cette tendance n'est pas toujours satisfaite. La contemplation artistique n'aboutit pas toujours à l'émotion du beau. Elle n'est pas toujours assez développée, assez réfléchie, ou assez bien organisée pour cela. Elle conduit parfois au simple agrément, qui a toujours quelque beauté, mais ne fait pas toujours naître la sensation du beau.

Mettons à part les cas où l'œuvre d'art est manquée.

Quand nous regardons une œuvre laide, avons-nous une impression de beauté ?

Il ne faudrait pas se hâter de répondre non. La laideur est du genre de la beauté. C'est une beauté négative. La laideur et la beauté, étant opposées, sont de même ordre.

L'impression de simple plaisir ou de simple peine est plus générale, et, parfois, c'est elle seule que produit la contemplation artistique, surtout dans ses formes les moins hautes. L'art ne vise pas toujours au beau, et même lorsqu'il y vise, il lui arrive souvent de le manquer.

L'émotion du beau peut être encore arrêtée par les difficultés de la réalisation du monde esthétique. Il est des œuvres dans lesquelles on ne pénètre pas très aisément. Un amateur peut se perdre dans une symphonie à la première audition. L'édifice musical se construit en lui, mais il ne s'y reconnaît peu, il n'en voit pas le plan, il n'en comprend pas les perspectives et les harmonies. Et tout cela nuit à la contemplation. L'art a rempli son office, il a interrompu la vie actuelle, mais il l'a imparfaitement rempli, et la vie harmonieuse qu'il lui a substituée est restée un peu trop extérieure à l'esprit. Celui-ci a pris l'attitude artiste, mais d'une manière gauche qui n'en laisse pas se développer les effets. Tout ce que j'ai dit des conditions nécessaires ou utiles à l'émotion du beau, de l'éducation, de l'organisation qui doit la préparer, nous explique ce fait. Le manque d'habitude n'est pas seul à le produire, ou, si l'on préfère, il prend des formes très variées, comme des idées préconçues sur le beau, une conception étroite, en retard ou trop en avance, de tel ou tel art, une gaucherie native compatible avec des dons assez remarquables, parfois un goût trop pur ou trop élevé pour être satisfait par l'œuvre qu'on voit ou qu'on entend. Toutes ces circonstances empêchent l'œuvre d'art de produire l'émotion du beau, sans l'empêcher, cependant, de remplir sa fonction d'œuvre d'art. La vie harmonieuse qu'elle substitue à la vie réelle ne nous satisfait pas pleinement, elle choque quelque chose en nous. Au fond, c'est toujours le cas à quelque degré. Il y a toujours en nous quelque chose de froissé, même par l'art, comme il y a toujours quelque chose de froissé par l'existence réelle. Nous sommes tous des nids de contradictions, et ce qui apaise un de nos penchants en fait hurler d'autres, ou les irriterait s'ils ne sommeillaient un peu à ce moment. Ils ne laissent pas de sentir sourdement l'aggression, sans que nous en soyons toujours prévenus.

Il ne faut pas s'attendre à ce que l'art nous donne jamais une vie absolument harmonique et parfois même sa vie sera moins harmonieuse, au fond, que la vie réelle ; seulement, à de certains moments elle répondra mieux à des besoins opprimés, momentanément assez vifs. L'émotion du beau correspond à une certaine forme de cette satisfaction idéale de nos tendances. Elle suppose une organisation assez avancée, sans l'être trop.

§ 3

Dès ma première visite au Louvre, je fus très frappé par quelques tableaux, notamment par le portait d'Hendrickje Stoffel. Il m'a fallu au contraire un temps assez long et de nombreuses stations dans le salon carré pour être ému de la douce, forte et riche harmonie des *Noces de Cana*. Je n'y avais pris d'abord à peu près aucun plaisir. De même j'ai été saisi par *Lohengrin* à la première représentation que j'en ai vue ; mais il m'a fallu plusieurs auditions pour prendre goût à l'ouverture des *Maîtres chanteurs*, alors que celle de *Tannhauser* m'avait conquis d'emblée. Et je me souviens très bien avoir été dérouté par des morceaux de piano assez simples, dont la pensée m'échappait. En revanche, un esthéticien, dans d'intéressantes études sur la musique, déclarait ne percevoir aucune mélodie dans le chant de matelot qui ouvre le premier acte de *Tristan* et qui me semble à moi d'une limpidité parfaite.

Il y a une sorte d'organe du beau, dont la base première est innée, qui se forme plus ou moins spontanément, qui se développe plus ou moins vite. L'esprit apprend à répondre harmoniquement à certaines excitations et à apprécier en même temps cette harmonie. C'est là une faculté, un organe tout à fait analogue à nos autres pouvoirs intellectuels et même aux appareils qui nous permettent de recevoir et d'apprécier des sensations quelconques.

Il y a un sens du beau, comme il y a un sens du Bien,

ou du juste, ou un « sens commun », comme il y a un sens de la vue et un sens de l'ouïe. Le « goût » esthétique est un sens comme le tact mondain et comme la conscience. Toutes ces facultés supposent que nous sommes sensibles à certaines excitations, que nous savons les combiner rapidement, les apprécier, réagir convenablement. La psychologie n'a pas assez étudié ces demi-instincts rapides, et souvent sûrs dans la mesure où nous avons besoin d'eux. Ils ne diffèrent des sens de la vue ou de l'ouïe que parce qu'ils sont moins organisés, plus complexes et, pour cela, plus variables dans le cours des siècles, à ce qu'il semble, plus différents aussi d'un individu à l'autre, bien que certaines formes de « goût » et de « sens moral » soient assez générales et fort répandues.

Ce sont des appareils psychologiques que nous surprenons constamment en train de se former, de se reformer et de se transformer et qui peuvent donner une idée assez exacte de la façon dont ont évolué les organes des sens et peut-être même tous les organes de l'homme, même ceux que l'on ne considérerait pas volontiers comme intéressant la psychologie.

Ces demi-instincts, ces organes psychiques se forment peu à peu mais très différemment. Quelquefois ils semblent presque innés. Le sens musical est remarquable souvent par sa précocité. Mais toujours, sur un fond d'hérédité ou d'innéité, l'expérience, les suggestions diverses viennent agir. Nos goûts se développent et se transforment à mesure que nous voyons plus de choses et que nous les comparons, à mesure aussi que nous subissons l'influence de nos maîtres, de nos amis, de notre milieu et que nous réagissons contre elle. Ils se fixent peu à peu, après des variations plus ou moins grandes et des hésitations, des tâtonnements, des emballements en des sens divers, qui varient beaucoup d'un esprit à l'autre. Nous finissons ainsi par réagir presque instantanément, par décider immédiatement si une œuvre est laide, belle ou médiocre, comme nous décidons si un corps est chaud ou froid, et avec la même tendance à donner à notre impression une valeur absolue, alors qu'elle exprime seulement notre nature d'abord, puis dans une certaine mesure, la nature de nos ancêtres, de notre civilisation, de nos amis, et aussi la nature de l'homme ou de l'être vivant en général, et peut-être encore la nature de l'existence même.

§ 4

Le sens du beau n'est pas absolument en proportion de la tendance artistique. Je veux dire que l'on peut être très porté à s'en tenir à la contemplation, à sortir de la vie réelle pour recourir au monde imaginaire de l'art sans être pour cela très prompt à apprécier la beauté. On peut s'en tenir à des rêveries agréables, au jeu, aux formes frustes de l'art que nous examinerons plus loin et qui ne comportent pas forcément un très vif sentiment de la beauté. Inversement on peut être actif, peu porté à la contemplation et avoir cependant par moment de vives et peu durables impressions de beauté.

Autrement dit le sens du beau peut être très formé sans que l'on ait un besoin urgent de l'exercer autrement qu'en passant et d'une manière assez peu suivie. Il peut aussi ne pas s'être développé par la contemplation. Lire un roman simplement pour y lire des scènes d'amour ou des scènes horribles, et exciter artificiellement ses sentiments tendres ou cruels, c'est de l'art, à mon point de vue, puisque on s'ouvre ainsi un monde artificiel pour lequel on quitte l'autre, ce n'est point une preuve de sens esthétique. Le sens du beau s'exerce quand on dépasse ce premier point pour contempler de façon plus désintéressée l'objet de la contemplation artistique, pour remarquer en lui les qualités qui l'adaptent à nos sentiments personnels, et pour être touché de leur agencement. Éprouver une impression tendre en lisant une pièce de vers, ce n'est point se montrer sensible au beau, admirer l'ensemble de moyens par lequel l'auteur a su nous la suggérer, c'est une impression esthétique. Et c'en est une aussi que d'admirer et de sentir à part la richesse même de nos impressions, leur profondeur et leur harmonie.

Le sens du beau, une fois formé, tend à se transformer, comme toutes nos tendances, en s'organisant de plus en plus. Il finit par fonctionner avec la sûreté d'un instinct ou d'un organe sensoriel. Tous les éléments qu'il analysait d'abord, qu'il examinait à part, il en prend à peine conscience. Il revient par un détour à un état semblable à la forme primitive de l'esprit, mais singulièrement plus fin et plus délicat. Quand nous commençons à lire des vers nous sentons un peu inconsciemment le charme berceur du rythme. Nous y prenons un plaisir dont nous ne démêlons pas trop la nature, ni les conditions. Nous trouvons cela agréable plutôt que nous ne le trouvons beau. Puis nous étudions la métrique, nous distinguons les différents vers, et dans un même genre de vers, la différence des coupes et la distribution des accents toniques, la rareté et la richesse des rimes, la sonorité des mots, l'ampleur de la période, les enjambements et les rejets, les conventions qui proscrivent ou autorisent l'hiatus, etc. Alors notre sens esthétique s'est développé, à chacune de ces particularités du vers correspond une impression variable et dont nous apprécions la saveur et l'opportunité. Nous nous faisons aussi des idées sur les avantages artistiques du vers par rapport à la prose. Nous apprenons à percevoir très vite les moindres nuances de rythme ou de sonorité. Nous apprenons aussi à remarquer la composition d'une pièce, le rapport des moyens employés avec le sujet choisi, les modulations, les changements de caractère des vers correspondant aux différentes intentions successives du poète, et bien d'autres choses encore, et de toutes ces impressions élémentaires qui nous arrivent, nous tirons une impression générale accompagnée d'un jugement de beauté, de médiocrité, de laideur. Alors le monde de l'art nous est connu, nous l'avons exploré, nous avons créé en nous l'instrument qui nous permet de l'explorer à notre gré.

Mais comme toute tendance, celle-ci, une fois organisée, se simplifie. Tous les détails tendent à se fondre en un ensemble. L'analyse devient inutile. En écoutant un vers nous sentons ce qu'il vaut sans avoir à le décomposer. Sans compter les pieds nous savons bien s'il en a, oui ou non, le nombre voulu. Sans mesurer les coupes, nous savons bien si le vers est partagé en deux, trois, quatre parties, égales ou inégales. Notre jugement devient instinctif et notre impression aussi. Les petits éléments qui avaient leur vie relativement indépendante tendent à se fondre maintenant dans un vaste ensemble. Et même l'émotion, en se simplifiant, tend à décroître et à se rapprocher du phénomène intellectuel. Sans doute nous pourrions, s'il le fallait, justifier nos jugements d'ensemble par une minutieuse analyse, mais il se peut que nous n'en prenions plus la peine. Et si nous tenons à conserver l'émotion, il faut chercher des raffinements nouveaux qui l'excitent encore. Après l'agrément confus du début, le plaisir vif, analysé, précis, de la seconde époque, est venue une période de jugement instinctif et trop rapide pour être bien ému. Et l'on revient à un agrément synthétique comme celui du début, mais bien plus systématique, plus fin, plus sûr, plus régulier, et qui peut aller lui-même en s'affaiblissant dans l'organisation toujours croissante.

C'est là un schéma qui représente des cas réels, mais surtout une tendance. S'il est des gens qui se blasent, il en est d'autres qui se développent en enrichissant toujours leur fonds ou qui le renouvellent, ou qui enfin n'arrivent pas à cette organisation définitive pour diverses raisons comme l'alternance des activités de l'esprit dans la vie. Mais il est aisé de se rendre compte des faits par sa propre expérience. Nous n'avons plus les mêmes impressions esthétiques que jadis, et surtout à propos des mêmes œuvres. Un roman lu trop souvent, un tableau trop souvent regardé, une mélodie trop entendue perdent une partie de leur influence sur nous. Nous les connaissons mieux, nous les apprécions au moins aussi bien que jamais, si nous ne nous laissons pas aller à une sévérité inspirée par l'ennui, le dégoût de la répétition, mais nous ne vibrons plus de la même façon à propos d'elles.

§ 5

Ainsi l'impression du beau naît, se développe, et tend à disparaître sans que l'art disparaisse, ou perde ses caractères essentiels. Elle naît, mêlée à bien d'autres, confuse, indistincte, méconnaissable. Elle est en germe dans tout plaisir, dans l'éclat d'une couleur vive, dans le charme d'un son, dans la douceur d'une soirée d'été. Elle se dégage peu à peu. Il est des sensations agréables d'où l'on n'a pas encore généralement su l'extraire, et par exemple les sensations tactiles et les sensations du goût. Les mots « agréable » ou « bon » suffisent à la plupart des hommes pour les caractériser. Et cependant l'opinion commune qu'il ne peut rien y avoir de « beau » dans les sensations tactiles ou gustatives est certainement une erreur. Il est facile de constater des appréciations esthétiques dans ce domaine ; seulement, elles ne se développent pas, elles demeurent particulières à certains individus, et comme tout le monde ne les éprouve pas, elles restent méconnues.

Mais j'ai entendu des amateurs parler de leur plaisir à palper un meuble d'art ou un cristal en termes qui indiquaient une sensation esthétique presque aussi nette que celle que leur donnait la vue. Et il ne me paraît point douteux que certaines préparations culinaires, en elles-mêmes, par la complexité combinée de leurs saveurs n'offrent, à un goût exercé, les éléments d'une émotion esthétique. A plus forte raison le beau se produit lorsque, comme dans l'exemple de la tasse de lait de Guyau, « où toute la montagne avait mis son parfum », le système des émotions, des idées et des sensations s'enrichit et s'élargit. Le plaisir esthétique comprend plusieurs degrés et ils sont partout analogues. Satisfaction simple du goût ou de l'ouïe, satisfaction plus compliquée, mais encore restreinte au goût et à l'ouïe même, satisfaction du goût et de l'ouïe avec éveil d'idées et de sentiments variés, voilà trois degrés de valeur différente réalisés par la musique comme par la cuisine. Il faut convenir que celle-ci arrive beaucoup plus rarement au troisième.

Cette évolution commencée de l'esthétique du goût et du toucher, développée parfois chez quelques individus, mais socialement incomplète, et, en ce moment au moins, arrêtée, nous permet de bien comprendre, à ce qu'il me semble, le fait général de l'évolution de l'impression esthétique, et comment elle naît. Les habiles qui arrivent à se blaser, ou qui se perdent en des minuties de plus en plus ténues et négligent l'ensemble qu'il faut apprécier, qui se figent en de certaines attitudes convenues et deviennent incapables de sentir leur beau parce qu'ils le connaissent trop, et d'en apprécier un autre, parce qu'ils sont trop habitués à celui-là, peuvent montrer où elle aboutit et aussi comment elle peut dévier.

Et pendant cette évolution et ses transformations, l'art continue à garder ses caractères essentiels. L'attitude artiste se transforme aussi ; mais ces transformations, quoiqu'elles ne soient pas sans rapports avec celles de l'impression du beau, ne les suivent nullement de très près. L'attitude artiste peut préexister à l'impression du beau, elle peut aussi lui survivre, elle peut être déterminée par elle. Il peut arriver que ce soit une harmonie, la beauté d'un visage de femme, la splendeur d'un coucher de soleil qui nous arrache à nos préoccupations de la vie réelle et nous impose, par l'admiration, l'attitude artiste. Il arrive aussi que nous commençons par la contemplation. Nous sommes fatigués, ennuyés, nous sentons le besoin de rejeter pour un moment la vie, ses tâches et ses soucis, et nous nous isolons volontairement, nous prenons l'attitude artiste, par avance, arbitrairement. Nous entrons au concert. Il peut se faire que ce que nous y entendons ne nous donne pas l'impression du beau, tout d'abord ; mais peut-être en recommençant l'épreuve une autre fois, nous arriverons à la faire naître. Il se peut aussi que nous entendions un morceau très connu, trop connu. Et nous nous laissons aller machinalement à l'entendre, avec un plaisir facile qui ne nous donne pas une impression de beauté.

Aussi n'est-il pas rare qu'un sens artistique développé

fasse éprouver des impressions esthétiques bien moins vives qu'un sens artistique rudimentaire. Il ne faut pas trop généraliser, car les faits sont complexes et changeants, trop de causes y interviennent pour qu'il s'y manifeste une grande régularité ; mais ce ne sont pas toujours les meilleures connaisseurs qui s'extasient le plus et poussent le plus d'exclamations. On peut même croire que le contraire est plus fréquent. Les personnes à sensibilité vive, un peu inexpérimentées déclarent admirables des tableaux qu'un connaisseur ne regarderait même pas, pour ménager ses yeux. Elles créent le beau, elles le tirent d'elles-mêmes avec quelque naïveté. Ce qui cause leur enthousiasme, ce n'est pas tant l'œuvre même que leur résonnance, la vivacité de leurs impressions, la force des émotions qu'elle excite. Elles ne se rendent compte, en général, ni du travail de l'artiste, ni des qualités techniques et spéciales de l'œuvre, mais elles vibrent. Le sens du beau manque, chez elles, de spécialisation savante, d'expérience, mais il peut être puissant et actif. Au contraire, précisément parce que chez le connaisseur, l'organe esthétique est très perfectionné et très bien adapté, l'habitude peut lui rendre le beau presque insensible et la moindre laideur très pénible. On dit que la plus haute formule d'admiration d'un grand artiste devant une œuvre était « rien ne me choque ». Et l'on voit ici l'envahissement de l'automatisme et aussi comment l'aptitude artistique évolue un peu différemment de l'aptitude à s'émouvoir devant le beau. Ce n'est pas que la tendance à la contemplation n'ait ses transformations assez analogues à celles du sens du beau, elle peut, elle aussi, devenir plus automatique, et finir par être même une tendance de la vie réelle. Par une singulière contradiction, le monde fictif de l'art devient alors l'objet d'une tendance régulière, bien organisée, tout à fait semblable aux tendances les plus positives, comme celle de manger et de boire, et c'est une des façons dont le monde fictif de l'art peut, sinon se réaliser précisément, au moins organiser et transformer, dans le sens qu'il indique, le monde réel. Mais ces transformations de l'attitude artiste et de l'aptitude à vibrer de l'émotion du beau ne sont pas exactement parallèles.

§ 6

Nous avons aussi bien des cas qui nous montrent très nettement que l'art ne recherche pas toujours le beau. Il se contente très souvent de l'agréable qui en diffère tout en en contenant le germe. Le beau est une sorte de superflu qui vient s'y ajouter plus tard, mais n'est pas le but premier et essentiel de l'art.

Le but de l'art, en effet, c'est de nous donner un monde qui nous satisfasse, soit en général, soit à certains égards spéciaux et plaise à certains désirs précis, plus que le monde réel. Cela n'implique pas forcément que ce monde nous donnera une impression de beauté, et de fait, il ne nous la donne pas toujours, et même lorsque nous connaissons bien l'émotion du beau, lorsque nous l'avons plusieurs fois éprouvée, ce n'est pas toujours elle que nous recherchons dans l'art. Et alors même que nous la désirons, nous ne la cherchons pas dans les œuvres qui nous la donneraient avec le plus de force et d'éclat.

Souvent, en effet, l'art, et c'est là son origine, et c'est de là que vient sa fonction essentielle, l'art n'est qu'une sorte de dérivatif. Il nous sert à employer les énergies que la réalité laisse inemployées, à exercer les facultés, à satisfaire les désirs que le monde vrai contrarie. La rêverie sans but pratique, la rêverie pour le plaisir est déjà une attitude d'artiste et nous y ébauchons une véritable œuvre d'art. Cependant nous n'y recherchons pas toujours le beau, nous y cherchons plutôt l'agréable. Dans le jeu, qui est aussi, nous le verrons, une sorte d'exercice artistique, nous ne recherchons pas encore toujours le beau et nous n'en avons pas très communément l'impression, mais bien plutôt encore et souvent d'une manière à peu près exclusive, la satisfaction harmonieuse de désirs et de besoins organiques ou psychiques.

Et même lorsque nous avons affaire à de véritables œuvres d'art, nous nous occupons parfois assez peu de l'émotion du beau. Il m'arrive de fredonner des mélodies tout à fait insignifiantes et que je n'estime point. J'y prends le plaisir que donne une activité systématisée et assez facile. Mais ce plaisir je ne l'appellerais point une émotion de beauté. Et pourtant il y a des moments où j'écouterais plus volontiers la mélodie banale versée par un orgue de barbarie dans la rue, sous une fenêtre, qu'une symphonie exécutée avec scène par un bon orchestre. Ce n'est pas que j'aie la moindre hésitation sur la valeur respective des deux œuvres. Mais quand je suis un peu fatigué, énervé, ou trop déprimé, écouter une symphonie avec l'attention voulue, pour la comprendre et en apprécier la beauté, me serait un travail plutôt pénible. Au contraire, l'activité aisée et presque automatique que me donne la banalité connue que j'entends, peut m'être une distraction.

Et de même j'estime plus les oraisons funèbres de Bossuet que les *Trois Mousquetaires*, et je trouve les tragédies de Corneille bien supérieures en beauté au *Chapeau de paille d'Italie*. Pourtant, à de certains moments j'aurai plus de plaisir à relire les *Trois Mousquetaires* ou le *Chapeau de paille d'Italie*. Le reste me donnerait une impression de beauté plus grande, mais il me faudrait faire quelque effort pour y arriver. En relisant une œuvre médiocre à bien des égards, mais amusante, je n'ai point l'impression du beau, mais j'obtiens les avantages de l'attitude artiste.

J'ai bien souvent remarqué que ceci ne m'est point personnel. Il est des esprits très cultivés et très lettrés qui se complaisent en des lectures très médiocres, ils s'y amusent sans en recevoir très certainement l'impression du beau. Et quand Darwin se complaisait à la lecture des romans et déclarait qu'une loi devrait les empêcher de « mal finir », ce n'est certes pas l'impression du beau qu'il y cherchait, mais une distraction, un divertissement, enfin un monde qui l'éloignât du monde réel, où prédominaient pour lui les recherches scientifiques.

Sans doute, dans tous ces cas, il y a quelque beauté

dans l'œuvre, si pauvre qu'on la suppose ; mais cette beauté, on n'est pas obligé d'en avoir l'impression pour prendre plaisir à l'œuvre. Cela supposerait même une réflexion qu'on ne veut point se donner. On se contente en pareil cas du plaisir immédiat. De même que l'enfant qui rêve aux jeux dont il est privé ne se demande point si sa rêverie est belle. Il lui suffit qu'elle soit agréable. Et tout agrément suppose quelque beauté ; mais on peut sentir l'agrément sans sentir la beauté en tant que belle. Et d'ailleurs à ce point de vue, on pourrait voir de la beauté partout, dans l'industrie ou dans la religion comme dans l'art. On peut même réaliser en soi l'adaptation factice que donne l'art sans en sentir positivement l'agrément. Le but de l'art n'en est pas moins atteint quand le monde factice, si pauvre, si fragmentaire qu'il soit, remplace en nous le monde réel et y remplit la fonction que celui-ci ne pouvait arriver à remplir.

§ 7

Ainsi, si quelques-unes des conditions de la beauté sentie, je veux dire l'activité systématisée d'une part et la contemplation de l'autre se retrouvent à des degrés différents dans toutes les formes de l'art, la perception et l'émotion de la beauté, en tant que beauté, ne s'y réalise pas toujours. C'est que quelques-unes de ses conditions peuvent y manquer encore ou qu'elles en ont déjà disparu. Ou bien encore des circonstances particulières que nous avons entrevues, comme la fatigue, le défaut d'exercice, la difficulté de l'œuvre les empêchent d'aboutir.

Il ne serait donc pas exact — et nous nous en convaincrons de plus en plus en examinant les formes inférieures et imparfaites de l'art — de dire que l'art a pour but l'impression de beauté. La beauté se rattache étroitement à l'art sans s'y perdre. Elle est une sorte d'invention humaine, faite à propos de l'art. Elle couronne l'édifice artistique, elle n'en est pas le fondement.

CHAPITRE VI

LES ARTS INDUSTRIELS ET L'ORNEMENTATION

§ 1

Les arts industriels, les arts décoratifs s'étagent en une série dont la partie supérieure s'élève haut dans l'art, tandis que sa partie inférieure rejoint à peu près l'industrie. Et pourtant on y trouve encore une possibilité d'art et comme partout, peut-être, les traces d'un art réel.

L'art de la faïence ou de la porcelaine, la verrerie, la tapisserie, la fabrication des meubles de style se rapprochent évidemment des industries ordinaires. Ils ont, comme elles une technique précise, minutieuse, compliquée, le travail manuel y tient une place assez large, ils comportent une action sur la matière différente de celle du peintre et du sculpteur par exemple, et plus encore de celle du compositeur de musique ou du littérateur.

De plus, et surtout, et c'est ici qu'apparaît le côté extra-artistique des arts industriels, les objets sur lesquels ces arts s'exercent ont la prétention d'être utiles, ils font partie du monde réel, ils ne créent certes pas un monde idéal semblable à celui d'une symphonie ou même d'un tableau.

Et cependant ce caractère n'est pas absolu. L'utilité des produits de l'art industriel reste parfois simplement apparente. On n'oserait guère manger un potage, même exquis, dans une faïence de Rhodes, et l'on n'est point dans l'habitude de s'éclairer avec un flambeau en faïence de Saint-Porchaire. Il arrive souvent ainsi que les produits de l'art industriel sortent pour ainsi dire du monde réel. Ils entrent eux aussi dans un monde fictif, ils ne sont plus vrais. Le flambeau de la collection Dutuit n'est plus « vrai » en tant que flambeau. Les plats de Bernard Palissy ne sont plus réels en tant que plats. Une grande partie des objets qui présentent les qualités que notre goût recherche, cessent ainsi de faire partie du monde réel, ils se mettent à constituer une sorte de monde idéal et fictif, où nous nous réfugions pour échapper encore à la réalité. Et c'est par là qu'ils prennent un caractère tout à fait artistique. L'art s'empare ainsi d'une partie du domaine de l'industrie qu'elle en exile.

Souvent cependant l'art et l'utilité s'accordent plus ou moins. Tel objet pourra servir à quelque usage, et cependant être considéré comme une œuvre d'art. Son rôle est double, il fait partie à la fois du monde réel et d'un monde idéal.

Le domaine des arts industriels est considérable. Avec eux la contemplation artistique peut se glisser partout et la beauté peut partout provoquer l'attitude artiste. Mais il est une forme de l'art industriel qui se sépare des autres, un art industriel qui a été universellement rattaché aux Beaux-Arts et qui le mérite à bien des égards. Je veux parler de l'architecture, et son cas est assez singulier et assez significatif pour être examiné tout d'abord et à part. Nous n'aurions pu le comprendre clairement avant d'avoir étudié l'attitude artiste.

§ 2.

Si l'architecture est un art, en effet, c'est un art, semble-t-il, qui construit non point un monde fictif, mais un monde bien réel. Un palais n'est point une rêverie, une gare de chemin de fer n'est point un roman. Et sans doute il y a bien toujours quelque réalité dans une œuvre d'art, une symphonie aussi est réelle, et pareillement un tableau. Mais qui ne voit que la réalité d'un édifice est tout autre chose ! Il est réel, il se mêle à notre vie, il est fait pour être habité, pour qu'on y mange, qu'on y boive, qu'on y dorme, qu'on y travaille, qu'on y prie, pour qu'on y accomplisse les fonctions élevées ou humbles de la vie individuelle et de la vie sociale. Et cependant, l'architecture, cela n'est pas douteux, crée de belles œuvres et des œuvres d'art, du moins les a-t-on toujours considérées ainsi. Et il faut, semble-t-il, montrer que l'on s'est trompé, ou changer notre conception de l'art et reconnaître qu'il n'a point pour caractère essentiel et principal la création d'un monde fictif opposé au monde réel.

Je tâche de poser la difficulté aussi solidement que

possible. Et il me paraît qu'elle se résout très aisément par la considération de l'attitude artiste et de ses effets.

Oui, l'architecte fait des édifices réels et utiles. Et de ce point de vue, l'architecture est une industrie. Ses produits ont le caractère des locomotives ou des machines agricoles. Seulement, ce n'est pas pour cela qu'ils sont des œuvres d'art. Si nous nous bornions à nous en servir, à les employer selon leur destination sans les contempler jamais, ils ne seraient jamais des œuvres d'art. Sans doute ils présenteraient toujours, comme tout produit de l'industrie, quelques conditions de la beauté, quelques-uns des caractères de l'œuvre d'art, mais leur nature artistique resterait virtuelle. Ce qui la dégage et ce qui l'achève, c'est la contemplation, l'attitude artiste soit de celui qui crée l'édifice, soit de ceux qui le contemplent. Si celui qui le crée n'avait rien non plus que des idées d'industriel ou de commerçant, s'il ne se préoccupait que de la commodité, de l'utilité, de la vie pratique, et si ceux qui voient ou regardent l'édifice n'avaient pas d'autres soucis, l'architecture ne serait qu'une industrie.

Mais de même qu'un objet d'industrie quelconque peut, par l'attitude artiste, devenir accidentellement un objet d'art, de même que nous pouvons contempler et admirer pour sa beauté, pour l'adaptation, pour le fonctionnement harmonieux de ses parties, une machine à battre le grain ou un pont métallique, de même nous pouvons admirer un édifice pour l'agencement et la distribution des parties qui le composent, pour son adaptation aux besoins que l'art produit. Et ici, comme partout ailleurs, l'utilité, la commodité, étant des systématisations, deviennent des éléments de beauté, des causes de contemplation, des provocations à l'attitude artiste. Il faut pour cela que nous les considérions sans en profiter, que nous les isolions de notre vie active et pratique, ou tout au moins que, en en profitant, nous ayons de courts instants de réflexion ou de contemplation pendant lesquels nous les considérons en eux-mêmes, et avec une sorte de détachement, pendant lesquels nos satisfactions mêmes, nos plaisirs personnels s'objectivent en quelque sorte et deviennent à leur tour un objet de contemplation, une sorte de complément de la matière artistique. C'est une attitude analogue à celle de l'ouvrier qui suspend son travail, se retourne pour voir l'œuvre faite et se dit : j'ai bien travaillé. De même nous suspendons pour une minute notre vie, nous en voyons les harmonies, et nous apprécions l'ensemble des moyens créés pour satisfaire nos désirs, et nous contemplons cet ensemble systématisé. Cette contemplation, c'est l'attitude artiste, et notre impression peut être une impression de beauté, lorsque nous considérons avec un désintéressement au moins partiel et momentané, même notre propre vie et nos propres jouissances.

§ 3

Mais l'architecture est singulièrement supérieure aux autres industries, pour provoquer l'attitude artiste.

Diverses raisons expliquent bien qu'on lui ait donné une place à côté de la musique ou de la peinture, et ces raisons confirment en même temps, à ce qu'il me paraît, notre conception de l'art.

Tout d'abord, pris en lui-même, un édifice est un système assez important déjà. Et toute une partie technique peut, comme dans les autres arts, prêter à des contemplations intéressantes. Le choix des matériaux, la façon de les disposer et de les préparer, le caractère général dont l'emploi de la brique, de la pierre ou du fer peut revêtir un édifice, toutes les conséquences qui dérivent d'une première donnée, le système que commandent la plate-bande ou la voûte, la résistance à la pesanteur et son utilisation, tout cela, avec bien d'autres faits que je néglige, que j'oublie ou que j'ignore, forme une matière artistique extrêmement importante déjà.

Mais de plus, l'architecture se mêle intimement à la vie humaine, elle construit des temples où l'on prie, des gares où la vie industrielle, commerciale, où la vie simplement humaine s'accumule et se presse, des ateliers où l'on travaille, des prisons où l'on souffre, des maisons où l'on aime, où l'on pense, où l'on vit de toute sa vie. Et par là l'architecture prend une valeur représentative et symbolique qui porte à un très haut degré sa valeur artistique et sa valeur esthétique. Le système de blocs de pierre ou de lames de fer, que nous avons sous les yeux, symbolise tout un moment ou toute une forme de la vie humaine, une existence d'homme, toute une forme religieuse triomphante, un despotisme aboli, ou une activité industrielle toute nouvelle et dont l'essor l'a fait surgir. Il y a des gens pour qui la cathédrale gothique représente une lutte acharnée contre la pesanteur des matériaux et la poussée de la voûte; il en est d'autres pour qui elle symbolise plutôt les aspirations religieuses du moyen âge, la vie de trois ou quatre siècles d'humanité. Et je ne vois pas pourquoi les uns et les autres n'auraient pas raison à la fois, et pourquoi il ne serait pas possible de combiner leurs impressions en une synthèse, qui ne ferait que gagner en splendeur. Alors même que les architectes n'auraient pensé qu'aux difficultés techniques, ils n'en auraient pas moins obéi à la pression de l'idée régnante, et tout au moins leur œuvre, telle que nous la connaissons, n'en serait pas moins capable de symboliser et de concréter à nos yeux la vie religieuse de leur temps.

Et enfin si nous voulons considérer la valeur spécialement artistique de l'architecture, cherchons quels sont les monuments qui nous donnent le plus l'impression du beau. Ce sont les monuments des siècles passés, ceux qui ne sont plus mêlés à notre vie d'aujourd'hui, ceux qui sont devenus inutiles, mais dont cependant nous pouvons comprendre le sens et deviner l'esprit, ce sont ceux qui nous rappellent un autre âge, ceux qui font revivre une civilisation différente de la nôtre, une âme différente, morte ou transformée dans la suite des temps, ce sont en un mot ceux vis-à-vis de qui nous pouvons le plus aisément prendre l'attitude artiste. C'est le Parthénon, c'est la Maison-Carrée, c'est Notre-Dame de Chartres ou l'abbaye du mont Saint-Michel. Et peu importe à notre admiration que le monument soit ébréché par le temps. Les restaurations satisfont plutôt notre curiosité historique que notre goût. Les ruines ne nous offrent plus qu'un système altéré et inutile, mais nous complétons le système, nous l'enrichissons par l'imagination constructive et par l'imagination sympathique. Et en fin de compte aucun art peut être plus que l'architecture qui, à certains égards se rapproche tant de l'industrie, ne nous fait éclater la séparation, l'opposition fondamentale de l'art et de la vie réelle.

Notre attitude vis-à-vis des monuments modernes le prouve encore davantage. Quels sont parmi les monuments modernes ceux que l'on est porté à trouver universellement beau? Ce sont d'une part ceux qui imitent les monuments anciens! Et je ne défends certes point cet exécrable goût d'imitation et de pastiche qui a si déplorablement sévi au dernier siècle. Mais enfin il faut bien que je le constate et que j'en prenne la signification. Ce sont ensuite ceux qui servent à l'art ou qui ne sont pas d'une utilité immédiate, et pour ainsi dire commerciale, des musées, des palais, des églises, des théâtres. Au contraire ceux qui ont une utilité marquée, ceux qui sont le plus mêlés à la vie pratique : les halles, les gares de chemins de fer, ne nous donnent que très peu l'impression de la beauté. La raison, à notre point de vue, en est tout à fait évidente, c'est qu'ils sont trop mêlés à la pratique de la vie.

Ceux qui peuvent les apprécier à un point de vue esthétique, ce sont les hommes du métier, les techniciens ou quelques esprits que des théories sur l'art peuvent inciter à chercher les monuments caractéristiques d'une époque pour en faire les objets de leur contemplation. Ceux-là peuvent prendre une attitude artiste en se rendant compte d'une manière ou de l'autre, de la somme d'efforts convergents et de la somme de connaissances, de la somme d'utilités que représente le hall d'une grande gare, et ils seront frappés par l'ampleur, par la richesse de ce système. Les autres n'y prennent pas garde et ne considèrent l'édifice que par ses côtés pratiques, ils s'en servent sans le contempler, les idées qu'il éveille en eux, les sentiments qu'il excite sont des idées et des sentiments d'utilité immédiate qui n'ont par eux-mêmes à peu près rien de commun avec l'art.

Plus tard sans doute il en sera autrement. Quand nos monuments actuels seront ruinés, ils évoqueront fièrement la civilisation industrielle et savante qui les éleva. Supposons qu'un peuple assez imaginatif, assez artiste, mais avec une civilisation différente de la nôtre, plus esthétique, plus intellectuelle et moins industrielle, contemple un jour les ruines de Paris. Il dédaignera vraisemblablement nos copies de temples grecs ou d'églises de divers styles, mais il admirera peut-être des ossatures métalliques gigantesques qui feront revivre pour lui tout un monde disparu et où toute une civilisation a laissé sa trace et donné sa mesure. Je suis convaincu que lorsque les Arènes de Nîmes venaient d'être achevées et que leurs pierres blanches rayonnaient sous le soleil du Midi, ce devait être un assez laid monument, lourd et disgracieux (sauf le charmant promenoir du premier étage). Elles se sont embellies en survivant. La Tour Eiffel sera peut-être belle un jour, si nous lui permettons de durer assez longtemps. Elle est dès maintenant très suffisamment inutile, mais elle est trop mêlée à des idées d'usines ou d'ateliers, à des images de cheminée gigantesque ou de pile énorme pour entrer franchement dans l'art.

§ 4

L'architecture nous offre ainsi une combinaison assez singulière, assez embrouillée encore de l'art et de la pratique. Il est facile de s'y reconnaître en général, mais certains cas sont parfois difficiles à analyser. Nous en avons rencontré d'analogues déjà et je n'y insiste pas davantage. Il me semble que les considérations générales que j'ai déjà exposées permettent de les comprendre.

L'art des jardins qu'on peut rattacher à l'architecture nous offre encore un exemple de ces combinaisons de vie pratique et de vie réelle. Ici aussi les matériaux sont bien réels, il s'agit de vrais rochers, de vraie terre, de vrais arbres. Et cependant un jardin n'est pas de la vraie campagne, ce n'est pas de la campagne où l'on fait pousser le blé et la vigne, de la campagne industrielle. Ce n'est pas non plus la campagne sauvage, la lande ou la forêt, cela pourtant y ressemble un peu plus et vise à donner des impressions analogues. Ne soyons pas surpris de cette ressemblance. La campagne que le jardin imite le plus volontiers et dont il se rapproche le plus, c'est la campagne inutile, c'est un coin de nature très apte à nous suggérer l'attitude artiste.

On sait combien cette attitude nous est devenue naturelle devant certains sites, des lacs, des montagnes, des prés et des bois. Et peut-être y aurait-il des différences intéressantes à signaler, pour qui étudierait la question de près, entre l'amour de la campagne tel que l'éprouvent les citadins et l'amour de la campagne tel que l'éprouvent les paysans, les campagnards habitant des sites différents. Pour le citadin, l'attitude artiste vis-à-vis des champs consiste à sentir le charme de l'air pur, des horizons étendus, du caractère d'un paysage et le mot de « pittoresque » si souvent employé en pareil cas indique suffisamment son sentiment. Pour le paysan l'amour de la campagne est, si je puis dire, plus technique. Il songe moins peut-être à opposer la campagne à la ville, mais il opposera davantage une campagne à une autre, et son jugement sera influencé par des motifs tout autres que ceux du citadin. Une belle campagne pour lui sera celle où il pourra faire des cultures rémunératrices. Il sera devant un pays fertile comme l'ingénieur devant une belle machine. Et le « pittoresque » l'excitera peu. Tel habitant d'un pays de plaine ou de coteaux étouffera dans un pays de montagnes et le jugera fort laid.

Les jardins d'agrément paraissent fait plutôt pour les habitants des villes ou pour les habitants de la campagne qui ont été élevés à la ville et y ont pris des goûts de citadins. Au fond, les types classiques du « jardin français » et du « jardin anglais » répondent au même besoin. Le jardin anglais recherche davantage l'imitation de la vraie campagne, et représente une sorte de réalisme très artificiel et assez élégant. Et le jardin français est, en un sens, plus idéaliste et plie la nature à nos goûts, à nos désirs de symétrie et de régularité, même quand ces désirs tournent au grotesque, il impose aux chemins des lignes généralement droites et parfois aux arbres des formes géométriques.

Et tous les deux réalisent ainsi un monde à la fois fictif et réel. Il est réel puisque nous y marchons, puisque nous y vivons. Mais il est aussi fictif, il nous enlève au monde réel, il est construit pour notre plaisir et notre agrément en dehors de la nature qu'il reproduit, qu'il parodie, qu'il rectifie. Et cette œuvre d'art sert à nous en permettre d'autres. Le jardin, on peut y travailler à la rigueur, mais c'est surtout un endroit où l'on joue, où l'on rêve, où l'on se promène, où l'on s'isole des soucis de la vie pratique. Et son caractère artistique apparaît dans sa destination, comme dans sa nature même.

§ 5

Les produits de l'art industriel, et de l'art ornemental sont comparables à l'architecture pour ce mélange de réalité et d'art, d'utilité et de beauté qu'ils réalisent en proportions diverses. Naturellement, à cause de ce mélange que ne compensent point les grandes qualités spéciales de l'architecture, ils ne peuvent jamais arriver à un rang très élevé dans l'art. Un plat de Bernard

Palissy, une faïence de Rhodes sont des œuvres belles et intéressantes. Ne les comparons pas pourtant à un drame comme Hamlet ou à la neuvième symphonie.

Le caractère pratique et le caractère artistique s'y contrarient et se diminuent l'un l'autre. Quand l'art domine cela choque un peu comme un non-sens, comme une contradiction. Pourquoi un verre dans lequel on ne peut boire, une assiette où l'on ne peut manger ? Pourquoi un objet de forme précise, d'apparence utile et qui ne servira à rien ?

L'exécution même aggrave parfois ce non-sens. Les faïences italiennes, si chaudes de ton, nous choquent avec leurs personnages qui font tableau. Si l'on veut un tableau, pourquoi le mettre sur une assiette dont la forme le défigure ? Et si l'on veut un plat pourquoi le surcharger d'un tableau qui empêchera qu'on s'en serve ? La contradiction est ici trop brutale.

Aussi la vraie matière de l'art, se sont plutôt, en ce genre, les objets qui n'ont pas d'utilité pratique, ceux qui ne serviront à rien qu'à être un ornement. Des coupes à forme originale et dont personne n'aura l'idée qu'elles puissent recevoir un emploi quelconque, mieux encore peut-être, des bijoux, des pendants de cou, des bracelets, des colliers, des épingles à cheveux, des cadres de tableaux, tout ce qui doit servir de parure à une pièce, à une femme, à une autre œuvre d'art. Tout cela sort évidemment de la vie pratique, de la vie du travail et des soucis, tout cela vise à nous en distraire, et les charmantes merveilles de l'art ont ici leur emploi tout trouvé. Elles ne constitueront pas à elles seules un monde fictif large et profond, mais elles embellissent le monde où notre imagination se récrée, elles aident à le détacher de la réalité, elles nous rendent peut-être plus facile la contemplation, l'attitude artiste dans les circonstances où nous sommes encore à la fois dans la vie réelle et dans la vie du rêve, qui s'enchevêtrent si souvent.

Cependant, il ne faut rien exagérer. Il est agréable, il est bon que même les objets usuels, ceux dont nous nous servons constamment, nous donnent au besoin des impressions d'agrément et même de beauté. Il faut qu'ils ne nous soient désagréables que le moins possible, qu'ils conviennent autant que possible à leur fonction. Cela ne les rend pas spécialement artistiques et cependant cela peut les rendre capables de provoquer plus aisément l'attitude artiste. De même les ornements, les agréments qu'ils peuvent recevoir sans que leur utilité en souffre. Un service de table de forme élégante et décoré avec goût, des verres d'un cristal mince et clair finement gravés, élancés ou joyeusement ventrus, rendent un repas plus agréable. Et de temps en temps, avec une conscience plus ou moins nette de leurs qualités, nous nous arrêtons quelque peu à les contempler, sans nous interrompre presque de manger ou de causer. La vie se complique ainsi, les occupations nécessaires ou utiles, les distractions agréables, les impressions artistiques s'y entrelacent dans une trame plus riche et plus séduisante. L'art ornemental, décoratif ou industriel ne crée pas un monde entier, mais il nous donne des fragments de monde fictif et l'art en profite.

Même parfois il peut monter assez haut quand l'originalité de la forme, la distinction du goût, la beauté recherchée de la matière, les nouveautés et les complications de la technique, viennent s'unir en un chef-d'œuvre de verrerie ou d'orfèvrerie. Et tel homme qui a, pendant sa vie, inventé beaucoup de ces petites œuvres d'art, peut passer à bon droit pour un grand artiste.

§ 6

L'art industriel reproduit certains effets de l'art humain et aussi de l'art extra-humain. Par la destination de ses produits, il peut évoquer des impressions de vie, d'élégance, de plaisir. Et de plus, lorsque, par un détour assez périlleux, il se rapproche de la peinture ou de la sculpture, il peut produire des impressions du même genre qu'elles, un peu affaiblies en général. Les figurines d'une coupe, les personnages des faïences italiennes, les poissons et les coquillages des plats de Bernard Palissy peuvent donner des impressions analogues à celles des arts supérieurs, amoindries, généralement transformées aussi et quelquefois précisées. De même on aperçoit parfois comme un reflet de la beauté féminine dans la forme élancée, svelte et arrondie, d'une urne, d'un vase, d'une verrerie. Et l'on retrouve en tout cela l'idéalisme et le réalisme.

Par d'autres côtés, l'art ornemental se rapproche de l'art extra-humain. Les arabesques, les combinaisons de lignes, les formes gracieuses ou tourmentées des objets qui peuvent ne rappeler à peu près à aucun titre la forme humaine, l'éclat métallique de certains émaux et leurs associations nous donnent un plaisir qui n'est pas fait de l'excitation des sentiments ordinaires de la vie. Cela rappelle d'un peu loin l'art extra-humain de la musique ou des mathématiques. Hanslick comparait la musique à une sorte d'arabesque vivante et agissante. Inversement il ne serait peut-être pas excessif de comparer l'ornementation et, d'une façon générale, l'ensemble de lignes et de couleurs qui nous charment dans l'art décoratif à une sorte de musique morte, à une harmonie riche, mais qui ne changerait point, à un accord soutenu.

Enfin la technique et ses procédés prennent évidemment une place importante dans l'art industriel. On peut admirer une porcelaine, une faïence, une verrerie, pour ses qualités intrinsèques, pour sa pâte, son émail, sa finesse, son éclat, son apparence de souplesse et de flexibilité, pour des artifices de fabrication, des inventions dans la préparation, la cuisson, le maniement de la matière, comme on admire des vers indépendamment de leur sens et des sentiments qu'ils expriment pour des qualités de rythme, de sonorité, de coupe. Et tout cela enrichit considérablement la contemplation artistique pour ceux qui ont une culture spéciale assez développée.

§ 7

La toilette met en évidence la complexité si variée et les harmonies très diverses que réalise une œuvre d'art d'ordre sûrement inférieur. Sans songer à discuter l'origine du vêtement, nous pouvons admettre que sa fonction essentielle est de nous défendre contre le froid et contre le chaud, contre le vent et contre la pluie. Il faut qu'il réponde à des besoins hygiéniques. De là un ensemble de qualités à rechercher. Il faut qu'une étoffe soit, autant que possible, solide pour résister, légère pour ne pas fatiguer celui qui la porte. Il est bon qu'elles soient faites de matériaux choisis. Et naturellement ces qualités doivent varier selon les temps et les lieux. La laine, la soie, le coutil ne répondent pas aux mêmes besoins.

En outre de ces qualités premières, il faut avoir égard aux qualités de la coupe, non point encore pour l'élégance, mais pour l'utilité. Il faut que le vêtement s'ajuste à notre corps, de manière à ne pas nous blesser, à ne pas gêner notre marche. Il faut que les coutures, s'il y en a, soient solides, et il est bon qu'elles soient régulières.

Voilà déjà un ensemble d'adaptations qui peuvent provoquer la contemplation artistique et donner une certaine idée de beauté. Ensuite on peut penser à l'agrément de l'œil. Les couleurs seront autant que possible agréables en soi et agréables encore par leur juxtaposition ; il faut aussi que la forme n'ait pas de disproportions choquantes.

D'autres convenances interviennent. Il faut que le costume soit en harmonie physiologique, anatomique, psychologique et morale avec la personne qui le porte. Il doit favoriser les fonctions vitales, ou, tout au moins, ne pas les contrarier, il doit s'adapter à la taille de celui qu'il revêt, faire valoir les qualités de son corps, la sveltesse ou l'ampleur, et y conformer toutes ses parties, au besoin il doit en atténuer les défauts. Une femme trop grande et une femme trop petite ne doivent point s'habiller de même. Et il doit aussi s'harmoniser avec l'état mental du sujet, la gaîté, la tristesse, le sérieux, la frivolité, la coquetterie, ne portent point des vêtements de même couleur, de même allure, et taillés sur un même patron.

Et il en résulte une convenance nécessaire entre le costume et la fonction sociale en tant que celle-ci exige ou suppose certaines qualités morales. Cette convenance est d'ailleurs imposée également, soit par des raisons de commodité soit par des traditions puissantes, des préjugés et des modes. Un maçon dans l'exercice de ses fonctions ne s'habille point comme un notaire, ni un officier comme un prêtre, ni un médecin comme un fort de la halle. Ces conventions régissent parfois des détails assez petits. Que les acteurs aient pris l'habitude de se raser, qu'ils sont d'ailleurs loin de conserver tous, cela peut s'expliquer par des raisons de commodité; mais la moustache des officiers, la longue barbe des magistrats de jadis, le visage rasé, longtemps exigé des avocats, les favoris des marins s'expliquent autrement. Il n'est pas jusqu'aux habitudes mondaines ou sportives, jusqu'à la richesse et à la pauvreté, jusqu'à la ville et au quartier qu'on habite, dans un même pays ou dans une même ville, qui n'aient leur traduction dans le costume.

Les idées préconçues, les préjugés, les traditions changent continuellement, et le costume se transforme aussi. Il est en relations continuelles avec les grands facteurs dont Taine exagérait l'influence sur l'art : la race, le milieu et le moment. Il est le symbole, en somme, d'une civilisation. Et à mesure que les idées, les sentiments, les préjugés se répandent, gagnant de proche en proche d'autres individus, d'autres villes, d'autres peuples, le costume et la mode se répandent aussi. Les costumes de nos provinces reculent avec les idiomes régionaux. Les Japonais en adoptant notre science et certaines de nos pratiques, ont adopté aussi, jusqu'à un certain point, notre costume. Et des fonctionnaires même s'ils gardent chez eux le costume national revêtent officiellement le costume européen. L'influence n'a pas été unilatérale d'ailleurs, et quand leur civilisation a pénétré chez nous, elle n'est pas resté sans influence sur notre art décoratif. On vend à Paris des robes japonaises et l'on y fait des bijoux, des ornements influencés par l'art japonais.

Le costume est si soumis à la mode que, lorsqu'on parle de mode, on pense presque fatalement au costume, et surtout au costume féminin. C'est qu'il ne représente pas seulement une civilisation, il en traduit pour ainsi dire chaque minute, et il en révèle, sans doute avec exagération, de petits incidents et des nuances très fuyantes. Un caprice de femme influente, un caprice de couturier, parfois même (cela est arrivé dit-on) une inadvertance ou un oubli de tel personnage en vue vont la modifier. Et les manches s'allongent ou se raccourcissent, se rétrécissent ou s'amplifient, les corsages s'ajustent ou se relâchent, les jupes s'enflent ou s'aplatissent, traînent négligemment ou se relèvent d'un air alerte. L'anatomie même de la personne en paraît transformée et tandis que le costume devrait s'y ajuster, il semble que c'est elle qui s'ajuste au costume. Les formes s'accusent ou s'évanouissent, les seins montent sous le menton ou descendent sous la taille, le ventre bombe ou s'aplatit. Et c'est bien ici la création d'un monde fictif que l'influence d'une personne, d'une caste, d'une ville, d'un peuple, fait préférer un instant au monde réel et surtout à d'autres mondes fictifs. Car la toilette est peut-être essentiellement, telle que la civilisation l'a faite, après tant de siècles, non point l'ajustement du vêtement au corps, mais l'ajustement du corps au vêtement, et, si l'on y tient, le triomphe de l'idée sur la matière, la conformation apparente et plus ou moins menteuse du réel à l'idéal. Et c'est par où son caractère artistique éclate visiblement. Sur une nécessité imposée par la vie, l'humanité a brodé une œuvre d'art qui malheureusement n'est pas toujours d'un goût excellent. Mais l'humanité a fait ce qu'elle a pu, et, en pareille matière, il y avait toute sorte de raisons pour que les meilleurs génies eussent moins d'influence et de succès qu'en peinture et dans la poésie.

Enfin le costume s'harmonise encore tout naturellement, non seulement aux petites préoccupations de chaque moment et au goût de tous, mais aussi avec l'ensemble des conditions fondamentales ou tout au moins plus durables de l'existence humaine, la morale d'une époque et sa religion s'y traduisent. Des vêtements de couleur marron, montants, informes, d'une étoffe rude et grossière répondent à une toute autre conception du monde qu'une robe de soie claire, décolletée, savamment ajustée, rehaussée de bijoux. La toilette ne s'applique pas toujours bien aux opinions qu'affiche une personne, mais elle traduit quelque peu le fond même de sa nature. Et nous voyons au reste constamment dans l'histoire, les religions et les morales intéressées dans les questions d'habillement. Enfin certaines conditions fondamentales de l'existence sont encore indiquées ou soulignées par le costume. Et, par exemple, le costume féminin a plusieurs fois cherché à faire ressortir, en les accentuant et en les exagérant les caractères sexuels secondaires de la femme.

Les fautes contre les harmonies du costume choquent souvent, bien que par l'irréalité qu'elles indiquent parfois, elles deviennent une autre forme d'art, en devenant un jeu. Un vieillard habillé en adolescent, un homme en femme, un vêtement trop mince en hiver, une robe à la mode d'il y a dix ans, voilà des discordances qui déplaisent, mais qui en certains cas peuvent devenir amusantes.

Toutes les conditions auxquelles doit satisfaire la toilette ne concordent pas toujours, il s'en faut. L'hygiène, la morale, ne sont pas toujours satisfaites de la mode, les vieilles traditions sont aussi en lutte fréquente avec elle. De plus il est bien sûr que tous les costumes ne sont pas aussi hautement et profondément significatifs que je l'ai supposé. Chez bien des gens le costume traduit surtout le hasard des magasins de confections où ils se sont adressés, bien plus qu'un goût personnel et des convenances anatomiques, encore que celles-ci ne puissent être entièrement sacrifiées et que le vêtement reste toujours aussi en rapport avec une civilisation donnée.

Mais il n'en reste pas moins que le costume peut éveiller pour les raisons que j'ai énumérées une grande quantité d'idées, de sentiments, d'impressions souvent à peine sensibles, et très peu analysées, car le goût de la toilette n'est point forcément en raison directe de la faculté d'analyse, et qui se résument dans une impression synthétique, rapide et prompte. Cette impression-là se rencontre plus aisément, je crois, plus décidée, plus aiguisée et plus juste chez une jeune fille, même sans réflexion et d'esprit assez ordinaire, que chez un philosophe expérimenté ou même chez un esthéticien. Mais le philosophe peut tâcher au moins de la comprendre. Et nous voyons en toutes contrées la toilette se prêter à la contemplation esthétique, tant pour le système qu'elle constitue ou qu'elle suscite, que par ce qu'elle tend à introduire d'irréel dans le monde. Elle s'y prête encore par le déguisement, par le rappel ou la restitution de costumes anciens ou étrangers. Il n'est pas de mode même ridicule — et nous ne sommes jamais bien sûrs que les nôtres ne le sont pas — qui ne puisse évoquer un temps, une époque, un ensemble de sentiments spéciaux et, par là, prendre une valeur d'art. Ce n'est pas à dire que toutes les impressions que donne la toilette soient d'ordre esthétique. Le contraire est trop évident, mais ces sentiments inartistiques eux-mêmes peuvent entrer, par l'attitude artiste, dans un monde d'art.

§ 8

L'art culinaire mérite qu'on dise quelques mots de lui, et les esthéticiens le méprisent trop. Assurément ce n'est pas un art comparable à la peinture ou à la musique. Pourtant l'homme a singulièrement transformé le besoin de se repaître, et il est arrivé à créer une œuvre d'art véritable, d'une réelle valeur esthétique en certains cas.

Tout d'abord et pour commencer par les faits les plus bas, les sensations du goût comme toutes les autres peuvent devenir une cause de l'attitude artiste; on peut les considérer en elles-mêmes, abstraction faite de leur utilité, y prendre plaisir. Et sans doute il ne faut pas considérer comme sans importance que la gustation ait en commun avec l'art un grand nombre de termes. Nous parlons constamment de « goût » artistique, nous « savourons » une œuvre d'art, nous vantons les « douceurs » d'un accord, etc.

La sensation gustative prend une valeur esthétique plus relevée, par les combinaisons qui la rendent plus complexe. Si la formule du beau est « l'unité dans la diversité », elle s'applique à un mets bien fait, aussi bien qu'à un tableau. Un plat réussi comporte une combinaison d'éléments, un accord de sensations différentes et unies. On a prétendu enlever tout caractère de beauté à cette combinaison par la raison que nous n'en pouvions distinguer les éléments. Mais c'est là un bien faible argument. D'abord c'est affaire de disposition naturelle et d'habitude. Un palais exercé distingue bien plus aisément les ingrédients qui composent le mets qu'il savoure. Et il faut remarquer qu'il n'est nullement possible à tout le monde de distinguer les notes qui composent un accord musical, il y faut aussi des dispositions innées et de l'habitude. Enfin il y a certaines combinaisons où quelques éléments sont aisément reconnus par tous. Bien des gens ont remarqué ce que la saveur de la truffe ajoute à un plat, et il n'est sans doute personne qui n'ait eu l'occasion de remarquer à quel point l'harmonie d'un potage est troublée par un excès de sel.

Un pâté de foie gras, une sole normande sont des œuvres d'art où la beauté résulte du concours de plusieurs éléments dont il n'est pas impossible de faire l'analyse. J'ai lu dans la biographie d'un cuisinier distingué, qu'il suivit dès son jeune âge les impulsions de son génie. Et le mot choque ou prête à rire. Pourtant si l'on veut être juste, il faut convenir qu'il y a bien dans l'art culinaire la science et l'inspiration, l'imitation, le soin, la technique, l'invention, tout ce qui caractérise l'art en général.

Et que toutes ces combinaisons aient pour but la création d'une sorte de monde fictif, cela ne peut guère se contester. Ce n'est évidemment pas pour la simple utilité que l'on combine tant de choses, ce n'est point uniquement pour vivre que l'on mange un mets délicat et recherché. La sensation qu'on désire et qu'il donne est, ou peut être aimée pour elle-même, et cela est si vrai que beaucoup trop de gens se donnent pour elle des indigestions ou des fatigues d'estomac, des malaises variés, et que même la prévision de ces maux ne les empêche pas toujours de céder à la tentation de leur art favori.

Le gourmand peut ainsi jouir en artiste égoïste qui s'isole et s'abstrait momentanément du monde réel pour se réfugier dans le monde de l'art. Mais regardons ce qu'est devenu dans notre civilisation le fait si grossier et si simple de se nourrir et nous verrons dans la cuisine la base d'une forme sociale de l'art. Un repas d'amis, de connaissances même est une véritable trêve dans la vie. Il est convenu qu'on y oubliera ses affaires et ses soucis, qu'on vivra pour quelques moments dans un monde tout à fait différent du monde réel. Il est souvent de bon goût d'oublier même ensuite ce qui s'est dit à table, et l'on sait les reproches faits aux Goncourt pour leurs indiscrétions. On multiplie, autour des sensations du goût, toutes sortes d'impressions agréables de différents sens, la blancheur du linge, l'éclat de l'argent, les feux des cristaux, la clarté des lustres. Et l'art culinaire se combine, dans une œuvre d'art composite, avec tous les autres arts. La somptuosité, l'élégance des toilettes, des fleurs, des objets en métal ciselé, viennent ajouter aux mets, auxquels on tâche de donner parfois une forme élégante, une sorte de cadre qui fait valoir le tableau s'il n'arrive pas à l'éclipser. Et des tableaux ornant la salle du festin, un orchestre qui l'accompagne viennent encore apporter à l'ensemble artistique la coopération des arts les plus nobles. L'ensemble peut être ainsi très brillant et très riche, un peu composite aussi et mal harmonisé, incohérent. Mais l'art culinaire n'en est pas moins à la base d'un système d'impressions très diverses qui constitue un monde à la fois réel et fictif très analogue au monde artistique et qui est bien réellement une sorte d'œuvre d'art.

Enfin la sensation du goût peut avoir encore une sorte de valeur symbolique qui la prolonge, qui l'enrichit d'harmoniques étrangers. On a souvent cité le cas de Guyau et sa tasse de lait « où toute la montagne avait mis son parfum ». Et l'on a prétendu qu'un pâtre n'aurait pas bu dans le même verre une symphonie pastorale. C'est probable en effet, seulement le même pâtre n'aurait peut-être perçu qu'un bruit ennuyeux dans la *Symphonie pastorale* de Beethoven, et il ne faudrait pas en conclure que celle-ci n'est pas non plus une œuvre d'art. Il se peut ainsi que certaines saveurs nous apportent tout un monde de pensées et d'impressions, qu'elles réveillent parfois des souvenirs d'enfance, des émotions mortes depuis longtemps, qu'elles engendrent des rêveries lointaines et des imaginations vagabondes. La musique le fait aussi, et on lui en fait généralement un mérite. Sans doute il y a dans ces phénomènes-là une résonnance individuelle, pourrait-on dire. Sans doute aussi le pouvoir suggestif des goûts comme celui des morceaux de musique n'est nullement en rapport régulier avec leur beauté. Il n'y en a pas moins en cela une nouvelle occasion d'art.

§ 9

L'art industriel, l'art décoratif, l'art « matériel » si l'on veut, celui qui agit sur la matière, qui lui donne des formes utiles, ou qui se borne à l'orner, à la rendre plus digne d'être un objet de contemplation, une occasion d'altitude artiste, et toutes les formes d'art qu'on peut rattacher à celles-là ou mettre dans le même groupe, comme l'art de la cuisine forment une série dont les premiers échelons sont très hauts, dont les derniers descendent très bas.

En haut l'art matériel rejoint le grand art, et c'est le cas de l'architecture, et parfois de certains objets qui sont plutôt des bibelots que des œuvres d'art proprement dites, mais qui peuvent être rangés parmi les uns et parmi les autres.

D'ailleurs les arts supérieurs, comme la peinture et la sculpture sont à leur façon des arts d'ornements. Le but d'un tableau ou d'une statue, c'est quelquefois de décorer une salle, un salon, une façade, une fontaine. Et certaines œuvres ont surtout ce caractère décoratif. Il est de très grands peintres dont les tableaux ne prennent toute leur valeur qu'en passant, pour ainsi dire, au second plan, en enrichissant splendidement une salle luxueuse et rayonnante. Et c'est sans doute le cas de Rubens, pour certaines de ses œuvres au moins. La peinture arrive aussi alors à être surtout l'embellissement d'un objet utile, elle se rapproche de la vie pratique, tout en la détournant vers la vie artistique.

Mais la contradiction y est moins grande que dans l'art industriel proprement dit, où c'est par une déviation singulière que l'objet utile devient objet d'art. La contradiction est ici presque obligée entre la forme et la destination. Même lorsqu'il ne pense plus à l'utilité et qu'il ne la recherche plus, l'art industriel se donne toujours l'air de la poursuivre.

On l'oublie parfois. Quand un vase est élégant on ne pense plus guère au liquide qu'il pourrait contenir, aux fleurs dont on y prolongerait l'agonie souriante. Le verre peut, par la fluidité de sa pâte, par sa transparence diversement atténuée — et en dehors des considérations techniques sur sa beauté — suggérer des impressions subtiles et douces, des idées de souplesse et de caresse, des images d'un monde mystérieux, de quelque obscure vie végétale ou animale, de quelque fond de mer inconnu et troublant. Il est peut-être particulièrement apte à soulever vers la poésie la matière travaillée.

Malgré tout il reste toujours à l'art industriel, de son humble destination primitive, une certaine gêne à s'envoler très haut, la matière l'alourdit. Ses éléments ne peuvent arriver à constituer un monde aussi vivant, aussi complexe, aussi riche que les mobiles vibrations de l'air, ou les idées et les images plus directement évoquées.

Si nous descendons l'échelle jusqu'au bout nous trouvons au bas des faits très rudimentaires et très grossiers. De vagues ornements dessinés sur un bâton, sur un outil, des quadrillages ornant une poterie grossière, une bordure rouge ou bleue sur une feuille de papier à lettre... que sais-je encore? Voilà les derniers vestiges de l'art décoratif et de l'art industriel. Ils sont insignifiants, parfois laids, de mauvais goût. Et pourtant tout cela c'est encore de l'art, de l'art infime, à peine perceptible, de l'art pourtant. On a voulu, par une modification qui n'importait en rien à l'utilité de l'objet, donner un plaisir à l'œil, provoquer une contemplation fugitive et à peine ébauchée, créer tout de même quelque chose qui dépassât la vie pratique et qui nous en fît sortir, qui nous écartât ne fût-ce qu'à une imperceptible distance et pour un imperceptible moment de l'activité directement utile.

Au reste les formes très inférieures des arts les plus hauts, de la musique ou de la peinture ne sont guère plus relevées. Bornons-nous à reconnaître pour le moment que, à tous les degrés, l'art conserve toujours ses caractères essentiels. Seulement ils vont en s'affaiblissant vers les plus bas. Le monde de l'art y est moins harmonieux et moins riche, et il est aussi moins séparé de la vie réelle. Il s'en rapproche et arrive presque à s'y confondre.

CHAPITRE VII

L'ART ET LE JEU

§ 1

Il y a des jeux de bien des espèces : des jeux intellectuels, des jeux physiques, des jeux de hasard, des jeux mixtes. Il y a même des jeux du sentiment. Cependant tous ces jeux ont en commun quelques caractères très généraux. Le jeu est toujours une même chose, et que tout le monde connaît.

On a voulu faire de l'art un jeu. C'était là, je pense, une erreur. Cependant les ressemblances de l'art et du jeu sont nombreuses et frappantes. Elles ne sont pas de pure forme et, quand on examine la question de près, on les trouve plus solides et plus profondes qu'il ne semblait d'abord. Il ne faut pas, à mon avis, conclure de là que l'art est un jeu, mais plutôt que le jeu est un art, et que l'art et le jeu dérivent d'un même fait primitif. Ils sont tous deux un monde fictif systématisé que l'esprit crée pour suppléer au monde réel.

Le jeu, en effet, répond parfaitement à la conception de l'art que nous avons vu continuellement vérifiée. Un jeu quelconque, c'est essentiellement une activité régulière et factice, bien systématisée, en dehors de l'activité ordinaire de la vie. C'est un monde imaginaire momentanément réalisé, mais qui ne doit ni vivre, ni, en principe, se mêler au monde réel, que nous aimons pour son harmonie propre, non pour son utilité, dans lequel nous vivons un moment, comme nous vivons dans le monde de la musique ou de la peinture. Que le jeu puisse dévier de sa voie, devenir utile (ou nuisible), entrer dans la vie pratique, cela ne fait pas doute. Mais il cesse pour autant d'être un jeu, il se transforme en un exercice hygiénique ou en une sorte de métier périlleux.

§ 2

Quel que soit le jeu, son caractère essentiel reste le même. Prenons les jeux les plus simples : des enfants cherchent à s'attraper en courant, ils jouent aux barres. Nous y voyons une activité régulièrement systématisée, une combinaison de moyens en vue d'un but. Un ensemble de règles, de conventions acceptées, impose au jeu sa morale spéciale, sa technique, et définit le système qu'il s'agit de réaliser. D'autre part cet ensemble tout en étant réel en un sens, est fictif en un autre. Il est inutile, il suspend et il remplace l'activité ordinaire de la vie, le travail, les devoirs de famille, la vie pratique sous toutes ses formes, il reste en dehors d'elle et ne s'y coordonne pas, sinon fort indirectement, et, en tant que jeu, par une sorte de rencontre accidentelle. Si certains jeux favorisent l'activité normale, il en est d'autres qui la contrarient.

Tous les jeux présentent ces caractères. Prenez les jeux physiques, le tennis, la paume, les boules, le croquet, le billard. Les règles, les conventions, la systématisation varient de l'un à l'autre. Mais chacun d'eux offre une systématisation très serrée et très précise, souvent bien plus exacte que celle de la vie réelle, plus simple aussi. Elle s'applique à des séries de coups très divers, elle permet une certaine liberté d'allures, mais on ne saurait l'oublier ou la méconnaître sans faire perdre au jeu son intérêt, et même sans le remplacer par un autre, d'un genre plus ou moins différent.

Si nous considérons des jeux plus intellectuels, la systématisation, pour être différente, ne se marque pas moins. Il s'agit toujours d'y faire converger vers un but unique, des moyens variés, en suivant certaines règles. Prenez les jeux de cartes, le whist ou le piquet, prenez les échecs ou les dames, ce fait y est toujours si évident que je n'ai pas à le montrer. Et le système ainsi formé, système de mouvements, de sensations, d'adaptations rapides ou réfléchies, instinctives ou volontaires, dans les jeux d'adresse physique ou dans les jeux d'adresse intellectuelle, est souvent assez riche. Songez à ce que représente par exemple une partie d'échecs, où la part du hasard est réduite au minimum, d'images, d'idées et de combinaisons. La marche différente des pièces, la variété infinie de leurs rencontres, la longueur de la partie font de chaque partie un véritable monde d'idées, toujours semblable aux autres, toujours soumis aux mêmes lois, toujours nouveau par quelque détail, et un monde qui vit, qui évolue, qui se transforme et qui aboutit enfin, après des modulations, des variations de rythme et de mesure, à un dénouement qu'on ne peut pas prévoir certainement. Une partie d'échecs ne vaut pas une symphonie, mais elle n'est pas sans quelque analogie avec cette forme de l'art.

Quant au manque de réalité et de « sérieux » du jeu, je ne pense pas avoir besoin de l'expliquer et de le démontrer longuement. Il n'est pas un père, sans doute, qui n'ait montré à son fils l'opposition du jeu et de la vie. Le jeu est bien un monde à part, créé et voulu par l'homme pour se donner une activité harmonieuse et réglée en dehors du monde réel. Le jeu nous transporte pour un moment dans un univers tout différent du nôtre, où nous avons fait, selon nos goûts, les lois et les conventions et qui nous donne l'occasion d'exercer certaines facultés que le monde réel ne satisfait pas suffisamment et surtout d'avoir une activité limitée sans doute, mais bien systématisée dans son domaine.

Ici comme partout il faut faire une large part aux goûts personnels, à l'imagination affective de chacun de nous. Il est sûr que le système du jeu proprement dit est bien supérieur chez les bons joueurs, ceux qui adaptent le mieux leurs mouvements au but poursuivi, qui ne manquent pas la balle ou n'égarent pas la boule, ceux qui coordonnent bien leurs pensées, qui n'oublient pas les cartes jouées, qui savent le fort et le faible de l'adversaire et comment il faut se garder contre lui et préparer son attaque. Mais si ce sont assez souvent les meilleurs joueurs qui prennent le plus de plaisir au jeu, ce n'est point là une règle absolue. Des maladroits se passionnent pour des exercices qui les rendent plutôt ridicules. C'est qu'ils ont de l'imagination. Ces mouvements, ces combinaisons qu'ils ne savent pas faire, ils se les représentent, ils se représentent au moins leurs effets et les impressions qu'ils en auraient assez vivement pour que leur zèle ne se ralentisse point. Le système d'idées ou de mouvements qui représente le jeu est faible, mais il est suppléé par un système d'idées et de sentiments, d'espoirs et de craintes, d'images et d'impressions qui décide la continuation ou la reprise de l'activité.

§ 3

Par conséquent, en ce qui regarde les jeux de combinaison, il ne paraît pas surgir de graves difficultés. Reste la question du hasard.

Le hasard n'est pas absolument essentiel aux jeux. Il intervient pourtant; mais son rôle est parfois insignifiant et, théoriquement, il pourrait être éliminé sans inconvénients, même avec avantage. C'est le cas, par exemple, pour les jeux de dames ou d'échecs. Aux jeux de cartes, il intervient davantage, quoique très subordonné souvent, mais il est au contraire prépondérant dans d'autres jeux.

Le hasard est tout à fait le contraire de la systématisation. Ce qu'il gagne, la finalité le perd. Un jeu de hasard est donc essentiellement, à certains égards au moins, moins systématisé qu'un jeu de combinaison. La finalité y présente des lacunes. Déjà dans des jeux comme le whist et le piquet, le fait de recevoir des cartes qu'on ne peut choisir rompt les combinaisons, sépare un coup des coups précédents. Diriger le hasard, ici c'est ce qu'on appelle proprement tricher, et cela est hors des conventions du jeu. Que l'on compare avec les échecs où tous les coups s'enchaînent forcément, où le point de départ du jeu est égal en principe pour les deux joueurs, ou du moins voulu et choisi, la différence éclate.

Il faut alors que le jeu de hasard, lorsque la part du système ou de la combinaison y devient trop faible remplace ce qui lui manque par son attrait nouveau. C'est dire qu'il remplacera une harmonie par une autre. Il va se produire forcément ici une compensation dans le genre de celles que nous avons déjà vue, par exemple, dans les rapports du réalisme à l'idéalisme, ou tout à l'heure dans le cas du joueur maladroit.

Si d'ailleurs il y a toujours quelque trace au moins de hasard dans les jeux de combinaison, il y a toujours aussi quelque trace de système dans les jeux de hasard. Toujours une série d'actions se coordonne vers un but. Dans le jeu de dés même cela est évident, il faut prendre les dés, les rouler dans le cornet, les projeter sur la table. Seulement tous ces moyens coordonnés, nous ne savons pas ici à quel but précis ils conduisent, et il ne dépend en rien — ou il ne doit dépendre en rien — de nos idées, de notre adresse, de nos réflexions, que ce résultat soit favorable ou défavorable pour nous. La perfection du système mènerait à bien lancer les dés, à ne pas les envoyer par terre ou au nez de l'adversaire, à manier son cornet avec grâce, mais non à faire paraître tel ou tel chiffre. Une adresse supérieure qui saurait conduire les mouvements de la main, les cornets et les dés pour amener un chiffre, serait sûrement considérée comme déloyale.

Le hasard peut être compensé par l'exercice de l'intelligence ou de l'adresse. C'est une des façons, celle que nous avons déjà vue, dont le jeu peut en tirer parti. Le jeu de dés, par exemple, dans le jacquet, le tric-trac donne un élément de combinaisons qui, cette donnée acceptée, restent libres dans certaines limites. Le hasard y intervient de la même façon en somme qu'au whist ou au piquet. Mais cette façon de combiner le hasard et la finalité, et de subordonner même le hasard à l'adresse, nous fait sortir des jeux de hasard pur.

§ 4

Dans ceux-ci, la compensation est différente. Elle se produit par des appels à l'imagination et au sentiment. L'excitation de sentiments très divers selon les cas vient enrichir l'œuvre d'art. Elle crée un système subjectif qui supplée à l'insuffisance de l'appareil objectif. Et c'est, mis autrement en pratique ici, le procédé que nous avons souvent rencontré déjà.

Tout d'abord l'appel aux sentiments de la vie commune, ce qui est le cas du réalisme dans l'art, ou du moins de certaines de ses formes. Les enfants peuvent quelquefois se contenter du jeu de hasard pur et simple. La fraîcheur, la vivacité, la force de leurs émotions font d'elles un système suffisant pour les intéresser et peuvent tenir lieu de plus de richesse et de complexité. De plus les illusions qui viennent compléter le système, l'espoir, l'attente sont chez eux plus fréquentes et plus vives.

Plus tard, on a recours à des procédés un peu plus compliqués. On excite l'imagination et les sentiments par des procédés convenus qui rappellent le pari, le symbolisme des psychasthéniques cherchant dans un petit fait l'annonce ou le refus d'un bonheur attendu, mais qui sont plus réguliers. Par exemple, l'issue d'une *patience* due à certaines combinaisons de cartes que le hasard détermine presque entièrement est acceptée comme un présage de succès ou d'échec, de bonheur ou de malheur. L'art de « tirer les cartes », en tant que jeu de salon a la même signification. Les gens qui se livrent volontiers à ce jeu ne sont pas toujours réellement convaincus. Ils se donnent surtout un plaisir d'imagination, une joie artistique, assez analogue à celle que leur donnerait la lecture d'un mauvais roman. Ici toutes les nuances sont possibles et la signification du fait se transforme avec elles. Si l'on est complètement convaincu, ce n'est plus un jeu. On peut encore remarquer çà et là des appareils automatiques qui, moyennant le dépôt d'une pièce de dix centimes, vous renseignent sur des événements importants, tapis encore dans l'avenir. Le fait que ces appareils sont en place depuis des années indique qu'il existe des personnes qui, sans croire absolument, je le suppose, au résultat, ont du plaisir à s'entendre annoncer par le hasard tel ou tel fait dont la prédiction fixe l'image et l'enrichit, vivifie l'impression.

Nous trouvons encore toute une floraison d'idées et de sentiments qui se rattachent à ceux-là, ce sont les superstitions du jeu. On sait si elles pullulent sur l'esprit du joueur ! L'homme quand il ne peut connaître les causes des événements en invente d'extravagantes que le sentiment soutient et fait vivre, en l'absence d'idées antagonistes précises, si l'esprit n'est pas très vigoureux ou un peu étroit et sec. La logique particulière des éléments de l'esprit produit ainsi des croyances étranges, à demi acceptées, et qui arrivent à diriger la conduite ; sur les signes et les raisons de la veine ou de la déveine, l'influence de tel acte insignifiant ou de la présence de telle personne, elle suscite, avec l'imitation, toute la frondaison luxuriante du fétichisme des joueurs. Tout cela donne de l'intérêt au jeu, en excitant les espoirs et les émotions, à ce point que ceux qui n'y croient pas, en font une sorte de nouveau jeu qui vient se superposer à l'autre et l'enrichir. Cela n'est pas toujours très « artistique » et surtout cela n'est guère esthétique. Cependant le caractère de l'art subsiste si la partie n'est pas intéressée et il peut se conserver partiellement encore quand elle l'est. Naturellement ces superstitions ne s'appliquent guère qu'aux jeux de hasard.

Faut-il noter encore quelques petits faits caractéristiques de compensations de ce genre ? Signalons les plaisanteries traditionnelles qui accompagnent l'exercice de certains jeux, peu absorbants pour l'intelligence, des calembours, des facéties que les générations se transmettent, les noms fantaisistes des numéros au loto, les paroles consacrées qui accompagnent certains coups et qui peuvent varier d'un joueur à l'autre, d'un milieu à un autre milieu.

On pourrait encore citer les théories du jeu, et d'une manière générale, tout le travail intellectuel qui se fait autour du jeu, la notation et l'étude des séries de coups à certains jeux de hasard, l'application à ces jeux de calcul des probabilités. Tout cela peut contribuer à intéresser certains joueurs en leur permettant d'exercer, en dehors du monde de la vie commune, certaines aptitudes de leur esprit. Cela n'est pas toujours désintéressé, pas toujours et pas complètement artistique. Mais l'art peut y revendiquer sa part. Et tandis que les procédés précédents rappelaient plutôt le réalisme, celui-ci rappelle plutôt l'art extra-humain. Les choses qui diffèrent le plus se prêtent parfois à des rapprochements inattendus.

§ 5

Enfin il est un autre appel aux sentiments de la vie commune qu'il faut signaler parce qu'il accompagne très souvent le jeu de hasard. C'est l'appel au désir du gain. Il indique encore une intrusion de la réalité dans le monde fictif de l'art. Il transforme celui-ci et en fait, sans lui enlever entièrement, il s'en faut, son caractère primitif, une sorte d'industrie. Il en résulte une activité mixte et complexe, assez intéressante.

Je n'insiste pas sur les formes différentes du jeu, ni sur ses formes affaiblies, comme celle des amis qui jouent « la consommation » au café, en fumant un cigare. Je mentionne celle-ci parce qu'elle montre une complication du jeu, un état d'art formé par la combinaison du jeu avec l'excitation du café ou de l'alcool et du tabac, de la conversation, de quelques sentiments sociaux, et constituent un ensemble isolé dans la vie, séparé des affaires, des soucis de famille ou de métier.

La grande forme du jeu intéressé, c'est « le jeu », celui où l'on joue « de l'argent ». L'enjeu est bien choisi pour stimuler la passion et l'esprit du joueur. L'argent est dans notre civilisation le symbole de la puissance, la possibilité visible d'innombrables plaisirs. Chacun y trouve ce qui l'attire, la jouissance future, avec une intensité illimitée, et sous une forme attrayante, enveloppée, qui permet tout sans rien imposer, qui laisse la liberté du caprice, le charme indéterminée du rêve et permet son extension indéfinie ; c'est une sorte de matérialisation du rêve lui-même et une promesse de le réaliser quel qu'il soit. Toutes les passions humaines s'y excitent et y entrevoient quelque satisfaction, aussi bien l'amour de l'étude que la gourmandise, le besoin de la santé que la luxure. Rien n'irrite plus vivement et plus poétiquement à la fois toutes les convoitises. Et si les suites de cette ivresse sont nauséabondes ou mortelles, ceci est une autre question.

Seulement l'appât du gain est pour le jeu et pour

l'art un auxiliaire exigeant et qui devient vite un maître. Le jeu qui est à la base de l'espoir n'est plus guère que le socle insignifiant d'une statue. Le joueur changera de jeu plus volontiers que d'enjeu. Cependant le hasard qui permet l'enrichissement ou la ruine relativement prompts et sans peine garde sa valeur pour lui.

Il semble bien que le jeu réalise une des plus violentes, une des plus exaspérées parmi les formes de l'art considéré comme substitution d'une vie factice et systématisée à la vie réelle. La richesse et le force des passions qu'il excite, il n'est que trop aisé de la constater et de le comprendre, sinon par sa propre expérience, du moins par son imagination, et surtout par les drames bien réels que cause le jeu, qui retentissent jusque dans les salles de nos tribunaux ou s'étalent dans les faits divers des journaux.

Le jeu tend par là à rentrer dans la vie réelle. L'amour du gain, on ne saurait en nier le caractère positif. Cependant le jeu ne ressemble pas à une industrie quelconque, encore que, s'il y a de l'industrie dans le jeu, il y ait sans doute aussi quelque part de jeu, et quelque plaisir artistique à ce point de vue, quelque hasard aussi dans toute industrie. D'abord il conserve parfois un certain caractère désintéressé qui contraste singulièrement avec sa nature même et relève sa valeur artistique. Le joueur peut considérer le jeu en lui-même comme un médecin s'intéresserait à une belle maladie dont il serait la victime. Je rappelle le mot connu : « après le plaisir de gagner au jeu, le plus grand plaisir est celui de perdre. » Il contient tout ce qu'on peut dire à ce sujet. Et de plus, le hasard est très propre au développement artistique des idées et des passions, de toute cette poussée d'impressions et de sentiments qui se forment en dehors de la réalité, du monde de l'espoir et du rêve.

§ 6

L'espoir, la crainte, l'attente, le sentiment du risque, voilà quelques-uns des principaux états d'âme que le hasard, avec l'incertitude qu'il suppose, inspire à l'homme et qui sont la condition de sa valeur artistique. Ils sont en effet très favorables à la formation de ce monde esthétique qui ne doit pas être complètement réalisé, qui ne doit pas s'imposer à l'esprit comme une nécessité, mais qui doit plutôt être suggéré comme un rêve. La contemplation artistique les accompagne volontiers. Les idées, les images viennent s'accumuler par la force des passions auxquelles l'idée, le hasard de la chance a rendu quelque liberté, lorsque la fièvre du jeu leur en laisse le loisir. Sinon elles n'existent plus que virtuellement, condensées en quelque sorte dans une âpre impression actuelle.

C'est donc bien encore un monde nouveau, un monde irréel qui vient se substituer dans notre esprit au monde vrai, produit ici par d'autres procédés, mais essentiellement semblable à celui que l'art nous donne.

L'esprit y est plus libre, plus livré à lui-même. La loterie est peut-être particulièrement apte à nous montrer ces créations artistiques. Ici la partie dure longtemps ; avant de connaître le résultat final le joueur a le temps de rêver. Pour peu qu'il ait l'habitude de raisonner et de comprendre, il sait que la valeur réelle de son billet est presque nulle. D'après le calcul des probabilités elle est à peu près le dixième du prix payé — je prends ce chiffre dans de grandes loteries de ces dernières années — mais il n'y pense guère et ne veut pas y penser. Il se crée des mondes imaginaires, auxquels son billet donne juste assez de consistance pour qu'ils puissent vivre et intéresser. Celui dont le billet gagne voit son rêve passer du monde artistique dans le monde réel. Il n'a plus de valeur d'art que la part, encore assez considérable, que lui donne la différence entre le présent et l'avenir. Et il y perd ce quelque chose d'indéfini et de pur, qui sépare toujours le monde réel du monde de l'art.

Le hasard doit sa valeur artistique à l'incertitude, à l'irréalité des biens qu'il nous laisse entrevoir. Je ne parle ici, bien entendu, que du hasard subjectif parfaitement compatible avec un rigoureux déterminisme de phénomènes. Ce hasard est directement opposé à la finalité, mais c'est précisément en s'opposant à la finalité réelle qu'il permet la production d'une finalité idéale et imaginaire, moins solide et plus pure.

Ainsi le hasard et la finalité s'unissent dans l'œuvre d'art. Ce qu'on peut appeler la liberté de l'œuvre d'art résulte de cette rencontre un peu incohérente. On a très souvent considéré la liberté comme opposée au déterminisme, on a dit aussi, et avec raison, que la liberté bien comprise suppose un déterminisme rigoureux, mais systématisé, mais il se trouve que l'œuvre d'art peut nous donner l'impression de ces deux libertés différentes, et elle y gagne quelque agrément. Il faut qu'il y ait de la systématisation dans une œuvre d'art, et même elle n'est une œuvre d'art qu'à ce prix. Mais il n'est pas mauvais que le déterminisme, si rigoureux qu'il soit, n'ait pas trop l'air de l'être, que le hasard paraisse y garder sa place. L'œuvre évite par là l'apparence d'une vie trop automatique, trop mécanique, trop desséchée, elle s'impose moins lourdement, elle garde le flottement de l'imagination. De plus les possibilités différentes qu'elle laisse entrevoir l'enrichissent singulièrement. Le réel est un, le possible est multiple, indéfini, plus riche et plus souple. Si dans l'ensemble des mondes possibles on s'attache à un seul pour le considérer comme réel, on supprime tous les autres, et l'on s'appauvrit d'autant. C'est une sorte d'infirmité de notre esprit ou de la nature qu'il ne puisse y avoir qu'un seul réel à la fois. L'imagination la corrige selon son pouvoir. L'art ne doit pas toujours lui imposer une route trop étroite et trop directe. A la vérité cette attitude n'est sans doute pas essentielle à l'art, les vertus qu'elle lui donne peuvent être compensées par d'autres. Il est des chefs-d'œuvre, des choses admirables qui s'imposent et ne laissent guère rêver. Le hasard n'en est pas moins une valeur artistique.

§ 7

N'y a-t-il pas des jeux où la systématisation disparaît,

des jeux mal différenciés, sans logique et sans lois ? Si l'on regarde des enfants en récréation on a souvent la sensation non pas d'une activité réglée et combinée, mais d'une activité débordante sans règle et sans frein. Les enfants courent d'ici, de là, au hasard, ils sautent, s'allongent par terre, se poussent et se bousculent sans ordre et sans loi. N'est-ce pas là un jeu, cependant, et comment rentre-t-il dans notre loi ?

C'est un jeu sans doute, mais un jeu incontestablement inférieur, et non le plus artistique des jeux, il s'en faut. Et précisément il perd son caractère artistique dans la mesure où il descend dans l'échelle des jeux.

Ce jeu-là est surtout une suite d'ébauches interrompues de jeux plus harmoniques. Un enfant court après un camarade, c'est un premier jeu, il s'interrompt pour lutter avec un autre qui l'a bousculé au passage, second jeu, après quoi il saute en criant, combine ses mouvements pour s'élever aussi haut que possible, troisième jeu. Chacun de ces jeux pris en lui-même est un fragment interrompu de système. Ce jeu, dans son ensemble, est une poussière de jeux.

Un grand nombre d'instincts froissés, comprimés par l'activité de la vie réelle, représentée ici par la classe et l'étude, se satisfont au hasard et à tâtons, chacun individuellement. C'est le triomphe de l'activité indépendante des éléments psychiques. Mais si l'ensemble de la vie mentale est par là incohérente, chaque élément pris en lui-même est systématisé. Et cela répond bien à la nature inférieure du jeu, et à la nature inférieure de l'art réalisé.

§ 8

Un caractère assez fréquent du jeu, c'est la rivalité, la lutte. Il paraît s'opposer directement à la systématisation et à l'harmonie.

Il y a rivalité et lutte entre l'enfant qui court et celui qui cherche à le prendre, entre les deux camps de joueurs de barres, de tennis, de croquet, de boules, de cartes, entre les deux adversaires d'une partie de dames ou d'échecs. L'opposition est généralement entre deux partis, parfois entre trois comme dans certaine forme du piquet. Et encore ici à chaque coup l'opposition se ramène souvent à une lutte entre deux partis opposés, par suite des combinaisons du jeu.

Cette lutte n'est pas absolument nécessaire au jeu, au moins dans sa forme habituelle. On a fait des recueils de « patiences » qui servent à l'amusement d'une seule personne. Dira-t-on qu'il y a encore une lutte virtuelle de la personne contre un parieur implicitement opposé ? Et de même l'enfant qui s'use à sauter de plus en plus haut lutterait contre une force naturelle, la pesanteur. Et ainsi de suite.

Soit. Seulement alors l'opposition est partout, chez le sculpteur qui lutte contre l'inertie de la matière comme chez le penseur qui lutte contre son idée pour la soumettre. Il faut se méfier de la métaphore et ne pas prendre trop au sérieux toutes ces expressions.

Et cependant elles recouvrent une réalité universelle, et la laissent peut-être apercevoir en la voilant. Il est vrai qu'il y a partout de l'opposition et de la lutte, et que rien ne peut se produire sans cette condition. Mais nous dépassons de beaucoup le domaine de l'art en attaquant cette question. La lutte est en général une condition de l'harmonie. Il n'est point de système qui ne se forme sur des oppositions de forces. Ni les systèmes d'astres, ni les systèmes de pensées, ni les systèmes d'hommes n'y échappent. Et c'est pourquoi il n'y a point d'harmonie absolue et sans opposition, pas plus que d'opposition absolue et sans harmonie. Toute réalité est faite de faits opposés et contradictoires.

Et l'on peut dire que la rivalité, la lutte si souvent apparente dans le jeu, loin de détruire la systématisation artistique en est, au contraire, une condition, comme le jeu des muscles antagonistes est la condition d'un mouvement bien systématisé. On y peut voir une forme de cette association par contraste qui est si peu comprise et dont la valeur universelle est si méconnue. C'est en effet l'activité d'un des concurrents qui est la condition de l'activité de l'autre. Elle en est l'occasion, la base, la matière. Toute action suppose une résistance. Cette résistance, au jeu, est en l'activité d'une autre personne, activité physique ou activité intellectuelle, en la chance qu'elle peut avoir au jeu de hasard. Elle est aussi fournie d'autre part, par la matière même du jeu, par les billes du billard et par les boules, par les cartes, par la difficulté des combinaisons. Et l'on peut supposer des jeux où la première forme de la résistance est supprimée. On peut, par exemple, s'amuser seul à faire des séries de carambolages. Mais par là on supprime une grande partie des éléments du jeu, on l'appauvrit singulièrement, on diminue beaucoup trop son intérêt. L'opposition des joueurs est une condition fort utile à la systématisation du jeu et, par suite, à sa valeur artistique.

§ 9

Comme l'art, le jeu est esthétique, il provoque l'admiration. Le beau y apparaît, comme dans l'art, quand il devient un objet de contemplation et quand le monde artificiel qu'il crée est considéré en lui-même, dans son harmonie.

Les conditions de son apparition y sont les mêmes que dans l'art. Elle ne se rencontrent guère dans les jeux indifférenciés, simple expansion tumultueuse des instincts comprimés. Si elle y apparaît, c'est d'une manière fugitive, et en rapport avec les fragments de système qui s'ébauchent çà et là. Un fragment d'admiration se colle à un fragment d'art et de jeu. Mais à mesure que le jeu s'élève, les sentiments esthétiques, l'admiration, le mépris s'affirment et se développent, on s'émerveille d'un beau coup, d'une belle partie, on rit d'un joueur ridicule ou maladroit. En tout cela le jeu nous apparaît comme une branche de l'art, ou comme une activité tout à fait analogue à l'activité artistique. Le beau, à certains jeux, finit par être le but principal. Si bien que quelques joueurs sacrifient volontiers à un beau coup le gain même de la partie. Mais ce gain à un autre point de vue peut passer pour contribuer à la beauté du jeu, en achevant la systématisation entreprise. Et la recherche d'un beau spécial est le but de certains jeux autant que de certains arts. Sans doute ce beau peut être estimé inférieur, par comparaison ; mais cela ne change rien à la nature essentielle du jeu.

§ 10

L'art est, en un sens, désintéressé. Peut-on en dire autant du jeu? Pour certains jeux, cela va de soi. Une partie de barres est, en un sens, très désintéressée, à peu près dans le même sens que l'art. Mais que dire du jeu d'argent? Le jeu « intéressé » est-il désintéressé tout de même? Oui, à certains égards. Il ne faut qu'établir les distinctions nécessaires, et c'est ce que nous avons déjà commencé.

En un sens rien n'est « désintéressé ». Un désir tend toujours à se satisfaire. Le « désintéressement » est relatif à certaines satisfactions, non à toutes. Par exemple, on dira qu'un homme, qui pourrait faire un riche mariage, est désintéressé, s'il épouse une jeune fille pauvre. Désintéressé de l'argent, oui, jusqu'à un certain point, au moins, désintéressé de l'amour, non, au contraire.

C'est ainsi que l'art est « désintéressé ». Une satisfaction esthétique devant une nature morte de Chardin est désintéressée. Nous n'espérons pas manger la brioche et boire le vin. Mais elle n'est nullement désintéressée en ce qui concerne le plaisir de l'œil et de l'esprit. Elle est au contraire fort intéressée. Et si nous n'étions pas toujours « intéressés » en quelque façon, il n'y aurait aucun art possible.

Ce qui est vrai, c'est que les tendances excitées directement dans la vie par les objets que représente un tableau, par les sentiments que réveille une mélodie, par les personnages que fait vivre un roman, ne le sont pas au même degré et de la même façon dans la contemplation artistique. L'art est plus ou moins en dehors de la vie réelle, il ne tend pas, en principe, à se réaliser. C'est là un désintéressement. La tendance artistique n'a qu'elle-même pour but, elle ne cherche pas une satisfaction générale et réelle des désirs humains. L'art sépare l'objet représenté de l'objet réel, l'attitude artiste isole un fragment du monde dans le monde. Et de même il sépare nos tendances et nos désirs. Il nous permet de prendre plaisir à la vue d'un scélérat qu'il nous répugnerait de rencontrer, à l'idée d'actes, de sentiments, de souffrances dont la réalisation nous serait pénible.

Le « désintéressement » de l'art, c'est ainsi une désorganisation et une décoordination. Pour mieux abriter le système qu'il crée, l'art l'a isolé, et c'est une désharmonie qu'il introduit ainsi dans le monde, ou plutôt qu'il aggrave, car c'est une désharmonie qui l'a provoqué. Il fait triompher l'indépendance d'un système psychique de quelques éléments. Les tendances, par lui, se désolidarisent, se désintéressent les unes des autres. J'admire la beauté d'une Vierge sans avoir des idées religieuses, je prends plaisir à voir manœuvrer Iago.

Ce genre de désintéressement, on le trouve dans le jeu, en tant qu'il reste un jeu. Les jeux d'adresse, les jeux de combinaison sont désintéressés, et même, lorsque la partie comporte un enjeu de peu d'importance, le plaisir du beau, des combinaisons subtiles, du déploiement de la force et de l'adresse peut l'emporter sur la crainte de la perte comme sur l'espoir du gain.

Lorsque le principal attrait du jeu, au contraire, est dans le gain possible, le désintéressement s'affaiblit, mais aussi le caractère du jeu. Et en tant que le jeu reste un jeu et ne devient pas un métier, le désintéressement persiste. La valeur esthétique y est bien diminuée, pourtant elle ne s'y annule pas. Elle y réside alors dans la rêverie, dans l'espoir, dans l'attente provoquée par le jeu, dans les idées, les images, les sentiments dont le jeu vient provoquer l'activité. Si le joueur s'attache à ces mondes d'idées plus qu'à leur réalisation, il reste artiste et, en un sens, désintéressé. Il le reste de même s'il se passionne pour le jeu en lui-même, pour la perte et le gain, leurs alternatives et les combinaisons des coups, autant que pour leurs conséquences matérielles, s'il aime le jeu pour le jeu.

Ce qui met en lumière son attitude artiste et, en un sens, désintéressée, c'est celle du joueur pour qui le jeu est une manière de métier, une industrie, un gagne-pain régulier. Ici la part de l'art diminue à mesure que celle de la vie réelle s'accroît, et que le désintéressement diminue. Et le « jeu » diminue aussi. Le jeu-industrie n'est plus un « jeu » au vrai sens du mot.

§ 11

Il est un côté important du jeu que nous n'avons pas encore examiné, et par lequel le caractère artistique du jeu se manifeste. Je veux parler de l'imitation de l'activité normale et de la vie commune.

Cette imitation apparaît très peu dans tous les jeux dont j'ai eu à parler jusqu'ici. Je veux bien que le jeu de cartes et le jeu d'échecs soient des images symboliques de la guerre, mais enfin ce ne sont plus des sentiments guerriers qu'inspirent ces jeux. L'imitation est trop lointaine pour nous intéresser beaucoup. Peut-être en trouverait-on de semblables à l'origine de bien des jeux, les jeux de poursuite, le jeu de barres. Je n'y insiste pas.

Ces jeux-là sont une sorte d'art idéaliste, d'art extra-humain. L'imitation s'est conservée dans toute une série de jeux qui, mieux que le jeu de hasard, représentent l'art humain et l'art réaliste. Et ces jeux sont d'ailleurs parfois difficiles à différencier d'avec certaines formes de l'art.

Il y a des jeux qui imitent des activités déjà artistiques par elles-mêmes, d'autres imitent des activités de la vie réelle, d'autres enfin imitent des formes d'activité abandonnées déjà.

Les premières peuvent être des rudiments d'art. En tout cas il est très difficile de les différencier de l'art lui-même. L'enfant qui s'amuse avec la boîte à couleurs qu'on vient de lui donner, qui étend un peu au hasard des couleurs sur le papier, ou même qui fabrique des bonshommes en mié de pain, ou avec de la neige est un artiste aussi inférieur qu'on le voudra, mais c'est un artiste.

Et de même, c'est une sorte d'art réaliste que la reproduction altérée, par des enfants, de l'activité actuelle ou passée des grandes personnes. Il est probable que c'est là une forme de jeu très répandue. Tylor note que les petits Esquimaux s'amusent à tirer à la cible avec de petits arcs et de petites flèches, à bâtir de peties huttes de neige ; les jeunes Australiens ont pour jouets des petits boomerangs ; et de petites lances. Les enfants de chez nous s'amusent aussi à tirer de l'arc, l'arbalète est également devenue un jouet. Enfin on connaît assez les dispositions des enfants à transformer en jeu l'imitation des parents, à jouer au ménage, à la dînette, à la guerre, à la chasse, à la poupée. Ils simulent aussi le vol et la poursuite des voleurs, les processions ou les courses de taureaux. Et les sentiments éveillés par tous ces jeux ne sont pas sans analogie avec ceux que donne l'activité pratique de la vie normale.

Le caractère artistique est évident ici. Le jeu se rapproche de l'art humain et de l'art réaliste. Le jeu des enfants résulte sans doute en grande partie de l'excitation d'instincts qui s'ébauchent et se forment à la fois par le développement naturel et par l'imitation. Il est tout à fait analogue au jeu du petit chat qui court après une boule de papier, la saisit, la lâche et la reprend, à peu près comme les chats adultes font d'une souris vivante. C'est là une systématisation bien nette. Et en même temps le jeu est « désintéressé », il n'est pas la vie, il reste en dehors de la réalité. La guerre simulée n'est pas une guerre. Et l'enfant n'est pas tout à fait dupe du caractère irréel de ses jeux, même quand il paraît le prendre au grand sérieux. Parfois il aime que ce caractère d'irréalité soit assez marqué, comme d'autres fois aussi il se réjouit de telle ou telle petite réalisation concrète qui donne plus de force à son rêve. La tendance idéaliste et la tendance réaliste se retrouvent jusque dans les jeux de l'enfant.

Les jeux d'imitation se rapprochent des arts d'imitation, et surtout de l'art dramatique. Ils s'en rapprochent même si bien qu'on ne peut les en distinguer complètement. C'est une véritable comédie que l'art de l'enfant. Une comédie sincère où l'acteur cherche à satisfaire par son rôle ses propres instincts plus que ceux de son auditoire et des spectateurs qui sont d'ailleurs inutiles. C'est aussi, à un degré plus faible, le cas de l'acteur qui a ses préférences pour tel ou tel genre de rôles. Mais s'il peut rester ainsi chez l'acteur, surtout chez l'acteur amateur, quelque chose de l'enfant, il y a déjà chez l'enfant beaucoup de l'acteur. Certains enfants s'amusent pour qu'on les regarde, et le jeu se complique chez eux, de vanité et de cabotinage, mais tous, au moment qu'ils se mettent à « jouer » un rôle, sont bien obligés de réaliser plus ou moins une vie étrangère à la leur, d'en simuler au moins les apparences, et sans doute quelque peu les sentiments.

Le jeu d'imitation est surtout un exercice d'enfant. Cependant il s'en retrouve des traces chez les adultes. Mais alors au lieu d'être un instinct en voie de formation, c'est souvent un instinct tout formé qui l'inspire, un instinct déjà assez fort, mais que les circonstances contrarient.

Un assaut d'escrime est, par exemple, une sorte de duel artistique. Cependant l'escrime a une autre valeur que celle-là. Elle est un exercice hygiénique et une préparation au duel, un moyen de l'éviter par son adresse connue ou de s'en tirer plus aisément. Il y a quelques traces de jeu d'imitation dans les manœuvres militaires faites en temps de paix, mais elles dépendent bien plus de préoccupations pratiques. Certains tics, certains gestes isolés révèlent encore une activité de même ordre. Un chasseur se promène pacifiquement la canne à la main, dans les champs. Si un perdreau part devant lui, il se laisse aller volontiers, à le viser, à le suivre, en se servant de sa canne pour remplacer le fusil absent. La tendance éveillée ne pouvant se satisfaire réellement, évoque une sorte de représentation fictive de la réalité vers laquelle elle tend. Mais le jeu d'imitation, chez les adultes, ne se traduit pas toujours en mouvements appréciables, il se traduit par des rêveries, des images, des impressions ressemblant à celles qu'éveillerait l'activité réelle. C'est une sorte de jeu intérieur, de jeu dont la partie motrice est retranchée.

§ 12

La danse est encore une forme mixte, art ou jeu à volonté. Elle se rattache à l'art dramatique, elle est une imitation plus ou moins transformée, plus ou moins idéalisée et systématisée, de la réalité. Et d'autre part elle est aussi sans doute une régularisation et une systématisation de ces mouvements spontanés qu'ébauchent les enfants et les adultes mêmes après le repos. Elle doit avoir encore une signification plastique et sexuelle et se rattacher au désir de mettre en valeur le corps humain.

Et la danse est ainsi un bon exemple de ce mélange de l'art et de la réalité que nous avons plusieurs fois constaté. Elle est une activité factice qui trouve pourtant sa fonction dans le monde réel et qui n'est pas sans y exercer quelque influence. Mais elle se complique souvent, de nos jours, soit qu'elle envahisse les salons, soit qu'elle devienne un spectacle sur une scène. La musique, la toilette, les décors de la fête ou du théâtre viennent en faire une sorte d'art complexe et hétérogène, brillant et généralement sans grande subtilité. A signaler pourtant dans cet ordre de la complication des arts la tentative spéciale d'une artiste pour interpréter par des danses appropriées des morceaux de musique qui n'ont point été écrits pour accompagner des mouvements rythmiques.

§ 13

Ainsi l'origine du jeu est la même que celle de l'art. Il naît comme celui-ci d'un désaccord entre l'esprit et les conditions de son activité. Ce désaccord admet des formes extrêmement variées. Une tendance peut être trop forte pour se satisfaire pleinement, elle peut être trop faible encore pour se satisfaire réellement. Dans les deux cas elle éveille une activité factice, et à certains égards fictive, qui se substitue à l'activité complète et réelle et qui en tient lieu. Et le monde fictif, moins riche souvent et moins solide que le monde réel est plus systématisé et plus harmonieux. Il ne cherche point par nature à transformer le monde réel, ni à le faire connaître. Il reste en dehors, il le remplace.

Son développement est le même que celui de l'art, il se complique comme lui, et se coule en des formes de complexité croissante qui se fixent peu à peu, et quelquefois cessent d'évoluer sensiblement, mais donnent lieu à des traditions, à des règles respectées et spéciales.

Il tend par là à créer des tendances nouvelles et définies, des habitudes durables, dont les manifestations prennent une place plus ou moins grande dans la vie.

Par là, il tend secondairement, comme l'art aussi, et avec une force très variable, à envahir la vie réelle. Nous avons constaté qu'il se mêle assez souvent à elle. Il peut en venir à l'influencer, à la faire dévier, ou au contraire, à faciliter son évolution. C'est un côté de la question que nous n'avons fait qu'entrevoir et que nous examinerons plus longuement en traitant de l'immoralité et de la moralité de l'art.

De toute façon, le jeu nous paraît être une forme de l'art. Il est parfois difficile même de dire si telle ou telle action relève plus de l'art que du jeu, ou plus du jeu que de l'art. D'une manière générale, il semble que l'on réserverait le nom de jeu aux formes les plus insignifiantes de l'art, aux formes enfantines et puériles. Dès lors il semble préférable de garder pour désigner l'ensemble des faits celui qui désigne la catégorie la plus caractéristique.

CHAPITRE VIII

LES FORMES FRUSTES DE L'ART. LA RÊVERIE ET SES SUITES
L'IMAGINATION, L'ART ACTIF

§ 1

Quel que soit l'art que nous considérions, nous pouvons toujours arriver, de degré en degré, à une forme rudimentaire, simple, peu élevée. La distraction momentanée que nous donne une jolie couleur, une ligne élégante, un son agréable à l'oreille, les mouvements désordonnés de détente qui suivent un trop long repos, les simulations instinctives, presque inconscientes, de l'activité d'autrui, ce sont là les formes les plus basses d'où l'on peut remonter, en suivant la série, aux œuvres de la peinture et de la musique, à la danse, à l'art dramatique. Il faut parler maintenant d'une forme d'activité artistique plus générale peut-être que les autres et qui vient se mêler intimement à elles et déterminer, au moins en partie, leur évolution, c'est la rêverie que je veux dire.

Dans tous les arts qui se traduisent au dehors, qui se communiquent, la rêverie doit forcément se compléter par des expressions extérieures, des gestes, des signes qui ont du mouvement presque incohérent aux œuvres les plus compliquées. Mais réduite à elle-même, elle constitue déjà une sorte d'art, le plus égoïste de tous, s'il ne se complète pas, et peut-être aussi le plus largement fécond, celui duquel dérivent les formes les plus élevées des autres. Je ne dis pas de tous les autres, puisque la danse et les jeux gymnastiques paraissent provenir plutôt de l'activité spontanée dont ils seraient un développement et une systématisation. Encore trouve-t-on sans doute à leur origine une sorte de transformation de la rêverie, quelque chose comme une rêverie musculaire.

Je reprends l'exemple que je proposais au début de cette étude. Un enfant a faim, son assiette vide est devant lui, sa soupe n'arrive pas. Forcément il pense à elle. Si la faim est trop forte ou si l'enfant a l'esprit pratique il peut crier, ou se lever pour aller la chercher. Si l'état d'appétit est encore agréable il peut se borner à rêver à sa soupe et à simuler vaguement le geste de la manger.

Le geste ici est la traduction extérieure de l'état psycho-organique. Il en dépend, il est déterminé par lui et sans doute aussi, dans une certaine mesure, il le renforce.

Son rôle peut s'effacer, diminuer. L'expression objective est généralement ce que nous considérons comme l'essentiel dans l'art. Nous matérialisons l'art, nous le concrétons dans sa forme de toile, de pierre ou de papiers. Mais ce qui est pourtant essentiel en lui, c'est le monde intérieur que fait naître l'œuvre ou dont elle provient. Elle est un intermédiaire entre les esprits, elle permet à plusieurs esprits de se créer les mêmes images, de vibrer des mêmes impressions, ou d'impressions analogues. Elle est aussi le terme, l'expression extérieure du monde intérieur que l'artiste porte en soi et dans lequel il introduit les autres par elle. Mais, enfin, elle n'a de valeur que par le monde intérieur. Cela est vrai bien évidemment pour un livre ou pour une partition, mais cela est vrai d'un tableau comme d'une statue, qu'il faut aussi percevoir d'abord, et comprendre ensuite selon leur nature de statue ou de tableau.

Et il arrive que le monde de l'art intérieur ne se traduise pas, qu'il ne se précise pas plus que ne le lui permet la vie dans notre esprit, qu'il ne se communique pas aux autres. Il est conçu, il se déroule, étroit ou large, riche ou pauvre, splendide ou mesquin, dans l'imagination, dans le sentiment. Il donne un moment à l'esprit l'illusion de l'harmonie, le rêve du monde enchanté, puis il disparaît. Mais quelquefois il renaît et même se développe sans que jamais il se traduise au dehors d'une manière appréciable.

Est-ce encore de l'art? Sans doute on peut réserver le nom d'art à l'expression, à l'ensemble de moyens par lequel un esprit matérialise un monde fictif, dans la mesure où cela lui est possible, et le communique, y introduit les autres. Cependant, c'est là, en somme, un fait secondaire et dérivé. L'essentiel dans l'art, c'est la création, la réalisation non point au dehors, mais dans un esprit, du monde fictif substitué au monde réel. Alors le phénomène essentiel paraît bien cette création intérieure, cette conception dont les formes sont assez nombreuses, mais que le mot de rêverie représente assez bien dans son ensemble. En tout cas, c'est là le fait qui domine l'art, son origine et sa fin. Qu'il s'agisse de réaliser un monde plastique, un monde de sentiments, un monde où dominent les idées, c'est toujours un monde intérieur qu'il s'agit de créer. Et dès lors, il serait vain d'insister longuement sur l'extension à donner au sens du mot art. Je tâche d'analyser les choses et d'en voir aussi la synthèse. Les mots dont on les désignera n'ont pas beaucoup d'importance.

§ 2

L'ensemble systématisé de sentiments, d'émotions, d'images et d'idées suscité par un désir qui ne peut être apaisé par le train ordinaire de la vie et qui se voit réduit à se contenter d'une satisfaction idéale, produit dans l'esprit une harmonie imparfaite, mais réelle; comme tel, il peut devenir une cause de joie et un objet de désir. La satisfaction idéale peut être aussi recherchée pour elle-même. Elle arrive parfois à se faire préférer à la satisfaction réelle, moins incomplète et plus forte, mais aussi plus rude, plus troublée, plus grossière.

Ces phénomènes de satisfaction idéale sont déterminés visiblement par l'activité des tendances organiques, mais aussi de tendances bien plus complexes et bien plus abstraites. Il ne paraît pas y en avoir qui ne puisse les produire. On sait quelles rêveries accompagnent, par exemple, la puberté, et la formation des désirs sexuels encore à peine ébauchés, mal formés, parfois incompris. L'amour, l'ambition, le désir du luxe, des sentiments spéciaux comme le goût des voyages, le désir de voir telle personne, le désir de posséder tel objet, s'accompagnent ainsi, quand ils ne sont pas satisfaits, de rêveries diverses, parfois simples, parfois compliquées, où l'esprit s'apaise quelque peu par la représentation des biens dont il est privé, par la formation d'un monde fictif où ses tendances jouent librement. Quand ce monde fictif n'a pour but que d'agir sur le monde réel en le transformant à son image, ce n'est pas d'art qu'il s'agit, mais l'art existe en tant que ce monde est considéré pour lui-même.

Le souvenir, l'imitation ou les suggestions, l'imagination créatrice interviennent en des proportions variables, selon les personnes et selon les cas, dans la formation du monde imaginaire. Il n'y a pas de cas où l'un de ces faits soit tout à fait absent. Le souvenir intervient même lorsqu'il s'agit de désirs qui n'ont jamais pu être satisfaits. Ils utilisent toujours plus ou moins les données de l'expérience antérieure. On peut constater cela dans les rêveries qui éclosent au souffle des premiers désirs sexuels. Et inversement lorsqu'il s'agit même d'actes habituels, toujours quelque modification de détail, si peu importante soit elle, et même inaperçue, fait de la rêverie autre chose qu'un souvenir. Même lorsque nous ne cherchons qu'à nous souvenir, nous inventons malgré nous. Quant à la suggestion, il semble bien que nous lui devons toujours quelque chose. Il n'y a rien en nous qui nous appartienne absolument en propre, où les autres n'aient mis leur marque, comme il n'y a rien qui nous vienne entièrement d'eux et que nous n'ayons plus ou moins transformé.

§ 3

Le souvenir tient une grande place dans la rêverie, comme tout ce qui s'oppose à l'action. Il est naturel de rêver aux biens qu'on n'a plus, tant qu'ils n'ont pas cessé d'être des biens, ou du moins d'être représentés comme ayant été des biens autrefois. C'est sans doute une manière de les regretter et la condition même du regret actuel et conscient, mais ce regret ne va pas sans plaisir, et c'est une façon aussi de se consoler de leur perte. Il y a des regrets si doux qu'ils apaisent, et que le bien qu'on regrette ne les vaudrait pas.

Le souvenir est très favorable à l'activité artistique et désintéressée, quand les tendances qui le produisent vivent toujours, mais sont un peu calmées, et que, en tout cas, nous ne les considérons pas comme pouvant être actuellement satisfaites. Ce qui le prouve, c'est que nous les voyons bien souvent inspirer ainsi les poètes. Si « l'homme n'écrit rien sur le sable à l'heure où passe l'aquilon, » il se dédommage après. Lamartine, Musset, Hugo ont suffisamment illustré le fait, et ils l'ont généralement compris.

Au contraire, tant que le désir est trop impérieux, il

inspire et dirige l'esprit, l'intelligence, les sentiments et la conduite en les menant vers la réalisation qu'il souhaite. Il n'est pas matière d'art, il veut s'établir dans le monde réel, non dans le monde fictif, tant qu'il voit quelque possibilité de conquérir le premier. Tout cela change avec les gens et les circonstances. Il en est pour qui la perte d'un bien quelconque devient vite un prétexte à rêveries paisibles et d'autres qui sont longtemps trop exaspérés ou trop aigris pour se tourner de ce côté. Mais je pense que tout le monde a pris quelque plaisir à revivre des scènes passées. Je me rappelle que tout petit enfant — il y a longtemps — je me rendais compte avec une satisfaction mélancolique que le souvenir et l'imagination pouvaient ainsi suppléer imparfaitement la réalité absente ou passée. Remémorer ses souvenirs d'enfance, et même revivre des scènes plus récentes, c'est une joie commune.

Nous pouvons même prendre plaisir à un souvenir pénible, comme nous prenons plaisir parfois à une représentation qui nous est, à certains égards, désagréable. Inversement nous pouvons avoir quelque chagrin d'un souvenir heureux, même quand ce n'est pas « dans un jour de douleur ». L'effet dépend du rapport du souvenir heureux ou malheureux avec nos sentiments actuels. L'impression pénible de jadis peut devenir un sujet de contemplation, comme le malheur d'un héros de roman, et si elle flatte quelques-uns de nos goûts d'aujourd'hui elle pourra nous plaire.

§ 4

Avec les plaisirs passés, ce que la rêverie évoque ce sont les plaisirs futurs ou simplement désirés dans l'avenir, quand elle se rapporte à des événements de la vie réelle. Le présent ne lui appartient guère, même lorsqu'il s'agit d'art. Ou du moins son rôle y est plus restreint, puisqu'une grande partie du monde artistique est faite alors de perceptions et de sensations que la rêverie peut accompagner, en se laissant docilement diriger par elles, et quelquefois encore en les dirigeant, en les interprétant selon nos désirs. Les choses futures et les choses simplement possibles, comme les événements passés, plaisent à la contemplation artistique, parce qu'elles intéressent des tendances qui souvent ne sont pas en pleine activité et qui même ne sont pas encore tout à fait constituées. Les avantages du futur et du passé sont à peu près les mêmes, quoique provenant de causes différentes. Le présent appartient plutôt au domaine de l'action. Lorsque sa maison brûle, l'homme pense plutôt à son salut qu'à la beauté des flammes. Cependant, encore une fois, le domaine du rêve et de l'art peut s'étendre presque indéfiniment vers le présent et vers notre activité actuelle. La contemplation, l'attitude artiste peut accompagner, en certains esprits, presque tous les événements.

Entre le souvenir et l'imagination nous constatons une fois de plus une différence analogue à celle de l'idéalisme et du réalisme. Le passé est plus réel, en un sens, il se prête moins à notre fantaisie, il est fixé. Cependant nous ne le faisons guère revivre en nous sans le transformer, parfois volontairement et souvent sans bien le savoir. Et d'autre part le passé nous retient encore quand nous regardons vers l'avenir, et il influence certainement notre façon de nous représenter ce qui doit arriver.

§ 5

Assurément toutes les rêveries peuvent ne pas passer pour artistiques. L'art est d'ailleurs, comme beaucoup de faits psychologiques et sociaux, très net quand on le considère dans ses formes les plus développées, les plus caractéristiques, il se voile au contraire à mesure qu'on descend la série de ses incarnations. Et quand on arrive au bas, on trouve des faits à l'apparence indécise et fuyante dont on ne peut rien affirmer avec sûreté. L'art, l'industrie, la religion, la politique, tout cela s'atténue, s'efface et vient s'amalgamer et se confondre dans les formes basses et indistinctes de la mentalité, et peut-être aussi plus haut, quand l'évolution de ces activités est poussée à bout et qu'elles se rejoignent, arrivées au même but par des chemins divergents.

La rêverie est souvent mi-artistique, mi-pratique, elle a des côtés scientifiques, on y retrouve une ébauche de religion. Tout s'y mêle en proportions très variables, mais d'une manière assez confuse pour qu'on ne puisse toujours rattacher complètement le fait à une seule catégorie, ou même l'y rattacher principalement.

L'amoureux qui rêve à son amie absente n'est pas uniquement artiste, il sait bien qu'il désire réellement ; le monde fictif qu'il se crée tient au monde réel par des liens solides, et il s'en rend compte, et c'est bien un réel futur qu'il tâche d'entrevoir et de préparer. Et inversement il entre une portion d'art dans la méditation du savant ou de l'homme religieux, avec une part faite à l'imagination et au rêve, à la contemplation même accidentelle et fugace du beau.

La rêverie elle-même et tous les sentiments, toutes les émotions, toutes les idées qu'elle évoque ou dont elle se compose, c'est encore la matière de l'art. L'essentiel, la forme, c'est la contemplation, c'est l'attitude artiste prise vis-à-vis d'elle. Mais l'attitude artiste n'est pas non plus une réalité absolue, elle s'associe à d'autres attitudes, elle s'atténue au point de devenir presque invisible. Seulement on peut dire que la rêverie est très étroitement liée à l'attitude artiste, qu'elle la provoque presque forcément et qu'elle la suit bien souvent. La satisfaction idéale des tendances que la réalité contrarie, en nous détachant du monde réel, impose, à un degré si faible soit-il, au moins une forme atténuée de l'attitude artiste. Il y a toujours en elle quelque chose de relativement égoïste, et d'intéressé, puisque nous avons vu que ce qu'on appelle le désintéressement de l'art est essentiellement égoïste, précisément parce qu'elle est par nature, distincte de la réalité, opposée à celle-ci, et plus ou moins en dehors d'elle.

Et réciproquement, il semble que l'attitude artiste, que la contemplation s'accompagne à peu près fatalement de rêverie. Sans doute, que nous contemplions une œuvre d'art, que nous contemplions en prenant l'attitude artiste un fragment de la réalité, nous réalisons en nous un monde en quelque sorte objectif, systématisé par d'autres facteurs que notre personnalité. Mais ce monde, en le faisant nôtre, nous ne le réalisons pas seulement par des perceptions et des images suggérées. Nous y mêlons bien plus de notre intimité, de nos rêves, de nos impressions et de nos sentiments. La contemplation objective peut apparaître en certains cas comme un idéal (statuaire grecque, poésie de Leconte de Lisle; peinture d'Ingres et de David). Si l'on y regarde de près, ce n'est là qu'une apparence illusoire. Si l'idéal se propose, il n'est pas atteint, et il n'est pas toujours à désirer qu'on s'en rapproche. Il n'est pas atteint parce que le seul fait de recevoir en nous des perceptions y met quelque chose de notre pensée, et aussi parce que nous ne pouvons guère ne pas avoir devant une belle œuvre de quelque genre qu'elle soit, un ensemble d'idées se rapportant au moins à la technique, d'impressions correspondantes, de sentiments d'admiration et de beauté qui constituent une sorte de réaction subjective analogue à la rêverie. Il nous est impossible de nous pétrifier absolument dans la réalisation artistique d'une œuvre de sons, de toile ou de marbre.

Et de plus cette contemplation purement objective n'est pas un idéal vers lequel il faille toujours marcher. Toute œuvre cause quelque rêverie, mais il est des œuvres, celle de l'art suggestif, expressif, symbolique, qui ont dans la rêverie une de leurs fins principales. On arrive à dire d'une belle œuvre qu'elle « fait rêver ». Et c'est peut-être la forme la plus intéressante et la moins imparfaite de l'art qui prolonge le plus loin dans l'intimité de notre esprit l'écho vibrant du système de perceptions et d'images qu'est pour nous l'œuvre d'art. La peinture de Rembrandt et de Léonard de Vinci, la sculpture de Michel Ange et de Rodin, la musique de Beethoven et de Wagner joignent à leur beauté formelle et pour ainsi dire « objective », cette beauté plus intime qui naît de nos impressions. Ce sont de beaux palais pleins de l'encens mystérieux des songes. A l'appel des couleurs, des formes, des sons, le monde intérieur vibre doucement et profondément. A côté de cet art, un art purement objectif paraît un peu superficiel, ou commun, ou sec, et un peu dur. Et c'est le cas de l'art d'Auber et de l'art de Meissonnier, et peut-être de l'art d'Ingres, et peut-être même jusqu'à un certain point, est-ce le point faible de l'art de Raphaël, de celui de Rossini, peut-être même, à un moindre degré, de celui de Mozart. Ici, c'est surtout une impression que je donne et je sais que cette impression n'a de valeur que pour une classe d'esprits.

Mais il en est de même, après tout, de toutes les impressions. Et sans doute des gens peuvent rêver infiniment devant des œuvres qui laissent d'autres personnes indifférentes. Chacun de nous vibre à sa manière, et répond différemment à l'œuvre contemplée. On peut rêver poétiquement et longuement devant une chromolithographie, devant une chansonnette, et, comme Alceste, s'émouvoir de la chanson du roi Henri. Tout cela est jusqu'à un certain point une affaire individuelle. Il n'en reste pas moins que certaines classes d'œuvres s'accommodent mieux en général d'une contemplation objective, et d'autres d'une rêverie pénétrante et d'ailleurs variable. C'est ce que j'ai voulu indiquer.

§ 6

De même que la rêverie supplée à l'impuissance de l'activité naturelle et effective, il semble que l'art achevé vienne suppléer à l'impuissance de la rêverie. Dans celle-ci, la systématisation est faible, peu solide, fuyante et flottante, de plus elle est personnelle et égoïste. Les éléments psychiques y divaguent aisément, ils s'emploient en jeux incohérents, à moins que quelque grande passion ne les excite et ne les dirige, mais alors ils tendent en général vers l'activité réelle. La beauté, le caractère artistique y restent généralement assez faibles. De là une tendance à fixer la rêverie, à l'incarner dans une œuvre qui la prolonge et qui la maintienne, à la traduire par des signes extérieurs qui peuvent la communiquer aux autres.

Cela n'est pas toujours nécessaire. Chez les grands imaginatifs la rêverie peut être suffisamment cohérente et suivie. On la voit alors se substituer peu à peu à la vie, et le rêveur finit par vivre de son rêve. Je rappelle ici le cas de Chateaubriand et de sa « sylphide ». L'a-t-il un peu embelli et systématisé lui-même, plus tard, en écrivant ses mémoires? Cela est bien possible. La rêverie a dû se préciser en se traduisant par des mots, mais le fait en lui-même est assez vraisemblable. On le trouve à des degrés divers dans la vie de bien des gens. J'ai pu le constater, et d'ailleurs j'ai vécu moi-même aussi avec bien des personnages imaginaires. Mais je crois qu'on est très porté à exagérer la précision réelle, la richesse et l'ampleur de ses idées en pareil cas. Nous en jugeons par les impressions qu'elles nous donnent, et de la vivacité, de la force de chacune des impressions, nous concluons aux qualités correspondantes des images et des idées. Et cela est très propre à nous égarer.

Il se peut que, dans ses degrés supérieurs, la rêverie, le château intérieur que chacun construit avec les images et les idées, les impressions qui caressent ses désirs parvient jusqu'au grand art. Cela doit être assez rare, pour autant qu'on en peut juger. Le plus souvent la rêverie gagne à se cristalliser dans une forme définie et à s'extérioriser. Et cependant elle y perd aussi.

L'art fixe et prolonge la rêverie. Musique ou poésie, peinture ou roman, il l'incarne et la cristallise. Elle y déborde et elle s'y fixe, comme un métal en fusion dans un moule.

De l'abondance du rêve la bouche parle et la plume écrit. Le monde imaginaire n'arrive à une vie pleine qu'en cessant d'être entièrement imaginaire. Sous la pression des forces intérieures, nos organes entrent en activité et traduisent par leur rythme le rythme intérieur qui les dirige. Ils forcent la matière à prendre et à garder la trace de notre pensée et celle-ci acquiert ainsi un point d'appui qui lui permet de s'agrandir et de se transformer sans se dissoudre. L'art sous toutes ses formes est primitivement et essentiellement un mode de l'expression des états intérieurs. Combien les moyens d'expression s'y sont développés, spécialisés, enrichis et transformés au point d'en être méconnaissables, il suffit, pour s'en rendre compte, de comparer aux gestes incohérents d'un enfant qui saute en sortant de classe, les symphonies de Beethoven, les tableaux de Léonard, les poésies de Hugo.

§ 7

En s'objectivant et en se fixant, la rêverie se communique. Et nous voyons s'ébaucher la nature sociale de l'art. L'art est originellement personnel et égoïste. Il prend une valeur générale une fois que la rêverie de l'un peut au moyen de l'œuvre d'art se propager d'esprit en esprit ou éveiller chez d'autres des rêveries analogues. Nous souffrons tous un peu des mêmes froissements et des mêmes imperfections de nous-mêmes, des autres et du monde. Et ce que l'un de nous a rêvé, d'autres peuvent, en contemplant, en lisant ou en entendant son œuvre, le rêver à leur tour, ou, à propos de son œuvre, construire d'autres rêves.

Par là aussi, l'art est transformé et développé. Nous verrons tout à l'heure les formes sociales de l'art. Elles sont nées et se sont développées parce que la collectivité s'y est trouvée intéressée. Ainsi s'est formé peu à peu cet ensemble grandiose de moyens très différents et qui exigent souvent un concours d'individus pour traduire des émotions intimes. Et les moyens créés ont réagi à leur tour sur l'imagination. Il est trop évident qu'un Beethoven n'aurait pu écrire ses symphonies, ni même les rêver, si aucun instrument de musique n'avait été inventé avant sa naissance. Ainsi l'art a développé la rêverie et l'imagination. En même temps il s'est agrandi à côté d'elle, il est devenu une puissance relativement autonome et il s'est rendu jusqu'à un certain point indépendant. Il est possible d'écrire des vers sans rien sentir ou si peu que rien, un roman, une mélodie sans avoir des impressions à traduire et sans satisfaire, d'une manière très appréciable, d'autre désir que celui d'écrire, de chanter, ou peut-être de réaliser un gain. L'art une fois constitué en ensemble de procédés et de moyens peut devenir une sorte de métier ou de jeu factice, de technique aimée pour elle-même. Il a formé une nouvelle tendance au lieu de s'employer à en satisfaire d'autres idéalement ; il est entré dans le monde réel.

Mais alors une nouvelle voie s'ouvre devant lui. Il peut devenir encore, comme toute tendance, le point de départ de nouvelles rêveries, de nouvelles inventions, de nouvelles idées. Et les qualités du métier, de l'art en tant que technique, sont alors aimées et recherchées pour elles-mêmes ; elles peuvent devenir l'objet d'un désir intense et de préoccupations quelquefois passionnées. C'est un art nouveau qui naît, une sorte d'art à la seconde puissance. On voit éclore alors la théorie et la pratique de l'art pour l'art. L'art n'est plus l'expression d'une tendance commune contrariée, mais de la tendance artistique qui tend à se satisfaire. Et c'est ce que nous montre, entre autres, la vie de Flaubert.

§ 8

Si la rêverie gagne ainsi en solidité et en force à s'incarner dans une œuvre, elle peut y perdre en pureté. L'œuvre la fixe et la précise trop. En un sens, toute réalisation est un amoindrissement. Une ébauche promet bien souvent plus que ne tient l'œuvre finie ; le rêve est l'ébauche d'une ébauche et promet parfois plus qu'elle encore. Les ébauches qui s'agitent en nous, nous les créons pour satisfaire un sentiment, elles s'y adaptent comme elles peuvent, mais nous les voyons à travers nos désirs, nous sommes indulgents pour elles et le vague de leur forme nous permet toutes les illusions. Nous y reconnaissons, comme dans des nuages, tout ce qui nous plaît. Il en est d'elles comme des phrases, des discours, des théories, des vers que l'on compose en rêve. On s'émerveille de leurs splendeurs et si on les retrouve après le réveil, on est navré de leur incohérence réelle et de leur stupidité que ne transforme plus l'impression dominante. On avait « pressé tendrement un navet sur son cœur ».

Le rêveur est un dormeur éveillé. Ses images, ses idées n'expriment pas déjà toujours très bien son rêve, et jamais parfaitement. Son œuvre, plus précise, le déforme encore plus. Les auteurs s'en rendent compte. « Mes vrais vers ne seront pas lus », dit le poète. Seulement ses vrais vers, il ne les a pas écrits. Les vrais vers, ce sont ceux que l'on ne peut pas faire. Et de même on n'écrit jamais ses vraies idées, et l'on ne dit pas ses vrais sentiments. Il y a de l'inexprimable partout. Un portrait n'est jamais parfaitement ressemblant et le symbole trahit toujours la réalité. Les ébauches plus faibles et plus grêles du rêve ont au moins le mérite de prêter à vivre à nos désirs et de ne pas les froisser. Le désir est roi et les domine. Ce qui est triste, c'est qu'il peut continuer à dominer l'œuvre même, si précise et si objective qu'elle soit. Et l'auteur, et quelquefois même le lecteur complice se laisse duper par l'œuvre comme par l'image du rêve. Il trouve beaux des vers informes ou des tableaux sans couleur ni dessin.

Les illusions des auteurs sur leurs propres œuvres et leur indulgence paternelle prolongent le rêve dans la réalité même. Et d'ailleurs il est permis de se demander comment on peut distinguer ce qu'il y a de vraiment réel et d'illusoire dans la beauté que l'on sent, surtout quand il s'agit de certaines œuvres de l'art suggestif qui ont pour but de provoquer la formation du monde inférieur des impressions et des images, bien plus que d'imposer une matière à forme définie et sûre.

A mesure que le rêve descend dans la réalité, et perd en pureté ce qu'il gagne en vie, il est plus pur que l'ébauche qui l'incarne, plus pure elle-même que la réalité complète.

Et cependant ceci n'est pas absolu, ou du moins il faut bien constater les deux effets opposés de la réalisation. Si elle n'est jamais absolument satisfaisante, elle fait gagner plus au rêve en certains cas qu'elle ne lui fait perdre, comme un portrait, en déformant son modèle, peut l'embellir. Les bourgeois d'Amsterdam qui se plaignirent de l'inexactitude de Rembrandt ne feraient pas sans doute grande figure à côté de *la Sortie des arquebusiers*. De même l'expression d'une émotion peut embellir cette émotion. Les mensonges continuels de la politesse en sont, si on veut, un exemple. Et je ne parle pas de l'expression par la parole seule, mais de l'expression par un art quelconque. C'est là une conséquence de cette organisation indépendante, de cette existence personnelle de l'art que j'ai indiquée tout à l'heure. Il a sa vie propre. Il s'est, jusqu'à un certain point, affranchi de la rêverie. Il constitue un système assez riche, assez vigoureux parfois, pour dépasser l'émotion ou la pensée qui le met en activité, pour suppléer à sa faiblesse et à sa pauvreté. Il arrive ainsi que l'œuvre soit supérieure à l'activité, que l'expression soit supérieure à la pensée. L'habileté de la main, la richesse de l'expression, le génie dans le choix et l'arrangement des mots, dans la juxtaposition des couleurs, dans la combinaison des lignes compensent chez certains artistes la faiblesse de la pensée et du sentiment. Leur rêve s'embellit en se traduisant, en s'incarnant, il est vrai, dans un autre rêve de couleurs, de sons et de mots, dans un idéal de technique qui, lui, peut bien rester supérieur à l'œuvre définitive.

§ 9

Par un singulier retour, la rêverie remplace quelquefois l'art et se substitue à lui. Comme les autres tendances, la tendance artiste, une fois formée, une fois que l'art est devenu une fin, au lieu d'être un moyen, peut être contrariée par les conditions de l'existence et se dépenser alors en rêveries qui la satisfont tant bien que mal. Nous rêverons à des couleurs, à des formes, à des mélodies, à des drames lyriques, nous évoquerons en nous-mêmes les images d'œuvres d'art. Artiste par sa forme, notre rêverie le sera aussi par son contenu.

Souvent en reproduisant l'œuvre d'art, on la transfigure. D'abord on le fait involontairement et par impuissance, parce qu'il faut être exceptionnellement doué pour ressusciter en soi l'image d'un tableau ou d'une symphonie sans trop d'erreurs ou de lacunes, mais aussi parfois pour que l'œuvre nous plaise davantage. Que le sentiment esthétique n'y soit pas seul en jeu — non plus que dans l'art lui-même — cela ne fait guère de doute. Tel enfant s'amusait volontiers, étant tout seul, à reproduire, à mimer vaguement des rêves de roman ou de drame en les modifiant un peu pour les accommoder à son goût.

Et la tendance artiste prépare ainsi ses créations. Elle se développe par des séries d'actions et de réactions. C'est en voyant des tableaux, c'est en entendant de la musique, c'est en lisant des romans que l'on prend conscience — une conscience parfois trompeuse — de sa vocation. Elle s'organise ensuite en profitant de cette expérience. Pour avoir lu un roman on est tenté d'en écrire un, autant peut-être que pour avoir aimé ou souffert. C'est alors, au début au moins, un jeu d'imitation comme celui qui pousse un enfant à simuler des scènes de la vie militaire. Et on se prépare ainsi l'instrument qui servira si l'on a plus tard quelque chose à dire. Aussi voit-on à peu près généralement, les artistes débuter par des imitations. On ne se borne pas à faire des vers, on les fait plus ou moins semblables à ceux du poète auquel on doit ses émotions d'art.

La tendance formée produit encore des rêveries quand elle est entravée. Et c'est là, on peut le dire, avec plus de vérité que des autres tendances, son état normal, car l'invention est par essence une chose qui ne s'accomplit pas régulièrement comme une fonction organique. Alors des réflexions, des rêveries qui peuvent paraître de simples formes de la paresse, des tâtonnements, des remaniements préparent l'œuvre nouvelle qui naît et se développe peu à peu. Quelquefois, cependant, la tendance artistique acquiert un certain automatisme, et, surtout lorsqu'il s'agit d'inventions peu importantes, une certaine sûreté de fonctionnement. Alors elle imprime comme mécaniquement une forme déterminée aux produits de l'esprit, aux idées et aux sentiments. Alors apparaît, par exemple, le versificateur facile, le poète à la façon d'Ovide, celui qui peut écrire : *Quidquid tentabam dicere, versus erat.*

La rêverie ici diminue, l'art est devenu une sorte de tendance organique, mais l'invention y est assez faible en général, et toute hésitation n'a pourtant pas disparu.

Voilà quels me paraissent être les rapports généraux de l'art et de la rêverie. On entrevoit leurs complications. La rêverie, œuvre d'art elle-même déjà, s'incarne de plus en plus en se précisant dans l'esprit, puis en se traduisant au dehors, puis elle peut provoquer ainsi de nouvelles rêveries, et le cycle se continue. Ce que j'en puis dire ici n'est qu'un schéma. Mais il me paraît qu'il peut aider à comprendre la réalité (1).

§ 10

L'imagination est parfois rebelle. Il faut l'éperonner. Le désir n'y suffit pas toujours, ou du moins ne lui donne pas toutes les qualités que nous lui voudrions. Les œuvres d'art sont un moyen d'excitation que j'ai mentionné déjà. Je n'y reviens que pour indiquer les cas où elles servent d'excitants généraux, et non spécifiques, où, par exemple, l'excitation musicale peut activer l'imagination visuelle ou réciproquement, où une excitation artistique nous fait rêver non à l'art dont elle relève, mais à des sujets absolument différents de ceux qu'elle doit normalement évoquer. Au concert, quand je suis mal disposé, au lieu de la contemplation musicale, ce qui se réalise en moi, ce sont des sentiments beaucoup plus personnels. L'excitation peut venir aussi d'une réalité extérieure non artistique. Il y a plaisir à rêver devant un beau paysage. Même le bruit monotone

---

(1) A côté de la rêverie, il faut au moins mentionner le rêve proprement dit qui s'en rapproche souvent en donnant une satisfaction illusoire à des désirs inassouvis, et par là, devient une sorte d'art rudimentaire.

du train qui nous emporte, d'une chute d'eau qui écume près de nous peuvent encore nous aider à rêver, nous permettre de développer nos pensées intimes, nous suggérer des réminiscences musicales. La marche peut être encore un adjuvant du même ordre. Il semble que toute excitation diffuse qui n'absorbe pas suffisamment notre intérêt peut se dépenser ainsi dans l'évocation d'impressions et d'images.

Ces moyens, assez naturels, n'ont point suffi. L'homme s'en est créé d'autres, plus spéciaux. Ce sont, par exemple, le tabac, l'alcool et les diverses liqueurs où il entre, l'absinthe, l'opium, le haschich, le thé, le café, le vin et toutes les substances analogues.

Sans doute la rêverie n'est pas leur seul but, ni leur seul résultat. Cependant elle est peut-être leur principale raison d'être.

L'ivresse légère, à peine sensible, ou plus marquée que donnent ces excitants est favorable, en effet, par ses effets immédiats et superficiels au moins, à la tendance artistique. Ses deux caractères conviennent très bien à celle-ci. D'une part, elle éveille ou augmente l'activité de certaines idées, de certains sentiments ; de l'autre, elle les isole de la vie, elle les dégage de l'inhibition qu'exercent sur elle, à l'état normal, soit les préoccupations de la vie, soit les croyances morales, soit le souci de la logique et de l'exactitude, les habitudes de contrôle et de réflexion. Peut-être aussi l'un de ces effets est-il, au moins en partie, la conséquence de l'autre.

L'excitation de l'ivresse est peut-être plus compliquée

qu'elle ne le paraît d'abord. Les impressions de goût, et même les perceptions visuelles, peuvent ajouter leur excitation à celle de l'alcool, de même les autres circonstances qui accompagnent l'acte de boire. Des fumeurs disent qu'ils n'auraient aucun plaisir à fumer dans l'obscurité, la vue de la fumée joint son action à celle du parfum et de l'excitation directe.

Une personne me disait un jour combien elle regrettait de ne pouvoir fumer dans un musée, la cigarette aidait beaucoup en elle la contemplation artistique. Ceux qui, selon la vieille formule, boivent pour oublier, font appel à deux caractères de la rêverie que l'alcool donne à leur pensée et ce sont les caractères de l'art. Ils oublient le monde réel, leurs peines et leurs préoccupations, et ils s'ouvrent un monde différent où leur pauvre rêve s'ébat dans un triste bonheur. Avec le haschich, l'opium, le phénomène s'exagère, l'œuvre d'art, la rêverie devient plus riche, plus vive et plus forte, au moins chez quelques sujets. Ceux-là peuvent s'ouvrir ainsi des « paradis artificiels », généralement éphémères. Un emploi à la fois artistique et pratique de ces excitants, c'est de les faire concourir à la pensée d'une œuvre d'art, de s'en servir pour exalter l'imagination créatrice, la rendre plus féconde ou plus originale. Le vin, l'absinthe, le café, le thé, ou l'opium ont pu en effet inspirer des littérateurs célèbres comme Hoffmann et Edgard Poë. Tel peintre du siècle dernier a peut-être dû à des excitants une part de son exubérante et somptueuse imagination, mais il se peut bien aussi que ce ne soit là qu'une légende.

§ 11

Si la rêverie flatte nos désirs, il semble souvent aussi qu'elle les contrarie. On se plaît parfois à rêver à des événements tristes. L'imagination est assez souvent contrariante. Par là éclate encore le caractère artistique de la rêverie. Ce qui nous blesserait dans la réalité peut nous charmer dans le monde de l'art. Comme l'œuvre d'art, et parce qu'elle est une œuvre d'art aussi, la rêverie écarte les impressions pénibles que donnerait le réel ou n'en laisse subsister que ce qui peut favoriser la contemplation.

Et d'autre part il n'est pas toujours désagréable de contrarier un peu nos désirs. C'est une façon de les aviver, de relever leur saveur, d'exciter l'appétit. Et ce qui contrarie un de nos désirs en satisfait quelque autre, puisque nos tendances sont toujours plus ou moins discordantes. Dans l'art, ou dans la rêverie, c'est souvent par leur côté intéressant ou agréable que nous percevons même les pires événements, ou bien nous y prenons occasion de nous complaire aux procédés de l'artiste, ou à notre propre sensibilité. La rêverie, l'œuvre d'art formant un système à quelque degré, c'est déjà là une condition suffisante pour que, par elle-même, elle nous plaise, grâce à l'inhibition que son caractère d'irréalité impose aux idées et aux croyances qui seraient tentées d'intervenir. Puis la douleur elle-même a son charme. S'il y a, comme on l'a dit, dans le malheur de nos amis quelque chose qui ne nous déplaît pas, nous pouvons nous ranger parmi nos meilleurs amis et à ce titre la maxime nous concerne ; notre malheur excite divers sentiments qu'il y a quelque plaisir à faire vivre en soi.

§ 12

Nous avons ainsi descendu la série compliquée des manifestations de l'art, et nous en avons vu les principales formes. Depuis les plus hautes et les plus complexes jusqu'aux plus basses et aux plus simples — et l'on en trouve de telles dans tous les ordres d'art — nous leur avons reconnu à toutes les mêmes caractères d'harmonie voulue et d'irréalité. La rêverie nous a paru être, en somme, la source toujours ruisselante d'où sortent les grands fleuves de l'art, comme ses plus maigres ruisseaux. Elle-même est une sorte d'œuvre d'art et en présente les caractères d'harmonie, d'une part, et de « désintéressement », c'est-à-dire d'incohérence, de l'autre. Et l'impression née de la discordance des phénomènes, de la contrariété des tendances s'incarne peu à peu en des systèmes d'idées, d'images et de sentiments qui sont la rêverie, puis en des œuvres plus objectives, leur donne leur empreinte, leur forme, leur symbolisme et leur matière même, s'objective et devient, jusqu'à un certain point, communicable. Mais tout cela n'est que la matière de l'art ; ce qui en fait l'essence, c'est encore l'attitude de l'esprit, l'attitude artiste, qui peut s'accommoder de tout, mais qu'imposent à peu près certains modes de l'activité, comme la rêverie.

CHAPITRE IX

L'ART SOCIAL

§ 1

C'est l'art dans l'individu que nous avons jusqu'ici à peu près exclusivement considéré. Et en effet l'attitude artiste est une chose intime et par laquelle l'individu se sépare de la vie réelle et de la société, et même d'une bonne partie de lui-même.

Cependant l'art a des causes sociales et des effets sociaux. Cela n'est ni contestable, ni contesté. Les formes de l'art dérivent du monde réel, et elles y retournent. Mais pour le moment ce n'est pas de ce double mouvement qu'il doit être question. Et je voudrais examiner ici les formes sociales de l'art, c'est-à-dire ce qui équivaut dans la vie sociale, à l'attitude artiste dans la vie individuelle. L'attitude artiste peut être prise en effet par un groupe de personnes qui collaborent à la réalisation d'une œuvre d'art.

§ 2

Il y a d'abord une certaine qualité sociale de l'art, qui résulte de la quantité des lecteurs, des spectateurs, des amateurs d'une œuvre. Mais c'est un point à examiner que l'importance de cette qualité. On a beaucoup dit que le rôle social de l'art était de donner aux membres d'une même société les mêmes perceptions et les mêmes impressions, de provoquer ainsi l'unification des perceptions et des images, comme la science, la philosophie, la religion doivent réaliser l'unité des idées, des croyances, des sentiments généraux. Et sans doute il y a du vrai dans cette idée. Cependant elle ne me paraît ni très précise, ni bien juste, et le rôle qu'elle attribue à l'art reste bien secondaire. La communauté de pays, la communauté de gouvernement, la solidarité sociale, en général, font bien plus que l'art, lequel ne s'adresse guère sous ses formes élevées qu'à un nombre relativement restreint de personnes. A combien de gens la musique de César Franck a-t-elle inspiré les mêmes sensations et fait partager les mêmes impressions? A un bien moins grand nombre sans doute que *le Pied qui remue*, ou telle rengaine de café-concert qui, même aux bains de mer, s'accrochait partout à mes oreilles. Mais le boulevard Saint-Michel ou la rue de Rivoli, le ciel gris de plomb ou argenté de Paris, et le ciel indigo du Midi, les petits papiers du percepteur, les gendarmes, les chemins de fer, voilà ce qui donne à des collections d'individus, à des peuples entiers, des perceptions semblables et des impressions diverses, mais analogues. Et tout cela n'est pas précisément de l'art.

Mais enfin il est sûr que l'art s'adresse en général à un ensemble de personnes, à une collectivité, à un public. Toutes ses formes et même la rêverie impliquent l'état social, puisque aussi bien, en nous, il n'est rien qui ne doive aux autres quelque chose de sa nature. Nous ne sommes que des entrecroisements, des enchevêtrements originaux d'actions sociales, et il n'est rien en nous qui ne soit à autrui si ce n'est nous-mêmes, c'est-à-dire la synthèse individuelle de ces produits sociaux.

Certains arts paraissent exiger plus et autrement que d'autres la coopération de plusieurs individus : le théâtre, par exemple. Sauf le monologue, assez rare, tout ce qui se dit sur un théâtre requiert une collaboration. Est-ce pour cela que la collaboration même des auteurs est plus fréquente, semble-t-il, dans les œuvres théâtrales que partout ailleurs ? Peut-être bien, au moins pour une part. Il se forme ici, non plus seulement un groupe d'idées et de sentiments, mais un groupe d'individus, une société vivant d'une vie artificielle, harmonisée et fictive qui vient remplacer la vraie vie. On peut dire que la représentation d'une pièce par des acteurs qui n'en font pas un métier, ou qui en font aussi autre chose qu'un métier, est une manifestation nette et précise de l'art social. Voilà des hommes et des femmes qui quittent le souci de leur vie habituelle, leur maison, leurs habitudes, leurs manies, leurs amours, pour venir se réunir dans une vie tout à fait distincte de leur vie réelle et parfaitement agencée. Cela dure quelques heures, puis la vie recommence et les acteurs reprennent leur personnalité, et parfois préparent aussi la vie factice des jours suivants.

L'idéal, comme réalisation de l'art pur, ce serait une troupe de gens se réunissant pour représenter un genre de vie qui leur fait défaut, une vie plus belle ou plus laide, plus haute ou plus basse, que celle qu'ils vivent réellement. Ils inventeraient à mesure la représentation de cette vie, ils joueraient pour eux-mêmes et non pour les spectateurs. Leur représentation ne serait point l'exercice d'un métier, mais une sorte de jeu collectif. Ils n'y apporteraient d'autre souci que celui de réaliser de leur mieux l'apparence d'une vie qu'ils désirent, mais qui leur est refusée. Et nous avons déjà entrevu, et nous retrouverons des formes d'activité sociale qui, à bien des égards, se rapprochent plus de cet idéal que le théâtre.

Les acteurs, en effet, ne sont pas forcément si artistes qu'ils peuvent le paraître. Cette vie factice qu'ils mènent, pour quelques-uns, c'est une industrie, pour d'autres, ce peut être une passion qui envahit tout, une vie réelle. L'art, ici, est devenu, comme dans d'autres circonstances où nous l'avons rencontré, une organisation qui a pris place dans la réalité. Le monde fictif est devenu un monde vrai. De moyen, l'art est passé à l'état de fin.

Ce qui est intéressant, c'est que certains éléments sociaux s'y sont entièrement consacrés et spécialisés. Ils servent maintenant surtout à créer pour d'autres une vie factice et ils y emploient le meilleur de leur existence vraie. Ce qui est mensonge et divertissement pour le spectateur, est pour eux métier ou passion, en tout cas vie réelle. Ils contraignent leurs passions à se taire pour exprimer celles d'un personnage irréel, et parfois même, selon le genre de leur talent, ils les éprouvent réellement, réalisant pour eux-mêmes le monde fictif de l'auteur. Un ténor célèbre disait ainsi qu'il n'avait jamais pu chanter : « je t'aime », ou « je te hais, » sans éprouver une impression d'amour ou de haine, tandis que d'autres acteurs paraissent rester étrangers aux sentiments de leur rôle. Et tout naturellement d'ailleurs il arrive que les acteurs choisissent, ou se voient imposer les rôles qui conviennent à leurs sentiments et à leurs personnes, et parfois aussi à des désirs que la réalité contrarie quelque peu. Et cela rapproche encore la vie réelle et la vie fictive.

Si l'on comprend très bien un concert sans autre auditeur que les musiciens, on ne comprend guère une représentation sans autres spectateurs que ceux qui la donnent. Sans doute il y a les répétitions, et je crois bien avoir ouï dire à des artistes amateurs qu'elles étaient plus amusantes que les représentations mêmes. Mais le plaisir qu'ils y prenaient n'était peut-être point absolument artistique, ou il relevait d'un autre art que l'art du théâtre, de l' « art mondain », déjà entrevu et que nous retrouverons. Et de plus les répétitions n'existent pas, que je sache, pour elles-mêmes, et elles se subordonnent à la représentation. En fait, les acteurs dépendent bien plus étroitement encore de leur public, et plus directement que l'auteur dramatique, que le peintre ou que le romancier.

Si le rôle de chaque acteur est nettement et nécessairement différencié, il n'en est point de même du rôle, si je puis dire, de chacun des spectateurs. Les impressions de ceux-ci restent relativement indépendantes. Elles peuvent s'exalter par celles des autres, s'enfler en une sorte de formidable unisson, mais un unisson n'est pas une harmonie bien savante. L'ensemble ne diffère pas assez de chacun de ses éléments.

Considérons le tout formé par l'auteur et son œuvre, les acteurs et les spectateurs. Il est une assez bonne synthèse artistique et qui correspond assez bien à la vie artistique individuelle.

Que se passe-t-il, en effet, dans la contemplation artistique ? Un certain nombre d'idées, d'impressions, de sentiments se combinent en une activité harmonieuse, dans une rêverie ou dans une vision. Et, d'autre part, cette activité est contemplée, c'est-à-dire que d'autres idées, d'autres impressions profitent d'elle, l'entourent, l'encadrent, la réfléchissent en s'y accommodant. Nous trouvons dans la représentation théâtrale des éléments assez exactement comparables à ceux-là et qui agissent d'une manière sensiblement analogue. La conscience individuelle en un cas, la conscience collective dans l'autre se comportent de même.

On pourrait s'amuser à suivre très loin les analogies. Ce que nous avons dit de la vie des acteurs, nous pourrions l'appliquer à la vie des idées. Quand nous regardons un tableau, quand nous lisons un roman, quand nous écoutons une symphonie, nous n'inventons pas beaucoup plus, nous inventons souvent moins que les acteurs qui jouent une comédie. Nos idées, nos perceptions « représentent » — c'est le terme exact — une œuvre qu'elles n'ont pas créée. Elles jouent en quelque sorte devant nous, c'est-à-dire devant d'autres idées, devant des impressions et des sentiments accourus pour les juger, cette sorte de drame ou de comédie qui est la pensée objectivée d'un autre. Elles y sont plus ou moins habiles. Il est des perceptions auditives, chez les individus mal doués, qui n'arrivent jamais à rendre convenablement la sonate ou le quatuor que l'appareil auditif leur apporte. Comme les acteurs, elles « interprètent » plus ou moins bien, avec plus ou moins de fidélité, et aussi avec plus ou moins d'originalité et d'adresse. Elles savent plus ou moins faire apparaître les nuances, marquer les principaux effets. Et les spectateurs aussi, les idées et les sentiments, comprennent plus ou moins bien le spectacle qui leur est offert, le saisissent ou s'en distraient, l'aiment ou le dédaignent, le critiquent bêtement ou avec finesse, s'excitent les uns les autres et finissent par s'emballer, ou au contraire gardent leur calme et agissent chacun pour soi. Le cas de la rêverie originale correspondrait à celui où les acteurs improviseraient leur rôle, ou l'inventeraient en partie, après l'avoir préparé.

§ 3

La musique, la danse sont analogues à l'art dramatique. Elles sont aussi des formes d'art social, en ce qui concerne non point l'invention, mais la réalisation de l'œuvre. La peinture et la sculpture, la littérature, au contraire, sont plus individualistes. Sans doute il y a ici, comme partout, des collaborations. Le peintre et le sculpteur ont des élèves ou des aides qui peuvent faire une partie de leur besogne. Mais cela est très différent, en somme, de l'art social tel que nous le considérons. Deux littérateurs peuvent s'associer pour inventer une œuvre. Nous pourrions relever de nombreuses causes sociales, de nombreux effets sociaux de l'art, mais ce n'est pas ce que nous cherchons, pour le moment. Reste l'ensemble formé par l'artiste et le public. Les liens qui unissent tous ces éléments sont plus relâchés. L'admiration est individuelle. Elle est préparée par des influences sociales, bien évidemment, mais, au moment où elle se produit, elle n'est pas précisément sociale, ou elle l'est très peu. On ne va guère admirer en foule nombreuse un tableau ou une statue, à deux ou trois, parfois, et alors l'admiration esthétique établit un lien de plus dans un petit groupe. Parfois aussi des conversations esthétiques, les souvenirs qui s'éveillent, les remarques qu'on échange, créent un réseau de sympathies qui s'étend, enlaçant dans ses mailles invisibles des individus qui ne se connaissent point, et reliant même les générations les unes aux autres. Mais, en somme, ceci rentre plutôt dans les effets sociaux que dans les formes sociales de l'art, bien qu'on ne puisse distinguer absolument les unes des autres. Je sais bien qu'il y a aussi les foules du vernissage, les visiteurs des salons et des musées.

Mais qu'y a-t-il de social dans ces rencontres, et, bien souvent, qu'y a-t-il d'artistique ? Allez au Louvre, voyez les copistes, les amateurs qui viennent regarder de vieilles toiles amies, les snobs qui s'intéressent aux nouvelles acquisitions pour en causer à l'occasion, les provinciaux, les étrangers qui visitent le Louvre par devoir et parce qu'il faut l'avoir vu (devoir qui ne s'impose pas aux Parisiens), ceux qui sont massés et dirigés par des guides polyglottes, ceux qui errent tristement, perdus dans cet immense bâtiment, ou ceux qui viennent se chauffer en hiver, tout cela ne forme pas un ensemble. Il y a juxtaposition et non synthèse.

L'architecture n'est pas, malgré les apparences, un art beaucoup plus social. Ce qui est social, en elle, c'est ce qui n'est pas artistique, c'est ce qui est utile, religieux, pratique enfin sous une forme quelconque. Les locataires d'une maison en profitent en commun, mais ce n'est point la coutume qu'ils se réunissent pour en admirer la beauté, ni même les fidèles d'un temple. Peut-être cependant sont-ils, en certains cas, plus étroitement reliés les uns aux autres par une ébauche de contemplation, mais cela ne me paraît pas suffisant pour constituer ce que j'entends par un art social.

§ 4

Le véritable art social est celui dans lequel les éléments psychiques de l'art individuel, les idées et les impressions, sont remplacés par des individus. Nous en avons des exemples intéressants dans les représentations théâtrales et aussi dans les concerts. Nous devons rechercher des cas analogues à ceux-là et surtout ceux où les individus qui s'unissent pour former un ensemble artistique ne se bornent pas à représenter une œuvre créée par un individu, mais la font eux-mêmes, soit en l'improvisant (ce qui est une sorte de rêverie), soit en la créant par retouches et retours successifs, ce qui est plus rare dans l'art social que dans l'art individuel.

Si le jeu est un art, comme j'ai tenté de le montrer, c'est, par excellence un art social. Excepté dans quelques jeux solitaires, la collaboration y est de règle. Les joueurs ont chacun un rôle défini, leur action se combine avec celle de leurs associés et de leurs adversaires. Une véritable organisation se dessine très bien. On n'a pas affaire ici à une foule recevant une impression commune — cette foule, ce sont les spectateurs, s'il y en a — mais à un système actif d'individus à fonction différenciée. Dans une course de taureaux qui est une sorte d'art ou de jeu, les rôles se distribuent avec précision pour quelques-uns des acteurs, et les actes des autres doivent aussi se combiner. Le matador, le picador, le banderillero, le simple torero ont chacun leur fonction spéciale, et si plusieurs sont chargés d'une fonction analogue, ils doivent harmoniser leurs efforts. Dans une partie de boules à huit joueurs, des spécialités sont généralement établies ; il en est de même, assez différemment, d'ailleurs, dans une partie de tennis où le rôle de chaque joueur est plus ou moins différencié. Et toutes ces activités se combinent en vue du gain d'un coup, d'abord, du gain de la partie ensuite.

L'harmonie et le caractère fictif et extra-réel de l'œuvre d'art sont ici parfaitement évidents, ainsi que la réalisation collective de l'œuvre.

Et ce en quoi les jeux sont supérieurs aux représentations théâtrales, c'est que, les acteurs y inventent plus ou moins leur pièce à mesure qu'ils la jouent. Sans doute, les règles du jeu leur imposent un plan général sans lequel on ne comprendrait pas même la possibilité d'une action combinée. Il en est plus ou moins de même dans tous les arts où des règles, des conventions plus ou moins nombreuses, plus ou moins reconnues, s'imposent fatalement et ne disparaissent guère que pour être remplacées par d'autres. Mais dans les limites tracées par ces règles l'activité des joueurs est libre. Et chacun invente de son mieux, à chaque nouvelle partie, selon les occasions que le hasard ou l'activité de ses adversaires et de ses associés vient lui offrir. Cela est assez comparable à l'action des éléments psychiques, idées, images et mots, qui viennent s'ordonner en un poème à forme fixe, en un sonnet, par exemple, en se conformant à un plan fixé d'avance, en combinant leur activité avec l'activité des autres. Chaque idée, chaque mot évoqué cherche à se placer, à s'imposer; les uns sont vaincus, les autres vainqueurs, et la partie est gagnée par les activités harmonisées de tous ces éléments qui ont, en jouant librement dans les limites fixées, et conformément au plan imposé, réalisé, d'une manière imprévue, la forme choisie.

§ 5.

Si le jeu nous offre donc d'excellents exemples d'art social, la vie mondaine nous en offre d'autres, plus libres, mais exactement analogues et qui sont aussi des sortes de jeu, si bien que tout à l'heure, en nous occupant du jeu, nous avons pu les entrevoir.

J'ai parlé des repas déjà, où l'on ne mange pas uniquement pour se nourrir, et où l'on ne se réunit pas uniquement pour manger. Ce sont des œuvres d'art assez compliquées et disparates, où les plaisirs du goût, de la vue, des conversations, du luxe sous bien des formes, de la musique même parfois viennent s'ordonner plus ou moins et former un ensemble brillant et un peu grossier.

Ce n'est pas là un art social très différencié d'ailleurs, parce que les rôles des convives ne s'y distinguent pas suffisamment les uns des autres, encore qu'ils ne s'y confondent point. Chacun contribue à l'ensemble, selon sa nature, par la beauté de sa figure, ou le piquant de ses anecdotes, par la blancheur de ses épaules ou la majesté de ses favoris, par son entrain ou par l'éclat de ses brillants. Les soirées, les bals, les réunions d'agrément, les parties de campagne sont encore des formes de l'art social. Et de même les sociétés et souvent la conversation en général. Qu'est-ce, en effet, que la conversation — lorsqu'elle n'a pour but ni les affaires, ni l'instruction, ni l'amour — la conversation de simple agrément, sinon une sorte de comédie, de saynette improvisée par ceux-là mêmes qui la jouent ?

Les cérémonies méritent encore d'être mentionnées. Elles sont une sorte de jeu que l'on est censé prendre au sérieux. Tout y est à peu près réglé, harmonisé, et se passe en dehors de la vie naturelle et réelle.

Mais, d'une part, elles tendent à devenir de pures formes, des choses mortes, presque automatiques, des sortes de réflexes compliqués et inutiles, des survivances. Cela, il est vrai, peut arriver à d'autres arts. Il n'est point rare de les voir se pétrifier un temps dans des formules conventionnelles, et perdre leur apparence de vie pour se réduire à des formules indéfiniment ressassés. Et, d'autre part, des tendances pratiques se mêlent en général aux cérémonies et les inspirent. D'abord, la cérémonie elle-même a un but, autre qu'elle-même, et bien que la disproportion entre le but et les moyens laisse une assez large place à l'activité artistique, cependant il ne s'agit pas ici d'art pur, sauf pour quelques spectateurs, ou quelques acteurs portés à la contemplation. Et le caractère d'art social de la cérémonie est un peu altéré par toutes ces circonstances, sans parler des préoccupations individuelles, du désir d'être vu, du besoin de conformisme qui conduisent aux cérémonies pas mal de gens et ne sont pas très artistiques.

Mentionnons enfin les grandes fêtes, les fêtes populaires, les fêtes officielles. Elles offrent des cérémonies où chacun tient sa place et qui créent pour quelques instants une vie factice, joyeuse, et qui voudrait au moins être harmonieuse, en dehors de la vie courante. Les revues, les mats de cocagne, les coups de canon, les bals dans les rues, les représentations gratuites, les banquets, forment un ensemble assez confus, hétéroclite, où des milliers de personnes peuvent être engagées comme spectateurs ou comme acteurs, et qui convergent vers une joie factice et goûtée, en dehors de la vie réelle. Si, du moins, l'on néglige le caractère commémoratif des fêtes, ou l'utilité qu'on cherche à leur donner en orientant dans tel ou tel sens l'esprit du peuple, vers l'alliance russe, ou vers la fondation, la survivance, la gloire d'un régime politique. Et il faut convenir que ce but n'est souvent qu'un prétexte ou qu'une occasion pour les acteurs.

§ 6

Toutes les manifestations de l'art social ont ce caractère commun d'être peu élevées. C'est que la société est, à certains égards, très inférieure à l'individu. En un sens, elle le dépasse en complexité puisque les individus sont ses éléments, mais elle ne l'égale pas en harmonie. Les individus ne sont pas aussi étroitement et aussi systématiquement unis dans le groupe social que les éléments anatomiques dans l'organisme et même que les idées, les sentiments, les tendances et les images dans l'esprit.

Les plus belles, les plus pures, les plus harmonieuses manifestations de la société sont sans doute celles qui résultent de son influence sur les individus, et qui se montrent chez ceux-ci. Ce sont les manifestations individuelles des puissances sociales, qui font voir aussi ce que peut produire la rencontre unique de ces puissances entre elles et avec les forces biologiques, chimiques et physiques, le tourbillon spécial de matière socialisée qui constitue une personne donnée. C'est là une des raisons d'être de l'individualisme et, pour ainsi dire, une de ses excuses, un des faits qui en légitiment au moins certaines formes.

On ne voit pas ainsi l'activité sociale donner un ensemble comparable à la pensée d'un grand littérateur, d'un grand peintre ou d'un grand musicien. Elle peut tout au plus le reproduire par une exécution de concert, de théâtre, par « un tableau vivant » même, si l'on y tient, elle ne le produit pas. Nous n'avons pas de symphonie sociale qui vaille celles de Beethoven. Un ensemble d'individus ne crée guère que des œuvres assez grossières, relativement disparates, d'ordre un peu bas. Que vaut un festin devant un Esclave de Michel-Ange, ou une conversation mondaine à côté d'un drame de Shakespeare ?

Peut-être est-ce à son caractère collectif que l'art théâtral doit certaines infériorités, qui ne paraissent guère douteuses. Chacun a remarqué ce qui se perd d'un roman bon ou passable qu'on adapte pour le théâtre. Mais la question est complexe.

Même au théâtre, c'est à une œuvre individuelle que l'art social emprunte non point toute sa valeur, mais une grande part de sa beauté, une part variable d'ailleurs, car les acteurs et les spectateurs (mais ceux-ci par leurs réactions individuelles, et généralement non combinées) embellissent parfois l'œuvre, mais il advient aussi qu'ils la gâtent. En lisant une comédie ou une tragédie chez soi on a parfois une impression artistique plus élevée qu'en l'écoutant au théâtre. Les acteurs et les spectateurs peuvent gêner notre impression. L'art social rabaisse parfois, en le transformant, l'art individuel, et je crains bien que ce ne soit d'autant plus fréquent que l'art personnel est plus élevé. Une pièce médiocre peut gagner beaucoup par le jeu d'excellents acteurs. Je crains que souvent l'art social n'inspire des émotions plus fortes, plus vives parfois et parfois plus riches, mais souvent moins fines, moins pures et moins intelligentes. Au reste, cela est très variable, et l'on peut aussi bien, en écoutant une représentation, interpréter l'interprétation dans le sens qu'on préfère, au moins à quelque degré.

Et ce que l'art social a de plus remarquable paraît souvent lui venir surtout d'un individu, malgré la part de collaboration qu'il subit. Comme cet individu a lui-même concentré beaucoup d'influences sociales, on peut aussi dire que les forces sociales ont besoin, avant de s'épanouir en une œuvre collective, de passer par un individu, sorte de lentille qui concentre les rayons qu'il reçoit et les unit en un faisceau lumineux régulier.

Pour l'art théâtral, pour l'art musical, il est assez évident que tous les exécutants doivent réaliser chacun une pensée du maître. Encore pour apprécier un orchestre faut-il tenir compte du chef qui le dirige et dont l'influence peut être considérable. Peut-être verra-t-on dans les fêtes, dans les réunions, dans les conversations un art plus spontané ? Encore arrive-t-il qu'une individualité marquante les dirige et les domine, et puis ce ne sont pas là des formes supérieures de l'art, il y reste bien de l'incohérence et du fatras. Et il est à remarquer que lorsque la conversation est réellement collective et qu'elle s'établit entre un nombre assez considérable de personnes, elle perd de son unité, se compose d'une série de fragments individuels sans cohérence entre eux, ou bien s'aplatit dans le vulgaire et le banal. Dans les jeux mêmes, où l'art collectif peut se réaliser peut-être plus aisément à cause des règles, des conventions acceptées, des traditions connues, de la routine qui facilitent la convergence des efforts, l'influence d'un individu est souvent très remarquable.

§ 7

N'arriverait-on pas aux mêmes conclusions si l'on examinait le rapport de l'œuvre individuelle au travail des éléments psychiques ? C'est ce qui paraît ressortir d'un fait entrevu déjà. Le parallélisme de l'individu, synthèse d'éléments psychiques, et de la société, synthèse d'individus, se poursuit très loin, avec des différences d'ailleurs considérables entre les deux ordres de réalités. Mais de même que l'œuvre individuelle est, en art, généralement supérieure à l'œuvre sociale, il semble que l'œuvre des éléments est parfois aussi supérieure à celle de l'individu. C'est ainsi, du moins, qu'on peut interpréter cette désillusion qu'éprouve souvent un auteur devant une œuvre faite. Elle était plus belle dans son ébauche. N'est-ce pas que les désirs, les idées qui la représentaient d'abord avaient une pureté, une harmonie insaisissable et légère qui a disparu à mesure que l'œuvre s'alourdissait dans sa réalisation, par la rencontre de nouvelles idées et de nouveaux désirs ?

Il y a dans tout être, dans l'élément psychique, comme dans l'individu, quelque chose d'ineffable, de personnel, qui n'appartient qu'à lui, qui est son individualité même. Et c'est ce quelque chose qui s'altère, qui s'efface à mesure que l'élément primitif s'en incorpore d'autres, s'associe à d'autres éléments. Il y perd toujours quelque chose de soi : quelques-unes de ses qualités sont effacées, annihilées, réduites à se masquer ; il faut qu'il sacrifie quelque chose de ses désirs secrets. Il n'y a d'association qu'à ce prix. Chacun y devient plus puissant, mais en perdant quelque part de sa personnalité. Il n'est pas de tyran absolu qui ne fasse quelque concession à son entourage et ne lui sacrifie quelques-uns de ses désirs. Et les tyrannies absolues sont rares.

Ainsi du désir ou de l'image primitive à l'œuvre individuelle, de l'œuvre individuelle à l'œuvre collective, toujours quelque élément de beauté se cache ou se détruit ; il ne peut trouver sa place dans la synthèse toujours un peu grossière qui se forme. Sans doute, il se peut que l'œuvre gagne, en somme, beaucoup plus qu'elle ne perd. Je crois que c'est très souvent le cas de l'œuvre individuelle, et quelquefois le cas de l'œuvre sociale, mais elle perd toujours quelque chose. Et si elle perd plus dans la réalisation sociale que dans la réalisation au sein même de l'individu, c'est que, comme je le rappelais tout à l'heure, la synthèse sociale est moins stricte et moins régulière, moins formée, que la synthèse individuelle. Les éléments y sont plus discordants et doivent y sacrifier plus d'aspirations fortes et déjà senties.

Ce caractère relativement incohérent de la synthèse sociale, qui permet et qui justifie un individualisme des éléments sociaux bien supérieur — au moins en l'état actuel — à celui des éléments psychiques, est même assez prononcé pour qu'on oublie trop le caractère de systématisation qui l'accompagne. Si les uns sont portés à négliger l'individu, d'autres ont, au contraire, trop de penchant à oublier l'ensemble dont il fait partie, à ne considérer comme réels que les individus. La nature disparate, à la fois synthétique et mal formée de notre société, répugne à l'intelligence humaine qui aime les choses plus nettes et se plaît à les voir plus nettes qu'elles ne sont, au prix de bien des altérations et de bien des erreurs. Les uns ne voient partout que l'action sociale et supposeraient volontiers que *la Légende des siècles* se serait faite sans Hugo. D'autres ne reconnaissent qu'une sorte de poussière d'activités individuelles. La vérité est que notre société est un singulier et confus mélange d'actions individuelles et d'influences sociales. Les individus y sont pris dans un système général qui les forme, les déforme et les transforme, mais en même temps ils n'y sont pas entièrement adaptés, ils continuent de penser, de sentir, de vivre pour eux et contre l'ensemble. De là l'opposition inévitable, mais si masquée et souvent si incohérente des sentiments altruistes et des sentiments égoïstes, et leur force à tous, et leur légitimité relative. Et sans doute cette opposition et cette discordance, je l'ai indiqué ailleurs et je compte bien y revenir, sont inhérentes à toute association, à tout système, et même à toute réalité, mais elles s'affirment bien plus et avec plus de force dans la société que dans l'homme. Ajoutons qu'elles s'affirment plus aussi dans l'homme que dans ses éléments, dans ses éléments psychiques ou biologiques, que dans les éléments secondaires qui composent ceux-ci et, que plus nous descendons vers l'atome, si compliqué encore, mais plus simple que le reste, plus la coordination des forces semble régulière. Plus l'harmonie se complique, et plus la discordance apparaît.

L'harmonie est suffisante pourtant, même dans l'ensemble social, pour que nous puissions considérer un groupe humain comme une sorte d'individu, parler d'influences sociales, de volontés collectives et aussi d'art social au sens où j'ai pris le mot dans cette étude.

CHAPITRE X

L'IMMORALITÉ DE L'ART

§ 1

La morale ne peut se comprendre que comme une systématisation de la vie aussi rapprochée que possible de la perfection (1). Elle est la finalité idéale. La vie morale, c'est la vie systématisée, en complet accord avec elle-même, en complet accord avec ses conditions d'existence. Cette vie impliquerait l'union des volontés, la convergence des efforts, l'harmonie complète des éléments de la personnalité entre eux et avec la personnalité, même l'harmonie complète de l'individu et de la société, de la société et du monde. La réalisation de cette finalité absolue serait contradictoire et impossible, mais il ne s'agit pas ici de la réalisation de la mo-

---

(1) Voir à ce sujet mes différents articles sur la morale dans *la Revue philosophique*, la morale idéale, l'obligation morale au point de vue intellectuel, l'attente et le devoir, la responsabilité, la sanction morale. Cf. l'art et la morale dans *la Revue de morale sociale*.

rale et de sa possibilité. Il s'agit de sa nature essentielle et de sa tendance.

La doctrine morale, c'est la théorie de la systématisation humaine, la recherche de ses causes, de ses caractères et de ses effets. Elle s'enquiert des conditions générales de l'existence qu'elle veut organiser : la volonté de Dieu, les lois naturelles, les lois sociales, tel ou tel ensemble de conditions sociales particulières, et de ces données théologiques, philosophiques ou scientifiques, elle déduit la bonne conduite, c'est-à-dire la conduite que l'homme doit tenir pour s'y adapter. Le fondement de la morale, c'est ce qui rend cette systématisation, cette harmonie, cette finalité, rationnelle d'une part et possible de l'autre, dans la mesure où cette possibilité peut exister. Le devoir et le droit sont des aspects spéciaux de la systématisation, ils en indiquent les moyens, montrent la voie par laquelle avec l'aide de sentiments divers, on peut l'atteindre, signalent ce qu'il faut faire pour la réaliser. La responsabilité et la sanction signifient ou réalisent des moyens de maintenir ou de rétablir la systématisation attaquée, entamée ou imparfaite, quand il s'agit de prévenir ou de réparer le mal, ou, au contraire, de l'augmenter et de favoriser son développement, quand il s'agit d'encourager le bien. Elles recherchent aussi les agents par qui ces dégâts ou ces progrès ont été tentés, ou réalisés, et ceux auxquels il faut s'adresser pour les réparer et les augmenter. On peut envisager ainsi les problèmes moraux. Ils se ramènent tous à la recherche des moyens qui peuvent augmenter la systématisation générale, soit en la favorisant directement, soit en combattant les causes qui la menacent et risquent de la détruire ou de l'amoindrir.

La morale tend à embrasser toute la vie, à s'appliquer à toutes les formes de notre existence. Si nous la comprenons dans son sens le plus large, il n'est rien qui, au fond, la laisse indifférente, rien qu'elle ne doive considérer comme relevant de ses investigations et devant se soumettre à ses lois.

Tout cela peut être considéré comme vrai, quelle que soit la morale que l'on juge bonne et que l'on adopte, et même si l'on n'en trouve point de soutenable. Si bien que, même lorsque l'on combat la morale, c'est, que l'on s'en rend compte ou non, au nom de la morale même. Les plus fougueuses attaques dirigées contre elle sont faites, consciemment ou inconsciemment, au nom d'une morale supposée supérieure, d'un idéal ou d'une réalité que l'on veut mettre au-dessus de toute morale, ce qui équivaut à vouloir en faire le principe d'une morale meilleure et plus élevée. En somme, à bien prendre les choses, on ne trouve jamais à reprocher à aucune morale que son immoralité, c'est-à-dire à lui reprocher de n'être pas ce qu'elle paraît et ce qu'elle cherche à nous faire croire qu'elle est.

Toutes les morales ont d'ailleurs mérité des reproches, et il est à croire que toutes, à des degrés divers, en mériteront toujours. Mais il est bon de se rendre compte de la nature et de la portée de la critique qu'on leur adresse. Dire qu'il ne faudrait plus de morale, par exemple, c'est dire encore qu'il en faut une puisqu'on supprimerait la morale au nom de quelque chose qui, par hypothèse, vaudrait mieux qu'elle, ce qui en ferait le principe d'une morale nouvelle.

Et en effet toutes les idées, tous les sentiments qui constituent à présent nos conceptions du droit et du devoir, de la responsabilité et de la sanction, toutes nos conceptions particulières de la morale peuvent disparaître. Les noms mêmes peuvent en être oubliés. On peut rêver une civilisation où l'on ne parlerait ni de droit, ni de devoir, ni de responsabilité, ni de sanction, ni de morale même, ni de bien, ni de mal. Il n'en resterait pas moins des séries coordonnées de phénomènes, des systématisations, des harmonies, sans doute aussi des incohérences et des désaccords, et pour se poser d'une autre façon, les mêmes problèmes n'en subsisteraient pas moins. Il y aurait toujours des choses préférables à d'autres. Et une civilisation où l'on n'aurait pas à traiter de la morale aurait bien des chances pour être plus « morale » qu'une civilisation où les problèmes moraux doivent être agités sans cesse. Nous pourrions toujours l'apprécier au point de vue de l'harmonie générale des phénomènes et de leur systématisation, et au point de vue de ses tendances vers une finalité générale supérieure et progressive.

La morale, telle que je l'envisage, est donc en somme la philosophie générale de la pratique, ou pour être plus précis, elle est à la pratique ce que la philosophie est à la science. Elle s'intéresse à toute l'activité, considérée par ses côtés généraux et par ses tendances. La logique et toutes les techniques en relèvent à certains égards. En tant que le raisonnement juste est préférable au raisonnement faux, en tant que tel procédé industriel est préférable à tel autre, ils ne sauraient rester indifférents à la morale, qui prescrira la recherche du raisonnement juste, et l'emploi du procédé le plus avantageux, — toutes choses égales d'ailleurs. Toutes les fois qu'une manière d'agir est plus capable qu'une autre de réaliser une systématisation quelconque, elle apparaît comme morale par rapport à celles qui ne pourraient réaliser qu'une systématisation moindre, immorale par rapport à celles qui prépareraient une harmonie supérieure. Elle est d'autant plus morale que l'harmonie qu'elle tend à réaliser est supérieure, c'est-à-dire plus étendue, et plus complexe. Et la morale tend vers la systématisation parfaite de l'activité en général, comme la logique vers la systématisation parfaite de l'activité intellectuelle.

Ainsi comprise la morale entre forcément en conflit avec l'art qui, lui, est une systématisation partielle, essentiellement indépendante.

§ 2

En effet, le propre de l'art, sa caractéristique essentielle, sa raison d'être, c'est de nous isoler de la vie, c'est de susciter en nous une vie artificielle et factice, harmonisée en elle-même, et à cause de cela, morale en elle-même, mais en dehors du système de la vie, et à cause de cela, immorale par rapport à la vie, immorale par rapport à l'ensemble des êtres.

Il crée une réalité illusoire et superficielle, qui s'oppose à la réalité où se déroule notre vie. Il substitue au monde réel un monde fictif qui n'existe pas, ou qui n'existe pas de la même façon que l'autre, mais qui correspond à nos désirs. Il consiste essentiellement à remplacer une réalité qui nous froisse par une idéalité moins solide mais plus satisfaisante.

Ainsi la contemplation esthétique, l'attitude artiste, en général, s'oppose nettement à la pratique de la vie. Sans doute on peut dire que toute contemplation, que la recherche de la vérité, que la poursuite réfléchie du bien, que la méditation industrielle même s'opposent aussi à la pratique. On peut soutenir que la contemplation morale s'y oppose aussi, que, par conséquent, à ce point de vue, la morale même est immorale comme tendant à diviser la vie, à la mettre en désaccord avec elle-même, qu'elle se contredit, et, par conséquent, qu'elle se ruine elle-même.

On peut même aller plus loin, affirmer que tout se contredit dans la vie, et que tout, dans la vie, contredit la vie. Par cela seul que j'écris actuellement, je m'interdis de semer, de bâtir, de marcher même ou de jouer aux échecs. Toute existence, c'est-à-dire toute domination même momentanée d'un phénomène est une menace perpétuelle, et même plus qu'une menace, une réelle défaite, une cause de ruine pour une foule d'autres faits qui auraient pu être, et qui, en un sens, auraient voulu être.

Ces objections ne me paraissent point vaines, tant s'en faut. Je crois si bien à leur importance que je me propose de développer ailleurs les considérations sur lesquelles elles s'appuient. Cependant, l'opposition de l'art et de la morale est d'une autre espèce que ces oppositions que je viens d'indiquer brièvement. Si, à une certaine profondeur, tout s'oppose à tout, la morale et l'art s'opposent plus vite et sans qu'on ait besoin de descendre aussi bas.

On doit concevoir, en effet, que des activités soient concordantes et, jusqu'à un certain point, s'entr'aident et se conditionnent entre elles. Les divers organes de notre corps sont sans doute en lutte et en rivalité si nous allons au fond des choses, mais, à un certain niveau de considérations, si je puis ainsi dire, et dans une certaine mesure, ils s'harmonisent et concourent à une œuvre commune. C'est ce que font aussi les éléments psychiques, les tendances et les désirs, les images et les idées. C'est ce que font encore les éléments sociaux, les hommes qui, à certains égards, sont constamment opposés les uns aux autres, chacun contre tous, et tous contre chacun, mais qui en même temps s'unissent en groupes variés et collaborent toujours à quelque œuvre générale. De même certaines grandes fonctions sociales concrètes, l'administration et la défense nationale, l'instruction publique et la justice ont ou doivent avoir des effets convergents, et ne paraissent pas, à première vue, devoir être nécessairement en antagonisme direct. De même les grandes formes abstraites du travail social, et par exemple, l'industrie et la morale, la morale et la religion, qui paraissent tendre surtout, sans toujours y arriver, à se compléter et à s'appuyer l'une l'autre, de manière à permettre de réaliser ou de préparer l'harmonie apparente des existences. Sans doute il existe toujours entre elles un sourd antagonisme dont nous pourrions, si c'en était le lieu, montrer l'importance et la force, mais l'harmonie n'en est pas moins solide entre elles et nettement apparente.

Pour l'art, il en est autrement. Il peut aussi s'accorder plus ou moins avec la morale, comme aussi bien avec la science, avec la religion, l'industrie même et toute la pratique en général. Mais, par sa nature essentielle, il ne s'oppose pas moins directement à tout cela. Il est en dehors de la vie, il rêve à la suppléer, et par suite, il est en lutte avec elle. Il constitue son propre système non point pour aider la théorie ou la pratique, pour réformer la vie, ou pour la faciliter, mais pour la supplanter. Il reste hors d'elle, dirigé contre elle. Le monde dans lequel il nous introduit ou qu'il introduit en nous n'est pas le monde réel et n'a nullement pour but de nous adapter à celui-ci. Au contraire, il tâche de nous en distraire, de le faire oublier, de le remplacer. C'est en quoi l'art se distingue des autres activités. Cela saute aux yeux si nous comparons l'art à l'industrie, par exemple. La méditation scientifique, l'observation et l'expérimentation, la recherche du vrai sous toutes ses formes, la réflexion philosophique interrompent aussi sans doute le cours de la vie pratique, elles substituent dans une certaine mesure en notre esprit un monde idéal et abstrait au monde réel et concret dans lequel se passe notre existence, elles s'opposent jusqu'à un certain point à la satisfaction de nos tendances et de nos besoins. Toutefois, le monde qu'elles créent a la prétention de représenter, au moins symboliquement, le monde réel ; elles ont pour but dernier d'adapter l'homme au monde ou le monde à l'homme, elles mettent notre esprit en contact avec des événements naguère inconnus, elles réalisent en lui sous forme abstraite ou concrète une plus grande partie de ce qui l'entoure, de l'univers, des autres hommes, de la société, de lui-même. Et cette adaptation intellectuelle, cette systématisation idéale permet, provoque, facilite l'adaptation pratique, la systématisation effective que recherchent directement la morale ou l'industrie.

De même la contemplation morale, la réflexion de l'ingénieur, les recherches de l'industriel peuvent bien constituer une sorte de monde idéal qui s'oppose au monde réel. Toute activité est le produit d'une opposition entre ce qui est et ce qui tend à être, et puisque ce qui tend à être ne peut se manifester qu'en existant déjà, sous quelque forme imparfaite, toute activité est le résultat d'une opposition entre les êtres. Il y a de plus des conflits entre les diverses activités. Les réflexions du moraliste peuvent nuire à certaines formes d'industrie et les travaux de l'ingénieur être contraires à l'hygiène. Mais elles n'en tendent pas moins toutes assez directement vers un but pratique et vers la réalisation d'une plus grande harmonie dans le monde, vers l'adaptation de plus en plus large et de plus en plus minutieuse à la fois de la planète à l'homme et de l'homme à la société. Sous une divergence passagère et superficielle, on constate une concordance plus profonde, cachant d'ailleurs à son tour une opposition fondamentale dont nous n'avons pas à faire ressortir ici l'importance. La religion qui comprend une philosophie, une morale, et des techniques différentes préterait aux mêmes considérations. Et sans doute, toutes ces grandes fonctions sociales peuvent être traitées comme une matière d'art, mais c'est par ceux qui ne croient pas à leur vérité ou ne se soucient point de leur utilité.

La contemplation artistique, au contraire, va directement contre la vie. Elle a pour premier effet de nous en détacher, et pour but de la remplacer, au moins momentanément, et de la remplacer par une illusion.

Par là, l'art s'oppose nettement à toutes les autres activités, à toutes les autres grandes fonctions de l'homme, à la science puisqu'il ne crée que des illusions, et ne cherche pas à nous renseigner sur le monde réel, à la morale, à l'industrie, à l'activité sociale, à la politique, à toutes les autres techniques en général, puisqu'il ne s'occupe pas de transformer le monde réel, mais qu'il se confine dans un monde factice, imaginé par lui.

Il nous donne une fausse science et une fausse pratique. Comme la science il déroule à nos yeux des phénomènes concrets et des lois abstraites, comme la philosophie il peut nous offrir ou nous suggérer des idées générales et des conceptions du monde, comme les techniques diverses il peut nous représenter, de façon plus ou moins vive, diverses transformations des choses. Seulement ces transformations ne doivent pas se réaliser, elles ne se réalisent que dans le monde créé par l'art et qui n'est pas le monde vrai. Ces faits et ces lois n'ont d'autre existence que celle que l'art leur donne. « A un crochet peint sur un mur, a-t-on dit, on ne peut suspendre qu'une chaîne peinte sur le mur. » C'est là le genre d'industrie, de pratique, que réalise l'art. « L'histoire, a-t-on dit encore, est du roman qui a été ; le roman est de l'histoire qui aurait pu être. » Cela revient, en somme, à dire que le roman est de l'histoire qui *n'a pas pu* être, et qui, en tout cas, n'a pas été. C'est là le genre de connaissances que l'art peut offrir.

Il s'oppose ainsi très nettement à la théorie et à la pratique, à l'adaptation de la pensée au monde et du monde à nos besoins. Il est essentiellement faux, et il est essentiellement anti-moral. Non seulement il n'agit pas dans le sens de la science ou de l'industrie, de la religion ou de la politique, c'est-à-dire de la recherche de la constatation exacte ou de la théorie vraie (quel que soit d'ailleurs le sens qu'il convienne, après examen, d'attacher au mot de vérité), mais encore il agit contre elles, puisqu'il tend à les remplacer. Il nous propose, en effet, pour prendre leur place, une série d'activités de même genre, mais imaginaires et fictives, en dehors de la réalité, en désaccord et en opposition avec elle, et qu'il suscite précisément à cause de ce désaccord et de cette opposition.

De toute façon l'art, engendré, comme la science, l'industrie ou la politique, par un conflit entre l'homme et le monde inorganique, organique ou social, tend, non point comme la morale, la science ou la politique, à supprimer ce conflit, mais à le conserver et à l'exagérer. Il le conserve puisqu'il ne cherche point à transformer le monde extérieur, ni à lui adapter l'esprit ; il l'exagère même, puisqu'en satisfaisant subjectivement dans l'esprit les penchants qui sont contrariés par la vie réelle, il tend à les développer, à leur donner plus de force sans leur assurer plus de satisfactions réelles. Seulement il distrait l'esprit, il l'empêche de sentir, pendant un moment, les froissements de la réalité en le transportant dans un monde imaginaire où ces froissements n'existent plus. Mais c'est dans ce monde imaginaire seulement que l'harmonie existe ; dans le monde réel la discordance, l'opposition existe toujours et l'art a plutôt tendu à la rendre plus grande, et peut-être plus difficile à guérir.

Voilà l'immoralité essentielle de l'art. Par son principe même et par sa nature propre, il s'oppose à la systématisation générale des phénomènes et des existences. Il va contre cette systématisation. Né d'une désharmonie, il organise en quelque sorte cette désharmonie, il la prolonge et il l'aggrave. Toutes les autres discordances qu'il produit par le développement de ses qualités propres, se ramènent à celle-là. Nous y trouvons synthétisées, d'une part, l'opposition de l'art à la théorie vraie et à l'observation exacte ; d'autre part, son opposition à l'activité utile, et j'entends par là l'activité capable de satisfaire nos désirs et nos tendances, quels que soient ces désirs. C'est dire que l'art s'oppose non seulement à la philosophie, à la science et à l'industrie proprement dites, mais à la religion en tant que la religion a la prétention de nous enseigner un certain nombre de vérités essentielles et de diriger aussi notre conduite, à l'activité sociale, à la politique, au sens général du mot, qui travaillent sur la réalité et tentent des adaptations réelles, enfin, à tout ce qui est tentative pour connaître le vrai ou pour agir efficacement. C'est là évidemment ce que donne cette substitution à un monde réel d'un monde factice, d'une sorte de rêve éveillé dans lequel toute activité théorique sérieuse est vaine, dans lequel toute tentative pratique réelle est un non-sens, qui exclut l'une et l'autre par sa définition même, mais qui va, au contraire, se prêter admirablement à la simulation de ces activités essentielles de l'homme. Et c'est bien là ce qui fait l'immoralité foncière de l'art, très différente de l'immoralité spéciale qu'on reproche parfois à quelques œuvres, et sur laquelle nous aurons à revenir.

§ 3

Entrons un peu dans le détail, et examinons quelques-unes des différentes formes de l'art.

Les arts qui font appel aux sentiments ordinaires que la vie exerce et développe en nous, et font sortir les impressions esthétiques du jeu même de ces sentiments sont ceux où l'opposition de l'art et de la vie est vraisemblablement la plus apparente et la plus directe sans être forcément la plus profonde.

L'art littéraire est peut-être celui qui nous donne le mieux et le plus complètement un monde qui se rapproche du monde réel. Un roman, une pièce de théâtre construisent un univers à peu près analogue à celui dans lequel nous vivons, qui va susciter en nous des sentiments semblables à ceux qui nous agitent dans al vie de tous les jours, éveiller des impressions analogues, des idées, des velléités, des conceptions pratiques de même ordre.

Or, tout cela reste en dehors de l'existence réelle, le monde que nous ouvre l'art, nous le formons à la fantaisie de l'auteur et à la nôtre quand nous lisons un roman, entièrement à la nôtre quand nous nous complaisons à nos propres rêveries et que nous les développons librement. Dans ce monde, nous pouvons, sans trop de peine, éprouver — ou croire que nous éprouvons — les sentiments les plus héroïques et les plus subtils, accomplir des exploits fabuleux, goûter des plaisirs d'autant plus délicieux que nous n'accompagnons pas toujours nos impressions d'images bien précises et en rapport exact avec elles. La réalisation de nos rêves les plus enivrants ne nous donnerait, bien souvent, qu'un plaisir médiocre et troublé.

Nous pouvons de même étendre indéfiniment, par le rêve ou la fiction, notre science aussi bien que notre pouvoir, nous pouvons nous attribuer des connaissances infinies, sonder les mystères que nous dérobe le temps ou l'espace, imaginer des lois, créer un monde abstrait ou concret. L'expérience ne vient point nous démentir. Il nous est loisible de la conformer, au contraire, à nos prévisions.

Et nous obtenons ainsi une sorte de parodie du vrai savoir, et de la vie intellectuelle, comme nous obtenions tout à l'heure une sorte de parodie du pouvoir, du sentiment et de la vie morale. Toutes nos constructions artistiques restent en dehors de la vie, elles n'entrent pas dans les systèmes du monde réel. Et nous retrouvons ici l'immoralité foncière de l'art que je signalais tout à l'heure.

L'art est né d'un désaccord entre l'esprit et le monde, et nous voyons ici, en le prenant sur le fait, comment il tend non point à le supprimer, mais à le faire oublier, et par là même à l'exagérer. Et plus l'œuvre d'art se rapproche de la perfection, plus le monde irréel est puissamment organisé, plus l'harmonie y règne, plus la beauté y resplendit, et plus aussi il s'oppose au monde incohérent et mauvais contre lequel notre esprit réagissait quand il a créé le monde artistique ou quand il l'a accepté, plus il nous arrache à lui et nous éloigne de lui, plus il absorbe les forces que la morale voudrait employer à une réorganisation réelle, plus il est désorganisateur et immoral.

Les dangers du roman « idéaliste », du théâtre, et aussi de la poésie sentimentale ou de la rêverie ont été bien souvent signalés. Ils ont créé une sorte de lieu commun, assez souvent exposé, et d'une façon d'ailleurs assez insupportable pour que je ne croie pas nécessaire d'y insister. Toutefois, il en est de plusieurs genres et qu'il faut distinguer. Celui qui nous intéresse ici résulte de ce caractère de l'art : il nous isole de la vie. Et le danger spécial de l'art « idéaliste » en général, c'est qu'il vise à nous créer un monde bien plus séduisant que le monde réel, et par suite d'autant plus apte à nous détacher de lui, et à nous en dégoûter, à nous le faire prendre en haine non pour le corriger, mais pour l'abandonner. Il n'y a pas de différences essentielles à établir ici entre les différents arts : le théâtre ou la peinture, le roman ou la poésie. Celles qui existent sont d'ailleurs faciles à remarquer et à comprendre.

L'art purement esthétique, « l'art pour l'art », et l'art réaliste qui se rattache à lui pour diverses raisons, ont certains effets en commun avec l'art idéaliste. Ils en produisent aussi qui leur sont spéciaux.

Leur danger est le même en tant qu'ils font appel aux sentiments ordinaires de la vie humaine, qu'ils tendent à les exciter en nous, et, en les excitant, à les détourner du monde réel pour nous les faire épancher sur un monde qui n'existe qu'en nous et pour nous, pour le lecteur ou pour le rêveur. Toutes les fois qu'on suscite ainsi des sentiments en les distrayant de la vie, qu'ils soient d'ailleurs nobles ou bas, délicats ou grossiers, l'immoralité foncière de l'art s'y révèle. Il ne faudrait donc pas reprocher ici au roman réaliste, par exemple, de s'être complu à faire revivre les laideurs et les ignominies de l'existence. Le vice essentiel que nous visons maintenant est aussi bien, sinon mieux, mis en relief par la représentation de sentiments admirables que par la peinture de réalités ignobles.

Les dangers de l'art proprement esthétique ou de l'art réaliste sont d'une autre sorte. En ce qui concerne le premier, l'art pour l'art, l'art recherché pour sa technique spéciale, pour le genre particulier de beauté auquel il peut atteindre, il donne, on peut le dire, sa forme condensée, abstraite et régularisée à l'immoralité de l'art.

Ici, en effet, c'est la création même du monde fictif qui devient un but, qui s'impose à l'esprit comme principe directeur, comme principal élément d'une tendance. L'art crée et développé ainsi tout un ensemble de désirs et tout un ensemble d'idées qui se rapportent seulement à son monde imaginaire et qui tendent à augmenter son importance. Par le souci du métier, par la complication des procédés, par la recherche consciente et voulue des mots à effet, des épithètes neuves et choisies, des verbes pittoresques, des détails évocateurs, des images rares et ayant juste le degré de logique et le degré d'illogisme qui convient à la littérature, par des raffinements divers qui varient avec chaque art, et qu'il serait possible de retrouver en musique avec des formes analogues à celles qu'ils prennent dans l'art littéraire, il tend à rendre le monde fictif qu'il crée de plus en plus vivant et de plus en plus important. Et il tend à accroître son importance précisément parce qu'il est un monde fictif sans rien de réel, et même parce qu'il s'oppose au monde réel. Par là il tend directement à développer et à augmenter le désaccord, la désharmonie dont témoigne l'art, et il s'y applique consciemment et sans cesse. Il peut devenir le centre de la tendance qui dirige la vie et organiser ainsi une partie de la réalité contre la réalité même, développant la contradiction impliquée dans le principe même de l'art.

Ainsi cette tendance ne fait que donner plus de réalité au monde de l'art, mais sans nuire à son principe d'opposition au monde réel. Elle ne transforme pas ses fictions en réalité, mais ces fictions, réelles en tant que fictions, elle les entoure d'un cadre tout à fait réel, elle organise autour d'elles une partie de la réalité, elle distrait une partie des forces du monde réel pour les faire servir à appuyer et à agrandir le monde fictif.

Au reste la psychologie de quelques artistes révèle l'influence de la tendance de l'art et on en entrevoit très bien la direction, malgré les atténuations, les déviations, les changements que lui imposent le désir encore vivace de vivre, et les sentiments de la vie commune qu'on ne peut éviter tous ni annuler complètement. Où trouve-t-on le plus de mépris pour la vie réelle en général, pour la plupart des sentiments qui s'y manifestent et la rendent possible, pour les vertus pratiques, pour les questions morales et sociales, sinon chez ceux qui ont fait de l'art la grande affaire de leur vie, qui se sont attachés à leur métier au point d'ériger à peu près en principe de morale exclusif et absolu la loi de la technique artistique ? Et les noms de Gustave Flaubert, par exemple, ou de Théophile Gautier suffiront, je pense, à illustrer cette proposition. « Sais-tu, écrivait Flaubert, ce qu'il y a de plus intime, de plus caché dans tout mon cœur et ce qui est le plus moi dans moi, ce sont deux ou trois pauvres idées d'art couvées avec amour, voilà tout ; les plus grands événements de ma vie ont été quelques pensées, des lectures, certains couchers de soleil à Trouville au bord de la mer et des causeries de cinq ou six heures consécutives avec un ami... La différence que j'ai toujours eue dans les façons de voir la vie avec celles des autres a fait que je me suis toujours (pas assez hélas !) séquestré dans une âpreté solitaire d'où rien ne sortait... Je ne voulais pas d'entrave au développement de mon principe natif, pas de joug, pas d'influence, j'avais fini par n'en pas désirer du tout, je vivais sans les palpitations de la chair et du cœur, et sans m'apercevoir seulement de mon sexe... On reproche aux gens qui écrivent en bon style de négliger l'idée, le but moral, comme si le but du médecin n'était pas de guérir, le but du peintre de peindre, le but du rossignol de chanter, comme si le but de l'art n'était pas le Beau avant tout. » Et comme on le sent hostile aux écrivains qui cherchent dans l'art autre chose que l'art même ! « Il est facile avec un jargon convenu, avec deux ou trois idées qui sont de cours, de se faire passer pour un écrivain socialiste, humanitaire, rénovateur et précurseur de cet avenir évangélique rêvé par les pauvres et par les fous. C'est là la manie actuelle, on rougit de son métier. Faire tout bonnement des vers, écrire un roman, creuser du marbre, oh ! fi donc ! C'était bon autrefois, quand on n'avait pas la *mission sociale* du poète ; il faut que chaque œuvre maintenant ait sa signification morale, son enseignement gradué, il faut donner une portée philosophique à un sonnet, qu'un drame tape sur les doigts aux monarques et qu'une aquarelle adoucisse les mœurs. » Et comme il se montre dédaigneux pour leurs préoccupations : « Ils travaillent à renverser un ministre qui tombera sans eux quand ils pourraient, par un seul vers de satire, attacher à son nom une illustration d'opprobre, ils s'occupent d'un projet de douanes, de lois, de paix et de guerre ! mais que tout cela est petit !

que tout cela est faux et relatif! et ils s'animent pour toutes ces misères, ils crient contre tous les filous, ils s'enthousiasment à toutes les bonnes actions communes, ils s'apitoient sur chaque innocent qu'on tue, sur chaque chien qu'on écrase comme s'ils étaient venus pour cela au monde. » On retrouve bien encore çà et là, même dans ces passages que j'emprunte à une seule lettre de Flaubert, des restes d'autres sentiments et des combinaisons de la vie réelle et de la vie artiste ; l'ensemble n'en est pas moins significatif. Et bien d'autres seraient à citer. On peut comparer aux déclarations de Flaubert celles de Gautier dans la fameuse préface de *Mademoiselle de Maupin*.

Ce sont là les vrais artistes, ceux qui ont compris la signification essentielle de l'art et l'ont développée avec le plus de pureté. D'autres sans doute ont mis l'art au service de la politique et de la morale, et nous aurons à reparler de leurs tentatives, mais c'est en quoi ils ont fait œuvre de bons citoyens si l'on veut, ou d'excellents pères de famille peut-être, mais non d'artistes. Et si leur œuvre est belle, ce qui arrive, je n'en veux pour preuve que *les Châtiments*, et si nous voulons la considérer simplement en amateurs d'art, il nous faut négliger momentanément son côté pratique, utilitaire ou moral. Que Napoléon III ait été ou non un bandit, un Cartouche, un Lacenaire et un Soufflard, cela n'ajoute et cela n'enlève rien à la valeur artistique des vers de Hugo.

(1) Flaubert, *Correspondance*, t. I. Lettre à Madame X. du 18 septembre 1846.

Sans doute, en prenant vis-à-vis des œuvres de tendance morale l'attitude strictement artiste, on va contre les intentions de leurs auteurs. C'est que l'action de ces auteurs, ici, n'a pas été seulement en dehors de l'art, elle a été opposée à l'art; qu'on doive lui en faire un grief ou un mérite, ce n'est pas pour le moment ce que j'examine. Mais en tant qu'elle a été morale elle n'a pas été artistique, elle a été anti-artistique en ce qu'elle a subordonné l'art et tous ses moyens à une fin étrangère à l'art. De même la prédication d'un moraliste serait immorale, anti-morale, si elle n'avait pour but que de réaliser une œuvre d'art et ne s'inquiétait pas de ses conséquences. L'art ne nous excite pas à sentir et à agir en ce monde, il ne nous pousse à l'action qu'en tant qu'il s'agit de créer ce monde fictif qu'il tâche de substituer au vrai. Qu'il puisse être détourné de ses fins propres et employé en vue d'un but moral, politique ou industriel, cela n'est pas douteux. Mais c'est une déviation dans le genre de celle qui ferait considérer la morale au point de vue artistique, ou l'industrie au point de vue pittoresque. Au point de vue de l'art, et pour l'artiste pur, elle est une manière d'immoralité, l'immoralité spéciale correspondant à la moralité professionnelle de l'artiste. Elle peut être utile, et même indispensable, mais il n'est pas sans intérêt de la prendre pour ce qu'elle est.

L'art purement esthétique tourne aisément en certains cas vers le réalisme. Mais, de notre point de vue actuel, l'art réaliste présente les mêmes caractères généraux que les autres formes de l'art. Lui aussi vise à créer un monde fictif, qui doit remplacer le monde réel. Son monde fictif, il est vrai, tend à se rapprocher le plus possible du monde réel, il n'en est pas moins irréel par essence, et, comme tout ce qui est fictif, directement opposé au monde réel. On peut même considérer que, en certains cas, sa ressemblance avec le monde réel va encore aggraver la discordance foncière que révèle l'art, en ce que le monde fictif semblable au monde réel pourra même remplacer celui-ci dans certains esprits et les en détacher plus aisément. Le réalisme sympathique peut offrir aux sentiments ordinaires une occasion d'excitation qu'on aura moins besoin de rechercher dans la vie réelle. Le réalisme antipathique peut arriver au même résultat, d'une manière différente, en nous détournant de l'existence vraie, qu'il nous fait considérer dans ses aspects les plus rebutants et les plus écœurants. Comme un certain idéalisme, il peut la faire paraître trop terne et trop vide par rapport aux rêves de l'imagination. Il peut encore détourner certains esprits de recherches vraiment positives par sa prétention à remplacer réellement de semblables recherches, de même qu'un idéalisme inférieur les conduisait à mépriser le résultat de ces recherches, à les mettre au-dessous des jeux de l'imagination. Toutes ces raisons et d'autres qu'on pourrait apporter n'ont point une portée universelle. Elles ne visent que certains cas particuliers et montrent simplement comment peut se différencier, selon les formes diverses de l'art, et selon les esprits qui les créent ou qui les admirent, la nature foncière et l'influence générale de l'art considéré dans ses caractères les plus essentiels.

Nous retrouverions cette influence générale, toujours semblable à elle-même, avec des variations plus ou moins grandes et dont je viens d'indiquer quelques-unes en examinant les différentes formes de l'art, depuis l'art qui s'éloigne le plus de la vie, l'art extra-humain, la musique symphonique sans programme, par exemple, jusqu'à l'art décoratif le plus humble. Inutile d'ajouter que l'influence de l'art ne varie pas seulement en qualité, mais aussi en quantité, si je puis dire. Toujours elle se manifeste par l'aggravation de la discordance qui se trouve à son origine et qui le caractérise essentiellement.

§ 4

Le caractère d'immoralité essentielle de l'art nous apparaît plus frappant quand nous prenons l'attitude artiste vis-à-vis d'événements quelconques qui n'ont point du tout été faits pour répondre à des besoins artistiques, qui ne sont pas des « œuvres d'art » ou qui ne devraient pas l'être.

Quand on s'est intéressé à la peinture de paysages, on considère volontiers un paysage réel comme un tableau. Devant un site on pense volontiers : voici un Hobbema, ou un Van der Neer, un Claude Lorrain ou un Pointelin. Il est des jours où la nature présente les apparences classiques d'un Poussin, et d'autres où elle prend l'aspect d'un tableau impressionniste. Cela peut paraître assez inoffensif et bien des gens jugeront même qu'il vaut mieux considérer esthétiquement un ruisseau que songer à lui faire laver son linge ou même à détourner ses eaux pour faire marcher une usine. Mais si nous examinons le procédé en lui-même, nous voyons qu'il est exactement celui de Néron devant l'incendie de Rome. Il consiste, en effet, à traiter un monde réel où nous vivons, où se débattent aussi les autres hommes, comme un monde fictif créé pour le seul usage de notre contemplation.

Il isole en quelque sorte une portion de la réalité et nous la fait considérer comme un tableau, comme une page de roman, comme un ensemble systématisé qu'il faut regarder en lui-même, sans nous préoccuper de ses rapports possibles avec notre conduite, avec le bien-être des autres hommes ou avec notre propre bonheur.

Par ce procédé, nous introduisons évidemment une violente discordance dans le monde, nous le détruisons en quelque sorte, nous lui enlevons quelques-uns de ses éléments pour en former une sorte de monde conventionnel et fictif, analogue au monde de l'art et que nous traitons comme lui, mais qui est cependant réel. A la contradiction essentielle à tout art vient s'ajouter ici une autre contradiction, celle qui résulte de la négation de la réalité même, ou de notre refus de la prendre au sérieux et de la traiter comme une réalité, et c'est cette contradiction même qui avive le plaisir de celui qui prend l'attitude artiste. Il jouit de savoir que l'objet de sa contemplation est un objet réel, et en même temps, de refuser de le traiter comme un objet réel et de le traiter en matière artistique. L'homme qui admire « un beau crime » l'admirerait moins, s'il ne croyait point à sa réalité. Et le monde réel offre aussi bien un genre de systématisation, c'est-à-dire de beauté qui manque par définition à toute image fictive.

Celui qui se complaît ainsi à prendre toutes choses par le côté artistique est proprement ce que l'on appelle un dilettante. Il est par essence, et en faisant abstraction des contradictions qu'impose à nous tous la nature humaine, indifférent à tout ce qui n'est pas l'émotion esthétique. Il ne se soucie ni du vrai, ni du bien, ni de l'utile; le monde et tout ce qui compose le monde, les peuples et les hommes, la nature et la vie ne sont pour lui que des spectacles. L'immoralité foncière d'une pareille manière d'être éclate par la comparaison, avec celle du moraliste, ou de quiconque s'intéresse à une portion de la réalité en tant qu'il s'y mêle ou qu'il se reconnaît l'associé de ceux qui y sont mêlés, de l'ingénieur et du savant, du commerçant ou du philosophe. Ceux-ci ne se bornent point à faire du monde réel une sorte de monde fictif, à le traiter comme l'œuvre d'un artiste qui n'aurait voulu que nous donner une occasion de nous distraire de la réalité, ils visent soit à le transformer, soit à le comprendre, et à le comprendre de manière à ce que nous puissions ou mieux nous adapter à lui ou mieux l'adapter à nous.

La différence de l'attitude artiste et de l'attitude morale, pratique ou scientifique, est à son maximum lorsque le dilettante prend l'attitude artiste vis-à-vis de quelque réalité, tandis que d'autres prennent une attitude opposée à l'attitude artiste devant une œuvre d'art. Le premier contemple en artiste, admire ou dénigre à ce point de vue un crime ou un acte d'héroïsme ; l'homme pratique devant un tableau se demandera combien il pourra se vendre, et s'il lit un roman supputera le nombre probable des éditions. Le savant tâchera de rechercher les lois de formation, la genèse de l'œuvre d'art, son rapport avec la civilisation ambiante, le sol et le climat ; le moraliste se demandera quels effets pourra produire telle pièce du théâtre et si elle est susceptible de détourner ses spectateurs de la vertu ou de les y encourager. Toutes ces considérations-là, l'artiste peut certes s'y intéresser, mais alors ce n'est point en tant qu'artiste. C'est qu'il a, en même temps, certaines dispositions de moraliste, d'industriel ou de savant. L'opposition de l'art à la pratique, à la science, à l'industrie n'en reste pas moins évidente, et si nous entendons par morale l'ensemble ou plutôt la généralisation des techniques, la technique générale de la conduite humaine, ou l'ensemble des théories et des pratiques propres à rapprocher autant que possible l'ensemble du monde d'un état idéal d'harmonie, l'opposition de l'art et de la morale devient de plus en plus évidente. attitude artiste, vis-à-vis d'un fait réel quelconque, est exactement l'antithèse de l'attitude morale. Le dilettantisme est diamétralement opposé à la préoccupation du moraliste (1).

(1) On peut voir cette attitude réalisée dans la plaisanterie longue et lourde, quoique amusante par endroits, de Th. de Quincey : *De l'assassinat considéré comme un des beaux-arts.*

§ 5

Le monde de l'art a quelque réalité en tant qu'il n'est pas réel. S'il n'était pas réel à quelque degré et de quelque manière, il ne « serait » pas fictif. Il ne serait absolument rien, et ce n'est pas ce que nous voulons dire en disant qu'il « est » fictif. Le verbe être est bien employé ici comme impliquant l'attribution de l'existence. Le monde de l'art existe, mais il existe en tant que n'existant pas. Cela signifie simplement qu'il n'a pas le genre d'existence que certaines de ses apparences tendraient à lui faire attribuer. Il est un ensemble de phénomènes très réels, mais il n'est pas ce qu'il paraît être, et ce pour quoi il feint de se donner.

Mais en même temps que nous connaissons et que nous sentons très bien le caractère d'irréalité du monde de l'art, nous sommes portés aussi à croire à sa réalité. Il ressemble par bien des caractères au monde réel. L'arbre peint nous donne quelques-unes des impressions et des suggestions de l'arbre réel. Nous distinguons son espèce, nous avons l'impression de la solidité de son tronc ou de la flexibilité de ses rameaux, de l'humidité fraîche de son ombre. Nous avons à la fois, devant une œuvre d'art, et cela est évident au moins pour les arts qui imitent la réalité, l'impression du réel et l'impression du fictif. Nous affirmons et nous nions à la fois la réalité du monde artistique. Et les deux tendances à l'affirmation et à la négation sont également nécessaires à l'impression artistique. Si nous affirmons seulement, il n'y a plus d'art, l'impression esthétique disparaît. Voir une sculpture peinte en trompe-l'œil et la prendre pour une sculpture réelle, ce n'est nullement avoir une impression artistique. Ce n'est que quand elle est connue comme trompe-l'œil, c'est-à-dire quand l'illusion est affaiblie, enrayée, reconnue, sans toutefois cesser de se produire, que nous pouvons la considérer — jusqu'à un certain point — comme une œuvre d'art. Mais, d'autre part, si l'œuvre d'art ne nous donne aucune impression de réalité, nous ne nous y intéressons pas, nous n'entrons réellement pas dans le monde qu'elle nous offre.

Par conséquent, l'effet de l'art est encore ici d'introduire une discordance dans l'esprit, de réaliser un mensonge essentiel qui nous fait considérer le même fait à la fois comme vrai et comme faux. Il faut que nous ayons quelque illusion, au moins un commencement, un germe d'illusion, mais il ne faut pas que cette impression soit trop faible, il ne faut pas non plus qu'elle soit trop vive. Il faut que l'art ait une certaine vérité, mais il faut aussi qu'il mente, il faut qu'il mente, mais il faut que nous connaissions son mensonge et que nous en soyons un peu dupe. L'art implique la division du moi et la contradiction dans ses opérations, c'est-à-dire ce qu'il y a de plus essentiellement opposé à la logique et à la morale, qui tendent à la réduction de toute discordance.

On pourrait croire que ce qui vient d'être dit des arts qui sont fondés sur l'imitation de la nature ne s'applique pas à la musique. A mon sens, ce serait une erreur. Tout d'abord la musique dramatique, la musique à programme, la musique chantée intervient efficacement pour réaliser les contradictions dont j'ai parlé. Elle produit un double effet. D'un côté, elle tend à renforcer l'illusion en accentuant les situations qu'elle accompagne, les sentiments exprimés par la parole, les faits qu'elle illustre ou les impressions qu'elle suggère. Elle tend à réaliser en nous avec plus d'intensité le monde artistique et, par là, à nous le faire accepter comme vrai. Mais en même temps elle souligne bien plus encore le caractère fictif de ce monde, elle en exagère l'invraisemblance, elle l'éloigne encore plus du monde réel, de la vie ordinaire où ce n'est point la coutume de s'exprimer en chantant. Et elle exagère encore la contradiction naturelle de la création artistique.

Reste la musique pure, la sonate, la symphonie. Ici, bien évidemment, les choses changent d'apparence. Il me semble qu'au fond elles restent les mêmes. La musique nous crée un monde qui ne ressemble pas au monde où nous vivons notre vie réelle, mais elle nous crée un monde spécial et nous retrouvons ici la même contradiction, le monde spécial nous y apparaît comme réel et nous savons bien qu'il est fictif. Sans doute, nous sommes certains que le monde de la symphonie n'a pas une existence semblable à celle du monde social par exemple, et cependant il nous semble bien, autant que j'en puis juger, qu'il est une autre existence que celle d'une série d'impressions subjectives. Pendant un moment, nous avons l'impression, non point que nous entendons simplement des combinaisons de sons, non point même que nous réalisons en nous un meilleur édifice d'états d'âme, mais que c'est nous qui sommes transportés dans un monde étrange et prodigieux, qui ne ressemble pas au monde extérieur, mais qui existe tout de même autant ou peut-être davantage, dans un monde de vie intense et subtile, profonde et changeante, apaisée ou fiévreuse, lente ou précipitée, active ou doucement bercée, mais plus pure, plus dégagée, plus libre que notre vie. Et c'est bien toujours la même contradiction.

Même remarque à faire à propos de l'attitude artiste prise vis-à-vis des événements ou des sentiments de la vie réelle. Seulement ici l'illusion est en quelque sorte renversée. Nous savons que les événements sont réels, mais nous les traitons comme s'ils ne l'étaient point, comme s'ils étaient pure matière à contemplation artistique. Nous affirmons la réalité de ce que nous admirons, et c'est même parfois cette réalité qui cause l'impression artistique ou qui l'augmente, mais en même temps nous la nions implicitement, en agissant comme si cette réalité n'était qu'une apparence ou qu'une simulation.

Le monde artistique n'est donc pas harmoniquement relié à celles de nos tendances qui s'exercent généralement dans la vie réelle, pas du moins de la même façon ni aussi complètement à bien des égards que ce que ces tendances sont unies entre elles (quoiqu'il le soit mieux à d'autres égards et quand nous nous isolons de la vie réelle, ce qui est sa raison d'être). Il est mieux harmonisé en lui-même, mais il nous isole du monde réel et laisse en repos bien des idées, des désirs et des tendances qui se rapportent à celui-ci. En somme, il n'excite pas nos tendances dans leur ensemble, il ne les réalise pas sous leur forme concrète et dans leur harmonie pleine et entière. Il n'en éveille qu'une partie, et celles qu'il éveille ainsi, il les isole des autres et les sépare. Il compense cette pauvreté relative par une systématisation plus rigoureuse, et par des harmonies spéciales plus riches et plus pures.

Nous retrouvons à ce point de vue la fiction et le mensonge dans les arts qui, comme la musique, ne semblent pas, à première vue, devoir donner une impression d'illusion parce qu'on pense, à tort, qu'ils ne doivent pas donner une impression de réalité. Le monde de la symphonie excite nos tendances et nos désirs d'une manière très systématisée, mais aussi très abstraite, d'une qualité d'abstraction qui varie avec les différents esprits. Il n'excite guère nos tendances dans leur réalité concrète. Il le fait quelquefois accidentellement, ou, lorsqu'il le fait d'une manière suivie, il sort pour ainsi dire de son idée et ne réalise pas sa vraie nature. Il y parvient moins que la peinture ou que la littérature. Et en cela l'illusion qu'il produit est moindre, mais surtout elle est différente.

Le monde fictif qu'il crée, l'art ne se borne pas à le substituer momentanément à l'autre, il l'implante dans la réalité sans le réaliser toutefois; en lui laissant son caractère fictif, il en fait le centre d'une activité psychique et sociale très réelle. Tout d'abord, c'est à lui qu'il fait rapporter une partie des sentiments ordinaires de la vie courante, en même temps que des sentiments plus abstraits ou purement esthétiques. C'est ainsi qu'agit la littérature, par exemple, et aussi la peinture et la sculpture et, d'une façon un peu différente, la musique. Ainsi parfois un roman, une pièce de théâtre sont des occasions d'éprouver des émotions très humaines et auxquelles, pour différentes raisons, la vie ne paraît pas fournir une matière suffisante. On se complaît aux sentiments romanesques, aux amours irréelles, aux merveilleuses activités que l'on est incapable de réaliser dans la vie. Les sentiments, les forces psychiques qui devraient logiquement et moralement s'appliquer à des réalités qu'elles feraient durer ou qu'elles transformeraient, à des possibilités qu'elles transformeraient en réalités, l'art les détourne et les fait converger vers un monde fictif et les emploie à un mensonge.

De plus, il organise autour de ce mensonge toute une vie réelle qui tend à le faire durer, à le multiplier, à le reproduire. Il en fait le centre d'une tendance importante et le point de convergence d'un nombre considérable de faits individuels ou sociaux. De la simple rêverie individuelle à l'immense tourbillon d'idées, de désirs, d'actes, d'impressions diverses que représentent par exemple les représentations théâtrales de Bayreuth, on voit l'imposante évolution qui s'est effectuée. Là il ne s'agit que d'un fait individuel et fugitif. Ici c'est toute une grande partie de la vie réelle d'un grand nombre d'individus appartenant à plusieurs peuples qui est subordonnée aux convenances de la contemplation esthétique. Les chanteurs, les musiciens de l'orchestre concourent directement à l'œuvre qui reste comme l'objectivation de l'âme d'un homme de génie ; ajoutez à leur travail celui des architectes qui ont dirigé la construction du théâtre, des ouvriers qui ont suivi leurs plans, tout le labeur des machinistes, des employés divers, l'industrie des hôteliers et des restaurateurs, les peines des paysans, des ouvriers, des cuisiniers, les désirs, les idées, les impressions des spectateurs, leurs voyages, les modifications qui en résultent dans les occupations des employés du chemin de fer, des ingénieurs et des ouvriers, les critiques et les comptes rendus, les travaux des imprimeurs, la formation de courants intellectuels qui évoluent et se transforment plus ou moins vite, les conversations, les modes diverses qui dérivent de tout cela, et tant d'autres faits que j'oublie ou que je ne puis même indiquer, vous aurez une vague idée de toutes les forces psychiques, sociales, physiques, chimiques, physiologiques, qui peuvent être coordonnées et subordonnées à la contemplation esthétique, au mensonge de l'art.

L'art devient ainsi une force réelle et agissante, un principe non point seulement d'activité intellectuelle et morale réelle, mais un principe de commerce et d'industrie. Une foule d'hommes ne travaillent guère que pour produire, pour rendre accessible à un plus grand nombre, pour faire connaître l'œuvre d'art, pour en pratiquer, pour en surveiller la production, les manifestations ou le commerce. Écoles d'art, théâtres, librairies, marchands de tableaux, experts, auteurs de tout genre et de toute valeur, critiques, imprimeurs, voilà une partie des institutions ou des individus dont l'activité est généralement subordonnée à la création des fictions de l'art. Le monde imaginaire s'est soumis une grande portion du monde réel. Et c'est là, bien évidemment, une singulière aggravation de la discordance primitive qui est l'origine et la raison d'être de l'art, c'est l'organisation de cette discordance même, non point sa réparation, mais sa mise en valeur. C'est la subordination de l'harmonie individuelle et sociale au mensonge et à la désharmonie voulus et recherchés comme tels, c'est-à-dire ce qu'il y a en soi de plus directement opposé à la systématisation complète de la vie et de l'esprit, à la logique et à la morale.

§ 6

L'immoralité essentielle de l'art telle que nous l'avons envisagée tient à la nature abstraite et générale de l'art. Elle se retrouve dans tous les arts et dans toutes les formes d'art, quelles qu'elles soient, dans toutes les œuvres, même dans celles qui paraîtraient le moins opposées à la morale, si elles ne semblaient devoir l'appuyer. Cela pourrait nous suffire. Cependant, il est des considérations d'un autre genre qu'on peut faire valoir et qui tendent à faire admettre que l'art, immoral par essence, doit l'être aussi dans ses manifestations concrètes, et que, s'opposant à la morale en général, il doit souvent, dans un état social donné, s'opposer à la morale particulière de cet état.

Le monde fictif de l'art ne serait pas créé, si ce n'était pour supplanter le monde réel et donner satisfaction aux instincts que celui-ci comprime ou qu'il blesse. Il en résulte que les sentiments auxquels il va donner satisfaction seront, outre le sentiment spécial qui accompagne la contemplation esthétique, les sentiments qui ne trouvent pas dans le cours ordinaire de la vie une satisfaction suffisante, qui sont contrariés par elle ou qui, tout en étant satisfaits ne le sont pas encore suffisamment, ceux, en un mot, pour lesquels l'offre subjective, si je puis dire, est supérieure à la demande objective, ceux dont la source est trop abondante pour que les canaux puissent faire écouler régulièrement toute l'eau qu'elle fournit.

Quels sont ces sentiments? Ce sont, pour une part, ceux qui forment l'idéal accepté en un temps donné et qui n'est jamais pleinement réalisé. Seulement, en tant qu'acceptés officiellement par la morale, ces sentiments se satisfont à quelque degré, en bien des cas, autrement que par des œuvres d'art. La prédication, les écrits des moralistes, des ouvrages, des conférences d'édification et d'exhortation y sont employés, et avec moins d'agrément peut-être, mais aussi avec plus d'autorité qu'on n'en attendrait de l'œuvre d'art.

Aussi, sans que les vertus du moment soient sévèrement exclues de l'œuvre d'art, on peut dire qu'elles n'y font pas très bonne figure sous leur forme ordinaire et moyenne. Elles n'intéressent guère. Sans doute nous les aimons, mais nous en concevons plus volontiers la nécessité pour les autres et nous n'avons pas un grand plaisir à les voir réaliser, au dedans de nous, dans un monde fictif et créé pour cela. L'honnêteté ordinaire, la chasteté, la générosité, le juste soin des convenances, le courage à la dose qu'il faut, tout cela sans doute nous intéresse, on ne peut pas dire que ces qualités déparent absolument une œuvre d'art, mais enfin nous en avons tellement entendu parler ailleurs que nous n'éprouvons pas le besoin qu'on nous crée un monde spécial pour nous les faire savourer. Et même un roman ou une pièce de théâtre où nous reconnaissons le parti pris de les exalter nous déplaît pour cela même. Nous y sentons comme un parfum de prédication qui n'est pas ce que nous cherchons pour le moment, si nous n'aimons pas la prédication, et si nous l'aimons, l'œuvre d'art nous paraît une sorte de parodie vaguement sacrilège, une imitation affaiblie, prétentieuse et sans sérieux.

Il faut alors se rejeter sur les vertus excessives, sur celles qui, par leur développement insolite, deviennent invraisemblables ou bien se transforment en défauts et en vices. Et c'est en effet ici un des procédés de l'art. Il prend une qualité quelconque, physique, intellectuelle ou morale, une de celles qui constituent l'homme idéal que se figure chaque génération et il nous la montre sous des formes qui nous surprennent ou nous choquent. Le roman amusant, celui de Dumas père, par exemple, repose, en même temps que sur la complication des intrigues, procédé du même genre, sur l'intérêt et l'admiration que nous inspirent des héros exceptionnellement vigoureux, exceptionnellement courageux, exceptionnellement intelligents, héroïques ou subtils (au moins dans l'intention du romancier) : Bussy d'Amboise ou le comte de Monte-Cristo, Salvator ou d'Artagnan. L'art idéaliste agit de même en employant des procédés un peu plus raffinés (quel que soit d'ailleurs le génie ou le talent des auteurs). Voyez par exemple les héros de Corneille, ou ceux d'Octave Feuillet. Le roman naturaliste nous présente, au contraire, avec Balzac, les petitesses, les manies, les ridicules de la vertu, ou nous montre la qualité se transformant en vice, en danger permanent (le père Goriot, Popinot, Balthazar Claes, même Eugénie Grandet). Avec Flaubert ou Zola, il nous découvre volontiers les dessous mesquins ou répugnants, cachés sous les apparences des vertus recommandées. Mais déjà nous sommes dans un monde qui inspire quelque crainte, et parfois quelque horreur, aux amis de la morale. Ils n'aiment pas beaucoup les héroïsmes surhumains qui déprécient la vertu quotidienne un peu terne et médiocre, ils n'aiment pas non plus les vertus trop reluisantes, trop subtiles, mais ils n'aiment pas davantage qu'on joigne à la vertu des dehors un peu ridicules, qu'on en montre les ressorts cachés souvent désagréables, ou qui contrastent trop avec l'effet visible, qu'on ait l'air de la déprécier ou d'inspirer le doute à son égard.

Restent enfin les défauts positifs, c'est-à-dire les qualités psychiques et morales qui vont contre l'idéal du jour, sinon contre l'idéal secrètement accepté par chacun, au moins contre l'idéal officiellement proclamé. C'est peut-être ici, en effet, un des principaux domaines de l'art. Il est impossible de ne pas être frappé de la place qu'y tient l'amour et tout ce qui se rapporte à l'amour. Mais l'amour qui intéresse l'art, ce n'est guère l'amour permis, normal, et qui est considéré comme louable, c'est plutôt l'amour passionné, exalté, que son exaltation même ou les circonstances rendent coupable, celui de Phèdre, celui de Julia de Trécœur, celui d'Amélie, c'est encore parfois l'amour monstrueux et dévié, celui de la Fille aux yeux d'or, celui qu'ont chanté Baudelaire et Verlaine. Dans un autre genre de littérature, c'est l'amour sensuel simple et cru, c'est le libertinage et la poissonnerie, c'est même l'obscénité.

Il est assez naturel, en effet, que l'art cherche à flatter les sentiments que la morale, que les convenances, que les nécessités sociales compriment. Il donne leur revanche à des désirs, à des idées, à des tendances qui sont plus ou moins enrayés, mais qui ne sont pas morts, et il s'en faut. C'est précisément parce que la morale et d'autres forces sociales s'opposent à eux que l'art doit leur donner satisfaction. C'est là sa fonction essentielle. Ces désirs comprimés tendent donc à se satisfaire, ils veulent se développer dans l'esprit autant qu'ils le peuvent, ils l'envahissent, s'imposent par les rêveries, les jeux de l'imagination qui donnent naissance à l'art et que l'art vient renforcer. Ils ont d'autant plus volontiers recours à l'art, quand la satisfaction réelle est impossible, que c'est l'art à peu près seul qui peut leur donner le degré de contentement auquel ils peuvent arriver, qui peut compléter ou préparer la satisfaction réelle, souvent d'ailleurs insuffisante. Sans doute l'art qui aboutit à la satisfaction réelle perd son caractère, il devient une sorte de moyen pratique, mais c'est parfois accidentellement qu'il y arrive, et son caractère, pour être parfois plus mêlé, ne s'en conserve pas moins, jusqu'à un certain point, le même.

Ainsi l'art d'une civilisation ne traduirait pas surtout l'idéal officiel de cette civilisation. Il le traduit sûrement parfois, comme on l'a souvent remarqué. Il suffit sans doute de rappeler ici la sculpture grecque et les cathédrales gothiques. Et s'il le traduit, c'est qu'il faut aussi l'imposer et qu'il n'est pas accepté sans résistance. La « littérature honnête » est souvent le produit d'une réaction contre la « littérature immorale ». L'art conforme à la morale traduit, lui aussi, des sentiments insuffisamment satisfaits par la vie réelle ou par les autres moyens indirects que l'on peut employer, et des sentiments combattus, inhibés par les circonstances de la vie, par d'autres sentiments qui, pour n'être pas toujours avoués, n'en ont pas moins de force, s'ils n'en prennent pas quelquefois davantage. Si l'art traduit la morale, s'il donne quelque satisfaction aux sentiments moraux, c'est que ces sentiments sont encore combattus et insuffisamment satisfaits.

Mais on comprend qu'il doive très souvent donner satisfaction aux sentiments opprimés par les conventions morales et par l'ensemble des conditions sociales. Il y a là une cause d'immoralité concrète et plus accidentelle, qui vient s'ajouter à son immoralité essentielle et générale, qui se rattache directement à elle, qui en dérive logiquement (1).

(1) M. Brunetière, dans sa conférence sur l'Art et la Morale, conclut, pour des raisons différentes des miennes, à l'immoralité virtuelle de l'art.

§ 7

Il est naturel que l'art, avec le caractère que nous lui avons reconnu, ait suscité de graves hostilités. Les gens qui prennent la vie au grand sérieux ont une tendance naturelle à ne pas l'aimer. Parfois ils sont artistes eux-mêmes, parce qu'ils ne se rendent pas bien compte de la cause profonde de leur aversion, ou parce que rien n'est plus naturel à l'homme que l'illogisme à une certaine dose et le jeu indépendant des tendances diverses. Mais on sent bien souvent chez eux une opposition instinctive à l'art. On la retrouve dans toute la série, depuis les grands réformateurs des religions jusqu'aux petits « bourgeois » qui ont le respect des conventions même insignifiantes et qui, s'ils s'en affranchissent quand ils y trouvent quelque plaisir ou quelque profit, n'aiment point qu'on s'abstienne de leur rendre hommage. Ce fut un sentiment assez fort, naguère, que le mépris et la crainte de l' « artiste », de l'homme qui ne se conforme point à la morale courante et aux usages reçus. Et l'on peut voir, d'après ce qui précède, ce qui explique et, je ne dirai pas justifie, mais rend au fond moins ridicule cette impression et lui donne même des fondements étroits mais assez profonds.

Les religieux rigides, les moralistes austères témoignent souvent un certain éloignement de l'art. Le théâtre, les romans sont très mal vus par eux. Lors de l'assassinat du président Lincoln, qui fut frappé au théâtre, on sentait clairement, s'il m'en souvient bien, dans certaines réflexions des journaux religieux, un blâme pour l'emploi que la victime avait fait de cette soirée. Le protestantisme a été souvent présenté comme un ennemi de l'art. C'est prendre un peu trop les choses en gros et c'est bien vite oublier aussi la peinture hollandaise et la musique allemande qui constituent, je pense, de belles manifestations esthétiques. Mais la constatation est cependant juste à certains égards. Le jansénisme aussi mériterait le même reproche ou la même louange. D'une manière générale, un homme très convaincu n'aime guère voir l'objet de sa croyance devenir une occasion d'amusement et se prêter au mensonge de l'art. Il est des chrétiens qui ne veulent même pas que l'on chante les louanges de Dieu, la musique suffit à enlever du sérieux à la prière. Les mystères du christianisme ont passé pour n'être point « susceptibles » « d'ornements égayés ». C'est un de nos « grands écrivains », qui s'est malheureusement exprimé ainsi. Il ajoutait :

« Et de nos fictions le mélange coupable
Même à ses vérités donne l'air de la fable. »

Racine fut traité par Nicole d' « empoisonneur public », et la façon dont les petites élèves de Saint-Cyr savaient rendre la tragédie inquiétait Mme de Maintenon et lui faisait écrire à Racine : « Nos petites filles viennent de jouer votre *Andromaque*, et l'ont si bien jouée qu'elles ne la joueront plus, ni aucune autre de vos pièces. » Et quand, après *Esther*, on pensa à faire jouer *Athalie*, « Mme de Maintenon reçut de tous côtés tant d'avis et tant de représentation de dévots qui agissaient en cela de bonne foi, et de poètes jaloux de la gloire de Racine, qui, non contents de faire parler les gens de bien, écrivirent plusieurs lettres anonymes, qu'ils empêchèrent enfin *Athalie* d'être représentée sur le théâtre. On disait à Mme de Maintenon qu'il était honteux à elle d'exposer sur le théâtre des demoiselles, rassemblées de toutes les parties du royaume pour recevoir une éducation chrétienne, et que c'était mal répondre à l'idée que l'établissement de Saint-Cyr avait fait concevoir (1). » Des artistes mêmes sont parfois choqués par l'immoralité spéciale de l'art. « Je ne tranche certes pas du moraliste, écrivait Schumann à propos des *Huguenots* de Meyerbeer, mais un bon protestant est jeté hors des gonds, en entendant beugler sur les planches son cantique le plus cher, en voyant réduire aux proportions d'une parade de foire le drame le plus sanglant de son histoire religieuse et battre la caisse avec tout cela (2). »

Inutile d'insister davantage et de rappeler d'autres faits. Sans doute il s'est trouvé des défenseurs de l'union du christianisme et de l'art, et je ne saurais oublier Chateaubriand, et sans doute aussi je sais que des gens pieux peuvent prendre plaisir à représenter des scènes de l'Évangile et la Passion par exemple. Cela s'explique assez naturellement. Quand un sentiment est très fort, il se satisfait par des manifestations artistiques, si la réalité n'y peut suffire, et, s'il se rencontre dans un

---

(1) *Souvenirs de Madame de Caylus.*
(2) L'article de Schumann est donné par M. Adolphe Jullien dans *Musiciens d'aujourd'hui*. 2e série, voir p. 79..

même esprit avec le génie littéraire, le génie du peintre ou celui du musicien, il tâchera de se subordonner ceux-ci et de les employer à lui donner le degré de satisfaction qu'il en peut attendre. Il n'en reste pas moins qu'il va alors directement contre sa propre nature, et même que bien souvent quelque chose d'inquiétant se mêle à son triomphe. On se méfie d'un christianisme trop littéraire et l'on suspecte aisément sa profondeur et son sérieux. Une morale trop mêlée d'art est soupçonnée d'être un prétexte à l'amusement ou, si l'art est pris au sérieux, de se subordonner à lui.

Les luttes de l'art et de la morale sont d'ailleurs continuelles. Je ne rappellerai qu'en passant les précautions que la société croit devoir prendre encore contre certaines formes de l'art, les rigueurs administratives ou pénales dont elle prévoit l'application. Mais on sait combien est fréquente l'accusation d'immoralité portée contre une œuvre de théâtre ou contre une œuvre littéraire, même contre un tableau ou une statue. Il est sans doute peu d'artistes sincères, hardis et originaux qui aient pu y échapper. Que cette accusation soit fondée ou non, elle est pour ainsi dire nécessaire et il semble bien que la nature même de l'art l'y prédispose invinciblement.

§ 8

Ainsi l'art, né d'une discordance entre l'homme et le monde, tend à aggraver cette discordance. Il en détourne notre attention en substituant dans notre esprit à la réalité où cette discordance existe, un monde simulé où elle n'existe pas. Il donne à nos désirs, sans transformer réellement le monde, une satisfaction illusoire et fictive. Il se passe là quelque chose de très analogue en somme aux aberrations fréquentes de l'instinct sexuel chez l'enfant ou chez l'homme qui ne peut arriver à la satisfaction normale de ses désirs, et la remplace par un succédané imparfait, une sorte de tromperie, de mensonge conscient et voulu. Il est, en somme, et sous toutes ses formes, une sorte de « divertissement » en prenant le mot dans le sens où l'entendait Pascal. Il nous détourne de la vie réelle et des biens solides pour flatter nos instincts blessés et nous donner un monde qui nous plaise pour une raison ou pour une autre, mais un monde illusoire, sans solidité.

Ce monde fictif il l'organise en face du monde réel, et contre le monde réel. Il ne tend pas à le réaliser, à le rendre semblable à l'autre monde, à le substituer en fait à celui-ci; l'idéal artistique ne se réalise pas de la même manière que l'idéal moral ou l'idéal industriel. Si d'ailleurs l'art tendait à réaliser son monde fictif, il tendrait par là même à se supprimer lui-même, et ce serait une contradiction de plus à son actif. Mais celle-là ne serait pas spéciale à l'art, et ne l'opposerait plus de la même manière à la morale. Je n'insiste donc pas ici sur ce côté de la question.

Ce que l'art tend plutôt à faire, c'est, pour créer, conserver ou développer son monde fictif, d'y subordonner le monde réel; c'est de faire gouverner le monde par un mensonge qui s'organise et se développe en tant que mensonge. Si tous les événements de la vie, disait à peu près Flaubert, vous apparaissent comme une matière d'art, comme des éléments destinés à entrer dans quelque œuvre future, vous êtes artiste. Cela est bien vu. Et c'est l'idéal de l'artiste en tant qu'artiste, de subordonner sa vie entière à la création de son monde fictif, et même d'y subordonner la vie et l'activité des siens et d'y subordonner aussi en général toutes les forces sociales et le monde entier dans la mesure du possible, de faire de sa fiction le centre de l'univers. Et comme le monde fictif de l'art, auquel tout se rapporterait, est lui-même l'effet et le symbole d'une désharmonie, d'une discordance qu'il accuse et que son développement accentue, l'idéal de l'artiste, c'est de faire concourir autant qu'il le peut toute l'activité humaine et toutes les forces du monde à aggraver la discordance primitive, c'est de forcer le monde réel à se nier lui-même. Et c'est cela qui va directement contre la morale et contre la logique. Telle est l'immoralité essentielle de l'art.

Faut-il maintenant conclure de tout cela que l'art est méprisable et doit être condamné? Je prie qu'on ne me prête point une pareille pensée, et qu'on ne défende point sur ce terrain l'art contre ce que j'en dis. A mon avis, l'art est un de nos biens les plus précieux, une des plus admirables constructions que l'homme ait su élever. Et j'ajoute : une aussi des plus utiles, une des plus hautes, une de celles dont nous pourrions le moins nous passer, celle peut-être qui peut le mieux nous rendre la vie supportable. D'ailleurs, il ne faudrait pas croire que l'art soit une sorte de floraison accidentelle et qu'on pourrait supprimer à volonté. Il tient aux conditions essentielles de l'existence de l'homme et, sans doute, de l'existence du monde.

CHAPITRE XI

LA MORALITÉ INDIRECTE DE L'ART

§ 1

Si l'art est immoral par essence, cela ne signifie pas du tout qu'il le soit partout et toujours. On devrait même en conclure le contraire. Les choses ne sont pas toujours employées selon leur essence. Il est fréquent, il est presque de règle qu'elles soient, tout au contraire, employées en vue d'un but qui leur est directement opposé. Les guerres de Rome ont préparé la paix romaine. Le duel peut être employé comme un moyen de vivre tranquillement. Tel écrivain notable a pu regretter de n'en avoir pas eu, s'imaginant, à tort ou à raison, qu'il aurait rencontré moins d'inimitiés agressives, durant sa vie entière, s'il s'était mis, un jour, en face d'un adversaire sur le terrain. Dans le domaine de la psychologie, j'ai eu souvent à signaler des faits analogues, et l'utilisation de l'incohérence et du désordre pour la formation d'un ordre nouveau. L'invention, par exemple, ne se produit que grâce à quelque trouble, à quelque incoordination. La volonté, qui lui ressemble tant, dépend de conditions semblables. L'activité indépendante des éléments psychiques, caractéristique des désordres mentaux, est souvent employée par l'esprit à la production d'une plus haute harmonie.

Les choses ont sans doute certains caractères définis, elles ne se prêtent pas toutes également à tous les emplois, mais le rôle de chacune d'elles peut varier singulièrement et c'est, pour une grande part, la façon dont elles sont employées qui détermine leur nature et leur valeur.

Sans doute, des manipulations culinaires ne changent pas une pomme de terre en ananas, mais elles la peuvent rendre plus ou moins agréable au goût. Et les personnes qui, comme Racine — dont l'impression fut vive, — ont goûté l'olive telle qu'on vient de la cueillir, ne sauraient trop admirer les artifices humains qui en font un produit mangeable. Mais l'homme en général et la société ne font pas autre chose que manipuler et cuisiner constamment, pour s'en nourrir, les produits de l'esprit. Souvent, sans s'en bien rendre compte, ils font sortir la paix de la guerre et la raison de l'illogisme, comme un médecin s'applique à faire revenir la santé en employant l'arsenic ou le mercure. On a beaucoup admiré, et avec raison, le catholicisme pour avoir assimilé, en les utilisant, des esprits qui, comme saint François d'Assise, auraient pu, dans un organisme moral moins souple, devenir des hérésiarques dangereux. On peut admirer aussi bien l'humanité d'avoir tiré parti, tant bien que mal, d'une immense foule d'erreurs, de folies ou de crimes.

Ne l'admirons pas trop cependant. Elle a souvent fait preuve d'une souplesse bien maladroite et d'une ingéniosité bien aveugle. Elle a, en revanche, laissé perdre bien des idées virtuellement fécondes, méconnu bien des vertus, gaspillé bien des efforts. On ne sait s'il faut davantage admirer sa sagesse ou s'émerveiller de sa stupidité. Elle a vécu jusqu'à ce jour, c'est ce qu'on en peut dire de mieux ; mais, quand on songe au temps qu'il lui a fallu pour arriver à l'état d'aujourd'hui et à ce qu'est cet état, on n'a pas envie de la féliciter bien chaudement.

Enfin, voyons ce que l'homme a pu faire de l'art, et comment la création d'un monde artificiel, sans réalité, destiné à remplacer le vrai monde, arrive, en certains cas, non point à séparer l'homme du réel, mais au contraire à le faire mieux agir sur lui, à le rendre plus maître des forces extérieures, à lui apprendre à s'en servir plus ou moins heureusement pour la systématisation générale de la vie et de l'univers, et, par conséquent, voyons comment l'art, essentiellement illogique, anti-pratique et immoral, sert cependant la logique, la pratique et la morale. Nous avons aperçu déjà quelques exemples de cette action.

§ 2

Il ne faut pas oublier que si l'art est essentiellement immoral, c'est par souci de la moralité. Ou, si l'on préfère, la tendance qui produit l'art est aussi celle qui, en d'autres circonstances, devient la tendance morale par excellence. Habituons-nous à ces contradictions qui sont de tous les moments, qui sont dans toutes les choses, disons mieux : qui sont toutes les choses, car si rien n'existe ni ne subsiste que par l'harmonie, rien n'existe ni ne subsiste que par la contradiction, et la contradiction se trouve dans l'harmonie elle-même.

En effet, si l'homme construit un monde artificiel, c'est que le monde réel est mauvais pour lui. L'art témoigne à la fois de la désharmonie entre le monde et l'homme, du sentiment qu'a l'homme des défauts du monde et de son impuissance à y remédier. C'est donc un souci d'harmonie, un besoin de systématisation qui produit le désaccord que nous avons précédemment étudié. L'immoralité essentielle de l'art est une conséquence de son essentielle moralité.

Ce qui le prouve, c'est que toujours l'art substitue ou tente de substituer à la réalité, un ensemble de représentations mieux systématisé, au moins par certains côtés, qui sont essentiels à l'œuvre. Et il s'élève d'autant plus qu'il y parvient mieux et que l'harmonie qu'il crée est plus haute, plus large et plus profonde. Il la recherche, et quand il le peut, il y parvient de plusieurs manières, soit par l'idéalisation du sujet, la recherche du beau, l'épuration directe de la nature, soit par l'excitation plus vive et moins troublée des sentiments normaux de la vie humaine que cette vie contrarie toujours un peu, par l'accentuation des caractères dominateurs des êtres et des choses et la subordination des éléments de l'œuvre, par un parti pris de voir la nature dans un sens donné en la déformant, par la savante combinaison des procédés qui servent à l'exécution de l'œuvre d'art : roman, statue, ou tableau, soit même par la coordination d'éléments non empruntés à la réalité, comme ceux qu'emploie la musique. Toutes les formes d'art : l'art idéaliste, l'art mystique, l'art sentimental, l'art réaliste, l'art pur, l'art qui n'a d'autre but que l'art lui-même et la satisfaction esthétique, même l'art simplement provocant emploient, toujours en vue du même but général, l'un ou l'autre de ces procédés et même plusieurs à la fois. Et le résultat est toujours le même, abstraitement considéré : c'est la création, par un système combiné de moyens, d'un monde plus systématisé que le monde réel.

En somme, l'art manifeste une aspiration contrariée vers le bien, vers le beau, et même vers l'utile. On peut dire d'ailleurs que le bien, le beau et l'utile sont une même chose vue par des faces différentes, que tout ce qui est bien est, en même temps, et pour les mêmes causes, utile et beau, mais que certaines raisons nous obligent à remarquer, selon les cas, tantôt l'utilité, et tantôt la moralité ou la beauté.

Si c'est là le principe général de l'art, ce que j'ai dit précédemment nous en indique les limites. L'art recherche l'harmonie, et c'est là sa seule raison d'être, mais il ne peut la réaliser que dans et par une discordance grave : la création d'un monde fictif qui s'oppose au monde réel.

De plus, cette harmonie est fragmentaire, non générale. Et ceci ressort de ce qui précède ou s'y rattache ;

l'art peut donner une satisfaction, réelle ou illusoire mais au moins réelle autant qu'illusoire, à certains de nos désirs. Cela est, en soi, moral. S'il est parfois immoral de satisfaire un désir, en effet, c'est que la satisfaction de ce désir, en empêchant d'en satisfaire d'autres, nuit à la systématisation de l'ensemble (psychique ou social) plus qu'elle ne la sert. C'est là une considération importante pour la morale, qui se préoccupe de l'ensemble et de la réalisation, et qui, par là, peut condamner la satisfaction accordée à tel ou tel désir, mais elle est nulle pour l'art. L'art ne s'inquiète point de l'harmonie générale à réaliser. Il est une sorte de morale factice, et en outre restreinte, relative, « élémentaire » au sens exact du mot. Les besoins comprimés qui lui donnent naissance et qu'il satisfait tant bien que mal peuvent être plus dangereux qu'innocents. L'art n'en sera pas moins l'art pour les satisfaire, et sa valeur d'art ne dépendra pas uniquement, et il s'en faut, de la valeur morale des sentiments pour lesquels il est une sorte de succédané de la réalité.

Cependant, il ne faut pas attribuer à cette dernière considération plus de valeur qu'elle n'en doit avoir. On pourrait dire aussi que c'est une morale, mais une morale « élémentaire » que celle qui nous porte à satisfaire tous nos désirs sans nous préoccuper de leurs suites. On pourrait ajouter que nous ne pouvons même connaître qu'une morale de ce genre-là, parce que, comme nous ne pouvons suivre jusqu'au bout le retentissement de nos actes, ni saisir les relations d'un désir avec tous les autres désirs qui s'agitent en ce monde, nous sommes donc obligés de n'avoir qu'une morale toujours relative et, en quelque sorte, fragmentaire. Notre morale est toujours un peu une morale de bandits, plus ou moins isolés dans le monde où ils vivent. Et, d'autre part, il est vrai que, plus l'art s'élève, plus il vise à une harmonie générale, en sorte que, à la limite, l'art suprême et la suprême morale auraient peut-être le même idéal. Ainsi l'art et la morale seraient entièrement comparables, et il y aurait quelque erreur et quelque préjugé dans l'opinion courante que l'art sentimental ou sensuel, l'art inférieur est encore de l'art, mais qu'une morale de bandits, ou la pratique d'un criminel ne sont pas une morale, mais indiquent plutôt un manque de moralité. Toute pratique systématisée serait ainsi une morale.

Sans rechercher ici s'il est légitime de penser ainsi ou s'il vaut mieux réserver le nom de morale à la plus haute morale concevable, ce qui peut se soutenir peut-être, nous voyons comment ces considérations précisent et limitent nos remarques. En tout cas, nous pouvons constater une contradiction inévitable de l'art, qui est essentiellement immoral, avec une aspiration essentielle vers la moralité relative.

Cette moralité essentielle de l'art, ce n'est pas celle dont nous étudierons maintenant les effets directs. Nous n'envisagerons pas le rôle de l'art considéré en lui-même, comme création d'un monde fictif et la place que tient dans la vie humaine cette création, mais je voudrais parler seulement des services indirects qu'elle rend à la morale même et examiner la manière dont elle arrive à les rendre. Quant à son importance directe dans la vie humaine et à la nature de son rôle, elle ressort, je pense, suffisamment de l'ensemble de ce travail.

§ 3

C'est une loi connue et souvent rappelée que toute idée tend à se réaliser, tout sentiment à s'extérioriser, tout fait psychique à se développer. Ainsi se manifeste la loi d'association systématique.

L'art, en nous suggérant des sentiments et des idées, tend donc par cela même à diriger l'esprit et la conduite, malgré qu'il en ait et bien que cela soit contraire à son principe. Mais sa situation est, à cause de cela, assez singulière et à bien des égards défavorable. Il souffre d'une contradiction interne qui rend son influence inégale, irrégulière et forcément incohérente à quelque degré.

L'art, en effet, à le considérer dans ses effets psychiques, exerce naturellement une certaine inhibition sur les idées et les sentiments qu'il excite, ou il provoque et prépare leur inhibition. Ces faits psychiques naissent, pour ainsi dire, inhibés, ils le sont par destination, ils doivent rester comme parqués dans une enceinte dont il leur est interdit de sortir, mais qui n'est pas infranchissable. Ils ressemblent à des acteurs sur la scène, qui n'en peuvent sortir. S'ils en descendaient, leur présence, leur action, leurs costumes seraient une singulière absurdité.

En effet, notre vision d'un objet peint, les idées, les sentiments que suscitent en nous un drame lyrique ou une tragédie doivent rester à part dans l'esprit; ils sont repoussés de la vie réelle, ils n'essayent même presque pas de s'y introduire. Quelques confusions de gens naïfs qui vont huer le traître à sa sortie du théâtre ou qui préviennent la victime des intentions de son ennemi (quand ces gens naïfs ne sont pas de simples farceurs) ne font que mettre en relief la contradiction de l'art, et comment à la fois il tend à faire vivre des idées et des sentiments en tendant à les enrayer, ou tout au moins en les laissant enrayer, en préparant leur inhibition par la vie réelle.

Dans l'art, la puissance active de l'idée est donc à son minimum, quand il s'agit, bien entendu, d'influencer les tendances de la vie réelle, car dans son domaine propre, celui de la construction idéale, l'idée reprend toute sa force. L'art est une sorte de barrière. Il isole une bande d'idées et d'impressions dans un parc restreint, où elles sont extrêmement libres, à l'abri des attaques de leurs ennemis qui rôdent au dehors, mais d'où elles ne doivent pas sortir.

Seulement la barrière n'est pas haute partout, ni toujours solide, et tantôt elle se rompt, et tantôt elle est franchie. Et l'on ne peut éviter des incursions réciproques des idées et des tendances artistiques dans le domaine de la vie, des idées et des tendances de la vie dans le domaine de l'art.

§ 4

La force expansive de l'idée ou du sentiment peut être

enrayée par l'art, elle n'est pas détruite. A la moindre occasion favorable, elle agit. Et comment ne s'en produirait-il pas? Les idées que l'art éveille, les émotions qu'il provoque ressemblent souvent trop à celles de la vie réelle pour ne pas entrer en conflit ou en accord avec elles, et pour ne pas se substituer à elles en certains cas.

Cela leur sera d'autant plus facile à certains égards que l'art imite la vie de plus près. Il s'étudie précisément, sous quelques-unes de ses formes, à représenter la vie aussi fidèlement que possible, à éveiller des idées, des impressions, des images, des sentiments qui ressemblent le plus possible à ceux que donne la vie. Ils tendent par conséquent à produire les mêmes effets, et n'en sont empêchés que par la barrière de l'art.

Tant que cette barrière reste haute et solide, les confusions sont rares. Mais elle ne l'est pas chez tout le monde. Bien des gens n'ont pas un tempérament d'artiste très développé. Chez eux la barrière est basse, elle manque par endroits. L'art et la vie se mêlent alors, se confondent, s'influencent réciproquement.

Et chez les autres mêmes, chez les artistes, un fait très important les relie. C'est que les éléments psychiques qui tiennent une place dans le monde artistique en tiennent une aussi dans la vie réelle. Ce sont les mêmes pensées, les mêmes impressions qui se tiennent, selon l'occasion et le moment, d'un côté de la barrière et de l'autre côté. Et alors, il est aussi naturel que les sentiments qui ont été fortifiés ou atténués par l'œuvre d'art, se retrouvent, dans la vie, plus vigoureux ou plus affaiblis.

Les exemples de ces diverses actions sont trop nombreux et trop connus pour que j'aie à démontrer leur existence. Chacun accordera, je pense, que la lecture de certains romans sentimentaux ou sensuels, la vue de peintures licencieuses peut fort bien ne pas rester sans influence sur la vie réelle, sur la sensibilité et les mœurs au moins de quelques sujets prédisposés. Et tout le monde est plus ou moins prédisposé à montrer telle ou telle manière d'être. Au reste, le souci universel de soustraire les enfants à certaines influences esthétiques, et de leur faire connaître, au contraire, des œuvres dont à tort ou à raison on juge l'effet moral, établit suffisamment la croyance à de telles influences. Les faits ne manqueraient pas pour en établir la réalité. Les formes en sont diverses, et sans doute il faut compter parmi elles les succès amoureux des acteurs et des actrices. Il ne faut pas trop supposer que l'esprit se laisse partager facilement en compartiments bien distincts, à cloisons parfaitement étanches. La solidarité qui en relie les éléments n'est certes pas absolue, mais elle est assez grande pour que ces éléments, même quand on veut les tenir isolés, s'influencent bien souvent, et pour qu'on ne puisse jamais peut-être affirmer leur indépendance absolue et durable.

C'est sans doute l'art humain, l'art s'adressant aux sentiments de la vie réelle, qui est le plus actif, le plus dangereux ou le plus profitable. Je ne dis pas l'art réaliste. Celui-ci précisément a peut-être moins d'influence spéciale, parce qu'il reproduit aussi bien, sinon de préférence, ce qui, dans la nature, nous froisse et nous déplaît. De plus il s'accompagne souvent d'un souci de l'esthétique, du métier, du procédé. Les préoccupations techniques redressent la barrière qui sépare l'art de la réalité.

Le plus actif, c'est peut-être un art vaguement idéaliste, qui flatte nos instincts sans s'élever très haut et n'accentue pas trop vivement ses différences d'avec le réel. Naturellement ses effets varieront beaucoup selon la nature de l'œuvre et selon les esprits qui s'y appliquent. L'œuvre peut être très haute ou assez médiocre, elle peut déterminer, selon les esprits, des impressions d'art pur, ou des sentiments de la vie réelle, ou un mélange, en proportions très variables, de ces deux ordres de faits.

Et, en effet, l'art a souvent été employé en vue d'un but pratique, pour répandre des croyances ou propager des sentiments. Signalons rapidement les récits à moralité, les fables par exemple, les pièces à thèse, les satires littéraires ou politiques, celles de Boileau, ou *les Châtiments*, les récits à tendance pratique, hygiénique, économique, la littérature socialiste, par exemple, ou anti-alcoolique, et, dans une autre direction, la littérature et l'imagerie pornographiques.

Le rôle de l'art se voit clairement en tout cela, comme aussi ce qui le prépare à influer sur l'intelligence, le caractère et la conduite. Il s'agit toujours de faire naître une idée, de la fixer, de l'implanter dans un cerveau, de lui prêter la force nécessaire à son développement. Le principe de l'art est mauvais à ce point de vue puisqu'il tend à restreindre l'activité de l'idée qu'il entoure d'une sorte de muraille isolante. Mais ses procédés sont excellents. Il faut donc tirer parti de ces procédés et détruire ou pervertir l'effet de son principe, et c'est ce qui se produit assez souvent.

> Une morale nue apporte de l'ennui,
> Le conte fait passer la morale avec lui.

On trouve dans ces deux vers, en en généralisant convenablement le sens, la raison de la valeur de l'art comme moyen de propagande. Il plaît, il intéresse. Son caractère essentiel, qui est de donner satisfaction à des tendances contrariées par la réalité, lui donne nécessairement un certain ascendant sur l'esprit. Il peut en faire profiter les idées qu'il amène ou qu'il suggère. Toutes les qualités de l'art le rendent plus propre à remplir cette mission accidentelle. Naturellement, une œuvre ne sera pas d'autant plus efficace qu'elle sera plus haute et plus belle, elle le sera plutôt dans la mesure où elle s'adaptera au goût public; mais, toutes choses égales d'ailleurs, elle le sera à peu près d'autant plus que ses qualités artistiques seront plus grandes. Et si le principe essentiel de l'art est de rester en dehors de la vie réelle, on arrive à cette singulière conséquence que l'art est, en certains cas, d'autant plus infidèle, en fait, à ce principe essentiel, qu'il réunit mieux les conditions qui lui permettent de le réaliser.

Mais cela ne se produit pas toujours. Quelquefois, au contraire, les qualités esthétiques peuvent nuire à la portée pratique d'une œuvre. L'éclat des images, les splendeurs du style, la force de la composition peuvent accroître la force de propagande d'une œuvre, s'ils servent à faire naître, à maintenir, à développer des sentiments et des impressions qui peuvent influer sur la conduite. Ils agiront en sens inverse s'ils se font remarquer pour eux-mêmes, s'ils attirent l'attention au détriment de la réalisation pratique. Et l'effet final dépend sans doute pour une part des intentions de l'auteur et de la façon dont il a su les faire vivre dans son œuvre, il dépend aussi pour une part importante des esprits qui reçoivent l'œuvre. *Les Châtiments*, par exemple, ont pu exercer une influence appréciable sur les idées politiques des lecteurs. Mais il est à croire que ceux qui ont le plus admiré les vers de Hugo en tant qu'œuvre d'art, ne sont pas ceux qui y ont puisé le plus d'indignation contre Napoléon III, et réciproquement, encore que les deux genres d'impressions ne soient nullement incompatibles.

§ 5

L'art, qui ne fait pas appel aux sentiments ordinaires de la vie, se prête moins à l'action et à la propagande. Mais nous avons affaire ici à des réalités indécises et fuyantes, aux aspects changeants.

Tout d'abord, la musique qui, sortie ou non des sentiments de la vie pratique, s'en est assez éloignée peut y revenir accidentellement. Ce n'est pas, il est vrai, sous ses formes les plus hautes. Mais l'union de la musique et des paroles peut faire profiter certains sentiments, certaines idées de la facilité avec laquelle la mélodie s'impose à l'esprit, de la puissance subjective du rythme, de l'excitation générale que donne l'harmonie, et que produit même un bruit quelconque, à plus forte raison le bruit systématisé. Il me suffira de rappeler ici des effets très divers et, par exemple, l'influence du ranz des vaches qui portait, dit-on, à la désertion les mercenaires suisses, la place qu'ont pu prendre *la Marseillaise* dans les guerres de la république et dans certains mouvements politiques, ou *l'Internationale* dans des manifestations socialistes, ou bien encore le succès des chansons de Béranger que la musique a contribué à répandre, en vulgarisant en même temps les idées et les émotions qui s'y incarnaient.

Remarquons en passant que l'adaptation de la musique aux paroles est une chose bien variable et à laquelle il ne faut pas demander une grande rigueur. Le même air peut servir à chanter bien des paroles différentes, à exciter et à répandre des sentiments bien différents. Quand un air est connu, populaire, il y a intérêt à s'en servir en des circonstances pour lesquelles il n'a point été fait. On a chanté les louanges des Boers sur l'air de *la Paimpolaise*, et celui de *Viens, Poupoule*, a servi à chansonner le Président de la République et les souverains qu'il recevait. *La Marseillaise* a été adaptée à des cantiques. L'excitation dégagée par la mélodie et le rythme peut servir à renforcer, plus ou moins heureusement d'ailleurs, bien des sentiments différents.

Inversement, des airs composés pour un but pratique

peuvent redevenir des œuvres d'art pur, quand ils sont placés dans de nouvelles conditions, quand les impressions qu'ils provoquent se parquent dans les barrières que l'art élève. Cela se produit quand ils arrivent à un auditoire plus artiste que patriote ou intéressé par les sentiments de vie pratique qu'ils excitent, quand ces sentiments sont étrangers à l'auditoire parce qu'ils sont trop anciens, ou se rapportent à une autre civilisation, à un autre pays. Les rappels de *la Marseillaise*, que Schumann a placés dans *les Deux Grenadiers* ou dans l'ouverture *de Hermann et Dorothée*, peuvent, au moins à présent, servir d'exemple. Et la façon dont Schumann y a modifié et défiguré l'air dont il s'est inspiré, selon, sans doute, son propre génie, contribue à l'effet.

Les formes musicales les plus élevées, la symphonie, le drame lyrique ont moins aisément des rapports avec la pratique. S'ils y interviennent, ce n'est point directement. La musique à programme même un peu imprécis peut agir encore, mais assez peu, semble-t-il. Pourrait-on attribuer quelque influence, par exemple, à la symphonie pastorale pour nous faire aimer la campagne, ou, dans un autre sens, à la symphonie héroïque, à la symphonie en *ut* mineur, à la symphonie avec chœurs? En vérité, ce n'est guère la peine de s'attarder à de pareilles suppositions. Quelle que soit la solution qu'on adopte, l'effet serait singulièrement disproportionné avec sa cause, si on l'imaginait créée pour lui.

L'action de l'art le plus haut serait plutôt de donner à l'esprit le goût, le besoin de l'harmonie générale, de développer en lui l'amour du beau, l'aversion pour le laid sous toutes leurs formes. Ces sentiments, une fois acquis et fixés, peuvent se généraliser, gagner de nouvelles régions de l'esprit, arriver à le dominer de plus en plus. Le beau, dans la pratique de la vie, ressemble au bien, le laid au mesquin et au mal. Il se peut qu'on se sente ainsi meilleur, après l'audition d'une belle symphonie, la lecture d'un poème, plus enclin à s'attacher à de grandes choses, à dédaigner de petites satisfactions, vulgaires ou basses. Faire de sa vie une belle œuvre d'art, c'est lui donner une certaine valeur morale, très variable, il est vrai.

Qu'un certain art ait ainsi une influence moralisatrice sur des personnes déjà bien disposées à le recevoir, le fait ne semble pas douteux. Mais il ne faut pas trop compter sur cette influence. On peut être un grand musicien ou un grand poète sans mettre un art très supérieur dans ses relations de famille ou d'amitié. Tant de causes peuvent mettre en échec la tendance à généraliser l'harmonie de l'art, et cette tendance apparaît si peu à l'individu comme imposant une obligation, que des obstacles l'empêchent très souvent d'aboutir et même de se manifester de manière appréciable. Elle tend plus aisément à se développer en profondeur qu'en superficie, en se confinant dans le domaine spécial qui est le sien.

Mais, par là, elle regagne une partie de son influence et elle tend, comme nous l'avons aperçu déjà, à organiser la vie, et par conséquent à réaliser au moins une morale spéciale et professionnelle.

Elle tend en effet à se concréter et à se développer

par la combinaison d'un grand nombre de petites pratiques, de procédés de métier, de préoccupations particulières. Tout cela vise à donner satisfaction à la tendance dont l'art est le centre directeur. Et cette tendance devient ainsi un principe organisateur de la vie, qu'elle tend à systématiser et, par suite, en un sens, à moraliser. La morale vers laquelle elle s'oriente reste inférieure et discordante, puisqu'elle a pour base une désharmonie qu'elle va développer, mais elle peut cependant, en certains cas, marquer un immense progrès.

La nature de la tendance et des faits qu'elle synthétise varie avec chaque art, et même avec chaque artiste. La systématisation psychique d'un musicien n'est pas celle d'un peintre, celle d'un peintre n'est pas celle d'un poète. Mais celle de tel littérateur n'est pas celle de son concurrent, et celle d'un auteur n'est pas celle d'un amateur. Chacun a sa technique spéciale, ses pratiques, ses habitudes mentales, ses idées, ses impressions, ses formes, ses images préférées. Ni les éléments psychiques ni les formes de combinaisons de ces éléments ne sont identiques d'un esprit à l'autre, mais ils se ressemblent plus ou moins et par des caractères plus ou moins abstraits, de manière à former des catégories d'espèces différentes.

Ce en quoi ils se ressemblent tous, c'est que chez tous la contemplation artiste tient une place importante, organise et se subordonne un grand nombre de phénomènes divers. Tous réalisent ainsi, diversement, un même type moral.

Et par la prédominance d'un fait essentiellement hostile à la morale, leur vie acquiert ainsi une orientation durable, une signification précise, une unité réelle qui lui peuvent donner une valeur morale élevée. L'ensemble dont ils font partie en profite comme eux. Il est peut-être encore utile pour une nation qu'il naisse chez elle des individus qui aient la vocation de la guerre et qui subordonnent leur vie à cette vocation, mais il lui est utile aussi que des hommes naissent chez elle, qui aient la vocation de l'art et qui dévouent leur vie à l'art qu'ils aiment.

L'importance morale que nous venons de constater n'appartient pas seulement à l'art extra-humain. L'art qui s'adresse aux sentiments et aux idées de la vie courante peut la revendiquer aussi. Mais elle est essentielle à l'art lui-même, indépendamment de tout appel esthétique ou pratique aux tendances de la vie. C'est l'art lui-même ici qui devient la base de la tendance, non la matière organisée par elle, mais la fin qui l'ordonne et vers laquelle convergent les sentiments et les idées de la vie.

Les effets de l'« attitude artiste » prise vis-à-vis de choses qui ne sont point naturellement destinées à être des objets d'art sont tout à fait semblables à ceux que nous venons d'examiner. Ce dilettantisme peut aussi servir à organiser la vie, exactement comme le goût d'un art quelconque. L'observation des autres, une collection même d'objets peu esthétiques et qui ne deviennent point matière de science, la recherche de sensations raffinées et rares peut devenir une tendance dominante ou tout au moins importante. Mais, d'autre part, il arrive que des idées, des faits que l'on considère d'abord en artistes finissent par s'imposer à nous pour une autre raison. Nous étudions un système philosophique, une religion, par curiosité, pour sa beauté. Mais une fois l'édifice des idées et des sentiments qu'il nous apporte réalisé en nous, il devient une force qui peut se spécialiser dans le rôle d'objet d'art qui lui a été attribué, mais qui peut en sortir aussi, envahir l'esprit et le soumettre. Les conversions qui ont pour point de départ un mouvement de curiosité ou un souci d'artiste ne sont nullement impossibles. Peut-être pourrait-on en indiquer des exemples.

Ces conversions se rapprochent d'ailleurs d'autres faits assez connus. Il n'est pas sans exemple qu'en étudiant une doctrine pour la combattre, on finisse par l'accepter comme vraie.

Dans l'un et dans l'autre cas, il est assez intéressant de remarquer que la doctrine qui finit par régir l'esprit n'a pu s'y introduire qu'en abdiquant toute prétention à le dominer. Elle n'a été acceptée que sous forme provisoire, comme objet de contemplation ou de critique. Présentée autrement, elle eût été rejetée d'emblée. Puis sa force propre, la complicité de quelques idées, de quelques désirs qui s'accordent avec elle, un choc mental, une circonstance imprévue viennent faire tomber la barrière de l'art ou affaiblir l'opposition d'une doctrine précédemment acquise et la révolution s'opère. C'est ainsi encore que la simulation même volontaire peut tendre à créer une vérité.

Même non complètement acceptée d'ailleurs, la doctrine que nous avons réalisée en nous ne reste pas sans influence sur notre vie mentale. Il n'est pas indifférent que nous nous complaisions à regarder, même en artistes, la doctrine de Joseph de Maistre ou celle de Spinoza, de même qu'il n'est pas indifférent que nous nous complaisions à lire Corneille ou Choderlos de Laclos même pour notre simple plaisir esthétique.

En somme, l'intrusion de l'art dans la morale se fait par deux voies différentes.

Tout d'abord, l'art peut devenir le centre d'une tendance, et comme tel il tend à organiser la vie entière, ou du moins une notable partie de la vie. Il crée ainsi des devoirs, une morale professionnelle, et même une morale générale, si l'on considère la vie entière comme subordonnée à la contemplation esthétique et devant s'ordonner pour en permettre la réalisation.

D'autre part, l'art agit, non point par lui-même directement comme art, mais indirectement par les idées et les sentiments qu'il suscite dans l'esprit et qui y sont reçus plus aisément parce qu'ils y sont présentés avec les procédés de l'art ou qui même ne peuvent y être admis qu'à cette condition. Une fois implantés dans l'esprit, leur caractère artistique peut s'affaiblir ou disparaître et ils entrent plus ou moins dans la vie réelle. L'art sert alors, plus ou moins indirectement, telle ou telle conception morale (ou, si l'on veut, immorale) sans devenir lui-même un principe moral.

Il est enfin un troisième mode d'action de l'art, plus indirect et qu'il faut mentionner cependant. L'excitation produite par une œuvre d'art peut, comme bien d'autres excitations d'ailleurs, se transformer selon les esprits et s'y employer au bénéfice des tendances dominantes dans chacun d'eux. C'est ainsi que la même musique peut faire penser un amoureux à ses amours ou un savant à ses études et voilà encore une porte s'est ouverte à l'art pour pénétrer dans la vie réelle.

§ 6

L'art enfin intéresse au plus haut point la morale en contribuant à la formation de l'idéal.

Par toutes ses formes, il tend à créer en nous des conceptions systématisées et harmoniques, mais en faisant appel aux conceptions, aux perceptions et aux sentiments de la vie réelle, il tend à créer des conceptions systématisées qui ressemblent à la réalité et qui, par là, peuvent agir sur la réalité.

C'est là une fonction quasi morale, et qui vient singulièrement aider ou contrarier la fonction morale proprement dite, et, en tout cas, se combiner à elle. La morale aussi crée son idéal et nous le propose, un idéal variable selon les temps et les lieux et qui ressemble bien souvent à l'idéal de l'art. Seulement l'idéal de la morale a été conçu souvent comme impératif, celui de l'art est plutôt persuasif. En fait, cette différence n'est pas toujours très importante. Un idéal persuasif peut diriger la conduite comme un idéal impératif, et les idées de M. Fouillée s'appliquent bien ici.

L'idéal de l'art est sans doute moins unifié que celui de

la morale. Ce que l'art idéalise peut paraître à la morale tantôt le bien et tantôt le mal, il accueille tout. Les héros d'une tragédie peuvent être des scélérats ou des gens de bien : Iago ou Polyeucte. La morale idéalise avec plus de logique et moins de largeur. Il ne faut pas sans doute s'exagérer cette différence. Une société enseigne volontiers, et c'est un peu le cas actuel, trois ou quatre systèmes de morales différents, par ses différents organes et par sa façon d'organiser la vie concrète. Et parfois elle les présente comme l'expression d'une seule morale. Il y a là une contradiction, utile peut-être, et ruineuse à la fois. On ne peut pas dire tout à fait dans le même sens que l'art se contredise en plaçant Philippe Bridau à côté de son frère Joseph, dans un roman de Balzac, ou *le Pied bot* de Ribera, presque en face de *l'Assemblée dans un parc*, de Watteau, dans la même salle du Louvre. Cependant ici encore il ne faut rien exagérer : on retrouve bien dans l'art une tendance vers une unité absolue semblable à celle que cherche et que ne trouve pas la morale, et qui se révèle par des caractères analogues.

L'idéal dans l'art naît de l'observation, de l'abstraction, de la déformation systématique des types observés. A chaque époque il se forme ainsi un ensemble de types correspondant à la civilisation actuelle, ou tendant à la contrarier. Taine a fait l'étude d'une forme de ces types dans une partie importante de son œuvre. L'art agit ici de la même façon que la morale, mais tantôt dans le même sens qu'elle, et tantôt en sens inverse, car les types qu'il propose à notre sympathie, à notre admiration, et par suite à notre imitation peuvent être considérés, selon les idées régnantes, les uns comme moraux, les autres comme immoraux.

En cela l'art, comme une bonne partie de la morale, est un reflet de la vie qui guide la vie. Il tire de l'expérience des conceptions qui peuvent s'imposer à l'expérience, la diriger et la transformer.

L'art est pour la morale un auxiliaire dangereux. Au point de vue de la morale, la morale même a souvent des résultats fâcheux, mais ceux de l'art sont peut-être plus contestables encore. Nous avons vu une partie des raisons qui font qu'il en doit être ainsi dans une précédente étude, mais il en est d'autres.

Sans même insister sur l'idéalisation des types immoraux, et sur le grief souvent fait à l'art de revêtir de son charme des conceptions dangereuses, il faut reconnaître que lorsqu'il veut construire un idéal et le faire accepter, l'art se tire généralement assez mal de cette tâche. Et, pour illustrer ceci, il me suffira sans doute de rappeler l'œuvre de deux romanciers très différents de tendances morales et littéraires, et de valeur aussi : Octave Feuillet et Émile Zola (dans ses derniers romans). Le premier nous a présenté des anges de dévouement qui se comportaient de la façon la plus malfaisante. Le second, qui avait montré tant de puissance alors qu'il n'était point hanté par des préoccupations morales, a vu son talent diminuer sans de bien sérieuses compensations quand il s'est laissé diriger par elles, et je ne crois pas que *Fécondité*, *Travail* ou *Justice* aient beaucoup fait aimer et fortifié l'idéal du romancier.

Il y a presque toujours quelque chose de gauche, de maladroit, d'anti-artistique, et même de repoussant dans les œuvres où éclate le parti pris de faire servir l'art à la formation d'un idéal à réaliser. Mais quand la morale sort spontanément de l'œuvre, comme un fruit sur un rameau, on ne peut guère s'y fier davantage, et le fruit est souvent vénéneux.

Il faut tenir grand compte ici des variétés individuelles. Chacun prend les choses selon sa nature. Il est possible que la lecture des *Fleurs du mal* ait fortifié certaines âmes, que celle de *Paul et Virginie* ait contribué à en gâter d'autres.

Mais les inconvénients de l'art à ce point de vue ne lui appartiennent pas à lui seul. La morale les présente aussi et l'activité morale peut aller contre son propre but. Une prédication morale ennuyeuse — et on la trouve facilement ennuyeuse quand on ne partage pas les idées du prédicateur — des conseils répétés, une rigueur excessive peuvent déterminer des réactions assez vives et faire reculer l'idéal qu'ils devaient servir.

Ce qu'il faut admettre surtout, c'est que l'art va exciter et encourager les tendances qui dominent dans une société, parfois en les transformant selon la nature de l'artiste, qui, par son influence personnelle, peut renforcer, affaiblir, ou dévier certains courants de sentiments et d'idées.

L'art est ainsi, jusqu'à un certain point, un auxiliaire de la morale régnante, qui, elle aussi, idéalise et cherche à développer une partie de la nature humaine telle qu'elle existe à une époque donnée. Mais, pour des raisons que nous avons déjà vues, il réagit peut-être encore plus contre elle en donnant une revanche aux sentiments et aux idées qu'elle a comprimés, en les idéalisant et en les fortifiant. Tout cela est assez irrégulier et compliqué ; mais à prendre les choses en gros, on peut considérer l'art comme une sorte de lentille où viennent converger, pour en ressortir groupés en faisceau, les sentiments, les tendances, les idées qui agitent le monde. Il en est de plusieurs sortes, de puissances diverses et de qualités différentes. Dans l'immense fouillis de la vie sociale, chaque auteur, quelle que soit la complexité de son œuvre, fait un choix, concentre et stylise certains faits, certaines tendances, il les transforme en un idéal, élevé ou bas, supérieur ou inférieur en somme à la réalité, mais qui la corrige toujours sur certains points, et la rend à certains égards plus systématique. Par là il a certainement une action morale. Il contribue à créer un idéal, et cet idéal va tendre à se réaliser par l'abaissement forcé de la barrière qui sépare l'art de la vie. Ainsi l'œuvre d'art est un des moyens par lesquels la société se transforme elle-même, au moyen d'une sorte d'action réflexe. L'artiste est au centre de cette action, c'est lui qui reçoit de partout les impressions et qui les renvoie transformées.

Cette fonction de l'art présente encore un danger qui n'est pas spécial à l'art. Notre idéal, qu'il soit esthétique ou moral, industriel ou politique, c'est en somme une nature irréelle, inventée par nous, que nous tendons à substituer à l'autre. Nous introduisons notre fantaisie non seulement dans notre représentation de la nature, mais même dans la nature vraie.

Cela est périlleux. Connaître et comprendre la réalité, c'est à peu près impossible ; mais tenter consciemment ou non de la recréer sans l'avoir connue et comprise, c'est une entreprise encore bien plus risquée.

Naturellement, plus la transformation de la nature est considérable, et plus elle est prise au sérieux, imposée à l'activité pratique, plus aussi elle est dangereuse. Se borner à rêver un changement déjà connu, déjà expérimenté, cela est assez inoffensif, mais ne constitue pas non plus un idéal très élevé, et le danger de l'idéal est malheureusement à peu près proportionnel à sa hauteur. Au contraire, imaginer des choses très différentes des choses réelles, préparer, même sans le vouloir, des transformations encore inexpérimentées, cela est grave. La chenille peut aspirer à devenir papillon, l'enfant à devenir homme, sans un risque excessif ; l'homme n'a pas les mêmes droits à s'imaginer qu'il deviendra, plus tard, un ange.

La réalité a pour elle qu'elle existe. C'est chose grave que d'y toucher. Il y a toujours quelque risque à tâcher de l'améliorer. L'esprit de l'homme est si borné, si aveugle, si présomptueux aussi que ses meilleures intentions sont souvent suivies des pires effets. Observez autour de vous les projets qui éclosent, et qui représentent autant d'idéaux à réaliser, petits ou grands, et voyez combien se réalisent en effet. Il est presque impossible d'organiser une partie de campagne quinze jours d'avance et de suivre fidèlement le plan qu'on s'est tracé. L'idéal est très modeste en de pareils cas, et ne renferme que peu d'éléments. Il faut pourtant, pour le réaliser, de l'initiative, de la ténacité, de l'esprit de suite, de la clairvoyance et de la précision, un certain esprit d'organisation, et encore n'évite-t-on pas les déconvenues. Qu'est-ce donc lorsqu'il s'agit de fonder une grande industrie, ou, à plus forte raison, de refondre complètement une société ?

En ce sens la morale, la pratique en général supposent souvent un certain amour du risque ou de la résignation ou encore la méconnaissance des conditions de notre activité. Mais il ne s'agit point seulement ici d'un risque spéculatif, il s'agit de savoir si l'on ne va pas contrarier ses propres intentions, si l'on ne ruinera pas l'idéal abstrait que l'on aime en voulant l'incarner dans une forme mal choisie, impossible à réaliser ou à faire vivre, et que nous sommes peut-être incapables de choisir convenablement à l'avance, si l'on ne va pas détruire l'humble et pauvre harmonie de la réalité par le désir qu'on a de l'améliorer. Et comme nous ne pouvons tout prévoir, c'est à un jeu où le hasard tient sa place que nous jouons notre avenir, l'amélioration de la vie humaine ou le sort de la patrie.

Dans la formation de cet idéal qui va s'imposer plus ou moins à notre activité, l'art et la morale ont chacun leurs dangers. La morale y met plus de rigueur et de prudence, et son idéal doit être, pour cela, moins périlleux, quoique cela ne soit pas toujours vrai. Mais l'art nous impose moins son idéal, il ne prétend pas nous obliger à le prendre au sérieux et à lui faire diriger notre conduite, et, par là, il ne présente pas les mêmes dangers que la morale.

Que les considérations précédentes soient des conseillères de prudence, c'est leur meilleur rôle. Mais il ne faudrait pas se laisser trop influencer par elles.

Tout d'abord, il faut bien considérer que la formation d'un idéal, et même de plusieurs idéaux, d'ordre divers, artistique, moral, scientifique, religieux, industriel ou simplement pratique, est une nécessité de notre vie, et une nécessité continuelle. C'est un des moyens par lesquels le monde se transforme et parfois s'améliore. Et c'est également un autre de ces moyens qu'une théorie de l'idéal et une critique de son rôle — et sans doute y retrouverait-on le même procédé — mais si nous devons critiquer l'idéal, il serait vain, dans une espèce en formation comme la nôtre, et il serait dangereux, si même il était compréhensible, de vouloir en arrêter les formations et les développements.

§ 7

Nous pouvons maintenant constater, à ce qu'il me semble, que l'art a de sérieux avantages, au point de vue moral, sur la morale elle-même.

Il s'impose moins, et il est, par essence, infiniment plus souple, plus large et plus varié. L'idéal moral est plus unifié, plus étroitement systématisé. On ne peut en accepter qu'un à la fois. Au point de vue artistique, je puis admirer à la fois Rembrandt et Léonard, Watteau et Philippe de Champaigne, placer à la même hauteur Ingres et Delacroix. Rien ne m'empêche non plus d'admirer et d'aimer, à ce point de vue, différentes morales, celle de Kant et celle du bouddhisme. Mais la morale, à son point de vue, m'interdit de les accepter toutes deux à la fois. Il faut rejeter les deux ou faire un choix, n'en prendre qu'une. Je ne puis réaliser à la fois l'idéal païen et l'idéal chrétien.

Mais si la morale veut nous obliger à faire un choix, elle ne nous fournit pas les moyens de le faire bien. On peut être certain que tout idéal moral est incomplet, faux, dangereux et par suite immoral. Nous ne pouvons pas être arrivés à la vérité absolue. Et l'art nous permet d'élargir notre choix, de ne pas nous immobiliser dans une conception étroite et fausse. Il laisse à des idéaux très différents, que nous ne pourrions accepter tous comme obligatoires, que nous ne saurions pas concilier, le pouvoir de vivre, de se développer, de tenter plus ou moins ouvertement de s'adapter à nos besoins, à nos tendances, à nos convictions ou à nos hypothèses.

Cette vie des désirs, des idées, des idéaux de conduite dans le parc réservé de l'art leur permet de grandir, de s'harmoniser, de dégager quelque caractère latent que nous n'avions pas su reconnaître ou prévoir, et qui deviendra peut-être le noyau d'une conception nouvelle, grâce à l'art qui l'aura abrité et préservé. Et l'art peut nous conserver ainsi les éléments d'un équilibre plus large, que la morale régnante, trop sévère ou trop aveugle, repousserait et ferait volontiers disparaître. Il facilite les transformations de la conduite et de la théorie de la conduite. Il accepte et nous fait garder, précisément parce qu'il nous permet de ne pas les prendre trop au sérieux, de ne pas les accepter immédiatement comme vrais et comme bons, des conceptions, des sentiments, des impressions, que la morale d'aujourd'hui repousse, mais qu'accueillera peut-être la morale de demain et qu'elle voudra même imposer.

L'art nous permet ainsi — et je ne considère ici que les services qu'il rend à la morale même — de nous faire un idéal beaucoup plus riche et beaucoup plus souple. Dans l'idéal moral, l'étroitesse, les préjugés dominent toujours trop. Il est trop peu critiqué, et trop peu vivant; on l'accepte un peu comme la table de multiplication. Mais ceux-mêmes que leurs idées morales rendent les plus étroits en matière d'art tolèrent ici plus de liberté.

L'art est plus souple et les conceptions de la vie qu'il nous offre nous enchaînent moins, même si elles nous plaisent, que celles de la morale. C'est une chose très grave que d'accepter sérieusement et résolument une conviction morale. La vie entière en dépend, et même la vie future pour ceux qui y croient. L'erreur est dangereuse. Des individus, des peuples se sont ruinés, ont péri, sont tombés dans une irrémédiable décadence pour avoir mis en pratique de fausses conceptions de la vie et du monde. Sans doute, des raisons profondes les y ont poussés que n'aurait pas équilibrées la sagacité d'une bonne critique. L'acceptation d'une croyance n'en reste pas moins périlleuse. Et il n'en est pas moins utile d'entretenir une certaine habitude artistique, de recommander et d'employer le procédé de la contemplation désintéressée. Cela permet, et souvent sans qu'on s'en doute, de faire faire aux idées, aux doctrines, aux projets d'action ou de réforme, une sorte de stage, d'entretenir la souplesse de l'esprit et de l'empêcher de se fixer trop vite. L'art prépare ainsi, à ce point de vue, une sorte de provision d'idées, de sentiments et de conceptions qui attendent leur heure pour agir. Et même s'il arrive qu'en nous habituant à l'attitude artiste nous finissons par la prendre quelquefois même à l'égard de la morale que nous pratiquons — ou que nous croyons devoir pratiquer — cela ne sera pas forcément un mal. Nos vérités morales ont toujours quelque chose de provisoire et de caduc.

L'art possède ainsi, par la combinaison d'actions un peu compliquée que nous avons étudiée, les avantages du scepticisme d'attente, il permet comme lui la lutte et l'organisation libre des systèmes. Il n'a pas les mêmes inconvénients. Il laisse une croyance morale sérieuse coexister, sans trop de contradiction et sans lutte immédiate, avec les représentations, concrètes ou abstraites, d'autres conceptions de la moralité, qui peut-être aideront à la compléter ou à la remplacer. Il fait vivre en nous toutes ces idées avec tous les sentiments qui s'y adjoignent sans nous demander de les juger, et de choisir entre elles. Elles peuvent ainsi évoluer sans trop de conflits.

Non seulement l'attitude artiste peut empêcher l'acceptation trop prompte d'une morale étroite ou en préparer la correction, mais elle l'empêche aussi de porter ses mauvais fruits. Nos conceptions esthétiques influent sur notre conduite, car la barrière qui sépare l'art de la réalité n'est pas, nous l'avons vu, infranchissable ; l'art peut empêcher ou adoucir le fanatisme moral, et sans doute l'époque de la Renaissance pourrait fournir des illustrations, tant pour l'adoucissement de la morale — et parfois aussi, il faut l'avouer, pour sa corruption — par l'art, que pour l'aversion de l'art jointe à l'étroitesse et aussi à la force des idées morales. Au reste l'art peut aussi nous représenter et nous faire sentir même la beauté et la bonté spéciale du fanatisme, mais par sa nature même il en atténue plutôt les effets.

Ainsi l'attitude artiste amoindrit le danger des idées régnantes, et aussi le danger des idées nouvelles. Les premières sont souvent un peu affaiblies par la coexistence, dans l'esprit, d'idées qui, sans être acceptées comme fondées, peuvent cependant, par cela seul qu'elles sont représentées, avoir quelque force. Et quant aux idées nouvelles, il ne faut pas oublier qu'elles sont souvent dangereuses quand elles naissent. Elles sont encore imparfaites, gauches, pauvres, raides, trop simples ou trop incohérentes, mal adaptées à la vie, incapables de favoriser efficacement les relations sociales. Elles ont besoin, avant d'être éprouvées par l'action réelle, de s'épurer, de se fortifier et de s'enrichir.

C'est ce que l'art leur permet de faire en les abritant dans son domaine en dehors du monde réel. Mais en même temps qu'il les préserve des chocs de la réalité, il préserve en même temps la réalité de leur action prématurée, maladroite et dangereuse. Il permet à l'esprit, à la vie sociale, de se préparer à les accueillir sans dommage, et plutôt à en profiter. Il leur épargne un certain nombre d'essais prématurés et de périlleuses aventures.

Voici un autre avantage de l'art. La philosophie, la morale s'adressent surtout à l'intelligence abstraite. C'est leur faiblesse parce que cela restreint leur influence, et c'est leur mérite parce que l'appel au sentiment est trop souvent un moyen de suppléer à la mauvaise qualité des arguments, qu'il égare facilement, et que, s'il est parfois légitime, il y a souvent de la probité à s'en passer lorsqu'on veut procéder avec rigueur.

Mais l'art, qui n'a point pour fonction de rechercher la vérité, s'il la trouve ou s'il la possède parfois, n'a point à se gêner sur les moyens de la mettre en lumière et d'en pénétrer les esprits. Et c'est pour lui un devoir presque courant et même une nécessité de faire appel au sentiment et à l'imagination. C'est aussi une force immense et un moyen efficace d'agir sur les esprits. Même il donne au raisonnement un aspect assez particulier. Les faits sur lesquels il l'appuie, il les dénature, il les transforme ou il les invente pour le plus grand profit de l'idée. Nous ne saurions exiger d'un romancier ou d'un auteur dramatique qu'il ne nous expose que des faits exacts.

Un philosophe, un sociologiste qui voudraient nous rendre favorables à l'abolition de la peine de mort rechercheraient des faits vrais et précis, les analyseraient, tâcheraient d'en montrer la nature essentielle, les causes et les conséquences, essaieraient d'en tirer des conclusions sur les rapports de la peine de mort avec les civilisations diverses, sur ses effets de répression et de prévention, sur sa convenance avec notre âme actuelle, nos tendances, nos besoins, nos croyances morales ou religieuses. Comparez ce procédé avec celui d'un littérateur. Il invente le cas d'un condamné à mort, il le fait revivre devant nous, invente et décrit ses impressions. Il a été assez habile ou assez honnête pour ne pas chercher à nous inspirer une pitié spéciale, qui dériverait de la nature de son crime, mais il a tâché de nous inspirer une horreur absolue pour cette soudaine rupture de vie, de sentiment et de pensée que produit la peine de mort (1). Et, d'autre part, il a ramassé une historiette, un fait divers assez vulgaire qu'il a transfiguré, idéalisé, romantisé (2). Il a transformé en types sympathiques et nobles des assassins grossiers, odieux (3), et il a construit sur leur histoire transformée son édifice artistique et moral. Il a tiré ou suggéré des conclusions avec autant de zèle et plus de conviction que n'en devrait avoir un philosophe. Il n'est pas besoin d'insister sur les avantages de ce procédé qui s'adresse à tout notre être et met en jeu, avec puissance, cette « logique des sentiments » qu'étudiait récemment M. Ribot. Il faut voir aussi en quoi il demeure inférieur. L'influence, plus forte, est moins pure, et quand l'œuvre s'adresse à des esprits abstraits, ceux-ci entrent aisément en mé-

---

(1) *Le Dernier Jour d'un condamné.*
(2) *Claude Gueux.*
(3) Voir, dans l'ouvrage de M. E. Biré, *Victor Hugo après 1830*, la véritable histoire de Claude Gueux.

fiance. Même lorsque les bases de l'édifice sont solides, ils craignent d'avoir affaire à un carton-pâte, habilement déguisé en roc. Et une certaine partie des autres écoute l'histoire qu'on lui raconte comme elle écouterait *Peau d'Ane*, et avec le même genre de plaisir et d'intérêt.

Il faut bien avouer qu'il y a toujours dans ce rôle persuasif de l'art quelque chose d'équivoque et d'un peu malhonnête, comme dans toute suggestion, comme dans les mensonges qu'on dit aux enfants pour les empêcher de faire ce qu'on veut leur interdire. Et le mensonge de l'art se complique singulièrement ici. Tout d'abord il est entendu qu'il s'agit d'une œuvre d'imagination, qui va nous ouvrir un monde fictif, nous construire un univers destiné à nous faire oublier l'autre. Puis on est censé nous replonger dans le réel, et le monde fictif est surtout là pour nous faire penser à l'autre, au monde vrai, et l'on prétend nous faire appliquer à celui-ci les idées et les sentiments que nous aurons pris et ressentis dans l'autre. Il y a une simulation du monde vrai par un monde fictif, c'est la simulation ordinaire de l'art, et puis une étrange simulation inverse d'un monde esthétique fictif par un monde qu'on veut nous faire considérer comme vrai. Il y a simulation de vérité et simulation de fiction à la fois, et ces deux simulations s'appuient l'une sur l'autre, se complètent, s'harmonisent tout en se contrariant, et le lecteur est ainsi entraîné sans bien savoir pourquoi et sans se rendre un compte exact de la situation. Les faits ne sont pas vrais, mais ils sont présentés comme tels, et en même temps nous savons que l'auteur, écrivant une œuvre littéraire, a pu et dû les dénaturer, mais nous ignorons dans quelle mesure il l'a fait, et ils restent peut-être possibles, et les mêmes conclusions que nous en voyons tirer, on pourrait tout de même les tirer peut-être de faits absolument vrais, que les faits racontés représentent et symbolisent. Tout cela est très vague et laisse l'esprit assez libre et flottant. Et l'auteur, s'il est scrupuleux et clairvoyant — qualités rares — ne cherchera pas à nous tromper, mais en tout cas il cherchera surtout à nous persuader par la force ou le charme de son imagination et de son style, par ses qualités d'artiste qui ne prouvent pas grand'chose, mais qui sont de puissants instruments pour s'attacher le lecteur, pour le forcer à réaliser en lui les idées et les sentiments qu'on lui suggère, et par suite pour les lui faire accepter, les unes comme vraies, les autres comme bons, d'autant plus volontiers qu'on a mis plus de génie à les éveiller en lui.

Il y a en tout cela bien de la simulation, du truquage, du trompe-l'œil. Il faut bien se dire qu'il y en a partout, et ce serait une illusion, utile peut-être, mais assez naïve, de croire qu'il n'y en a point dans les raisonnements abstraits des philosophes et des moralistes. Mais il y en a moins et de moins essentiels.

Il est tout naturel que bien des auteurs se soient servis de l'art pour faire accepter leurs idées, pour les lancer au moins et préparer la moisson future qu'il faut laisser naître et mûrir. Nous en avons déjà vu plusieurs cas, et, si l'on voulait les citer tous, il faudrait faire une revue à peu près complète de la littérature. Rappelons donc simplement et un peu au hasard : Pascal, La Fontaine, Molière, Montesquieu, Voltaire, Diderot, George Sand et Vigny, Hugo, Dumas fils, et tant d'autres qu'on pourrait nommer sans sortir même de la littérature française. Et nous n'aurions pas besoin d'aller chercher des œuvres comme *Claude Gueux* ou comme *la Case de l'oncle Tom* pour montrer l'influence voulue de l'art sur la vie, les sentiments et les idées qui s'y rapportent. Chez de purs artistes, même chez ceux qui ont eu la plus grande aversion pour la prédication et la littérature à thèses, chez Flaubert par exemple, ou même chez Gautier et chez Maupassant on trouve, on peut prendre une conception de la vie et du monde et, par suite, on peut y recueillir les éléments ou la base d'une morale, d'une direction de la conduite. L'art reste une force sociale et morale (en un sens large, positif ou négatif, supposant seulement une influence organisatrice réelle, et une action sur le monde réel), même lorsqu'il y prétend le moins.

§ 8

Nous avons, dans tout ce qui précède, parlé de la morale en un sens très général. Nous l'avons opposée à l'art comme l'action réelle dans le monde réel s'oppose à la création imaginaire d'un monde fictif. La morale ainsi entendue comprend, au moins à certains égards, tout ce qui se rapporte à la recherche du vrai, et par conséquent à la philosophie et à la science, comme tout ce qui se rapporte à la recherche théorique et à la pratique du bien, à la morale proprement dite, à la politique, à toutes les techniques en général.

En disant que l'art, immoral par essence, était parfois plus moral que la morale même, nous avons dit, par conséquent, que l'art, tout en allant essentiellement aussi contre la philosophie, contre la logique, contre les techniques, pouvait cependant, en certains cas, les servir, et les servir mieux qu'elles ne peuvent faire elles-mêmes. En effet, l'art, cela résulte d'ailleurs des exemples allégués déjà, ne s'occupe pas moins à répandre des croyances et des idées qu'à exciter des sentiments et à diriger la conduite. L'un ne va guère sans l'autre. L'action morale de l'art, dans les cas que j'ai rappelés, s'exerce par la création ou par la propagation d'idées, d'opinions et de croyances, et il ne cherche pas moins à former et à rectifier les idées qu'à modifier les mœurs.

Naturellement, son action s'exerce, en tout ce qu'il fait, par ses procédés spéciaux, par sa logique propre, compliquée et souple. Mais si l'on peut l'opposer à la manière plus rigoureuse de la science et de la philosophie, il faut reconnaître aussi sa ressemblance avec les procédés habituels selon lesquels se forment la plupart de nos opinions.

On peut voir, parfois, dans une administration, un homme pourvu, sans titres officiels, et sans valeur personnelle bien notable, d'un petit emploi, dans des temps un peu troublés, par la faveur d'un haut personnage, ou la pression de quelques amis influents. Peu à peu il progressé, étend son influence, s'impose de plus en plus, et, sans qu'on ait bien vu pourquoi ni comment, se trouve, un beau jour, installé définitivement dans une fonction importante avec une puissance redoutable.

C'est ainsi que poussent beaucoup de nos opinions. Elles entrent en nous dès l'enfance sans que nous puissions les critiquer, ou plus tard, au hasard d'un entretien, d'une lecture, ou par la volonté expresse de personnes qui ont l'autorité, par une suggestion involontaire d'un ami. En religion, en politique, en morale, la plupart des gens se font ainsi la plupart de leurs idées, et chez tous ce procédé a eu sa part d'influence. L'art sous toutes ses formes y contribue d'une manière efficace, mais il n'est qu'une suggestion parmi tant d'autres. Et si nous n'avons examiné que ses formes élevées, il ne faut pas cependant méconnaître ses formes les plus basses qui se rapprochent beaucoup plus des autres procédés de suggestion. Ils connaissent bien la force de cette logique troublée et compliquée, ceux qui multiplient les images populaires ou les récits de circonstance dans les journaux ou les brochures à bon marché pour imposer à l'opinion l'admiration d'un général ambitieux, ou lui faire accepter telle ou telle opinion sur une grande affaire qui divise les esprits. Naturellement la valeur de la propagande dépend de la valeur de la cause, plus encore que de celle des moyens.

L'art a pour effet, comme la suggestion hypnotique à laquelle M. Souriau l'a comparé dans un intéressant ouvrage, d'amoindrir ou de transformer les résistances, les inhibitions qui s'opposent à l'introduction dans un esprit d'une idée ou d'un sentiment. Par là, il diffère du raisonnement abstrait, de la méthode rationnelle et critique qui au contraire les provoque. Mais l'art protège les idées en élevant autour d'elles une barrière qui les empêche de déployer toute leur énergie, mais qui peut s'abaisser plus tard, ou disparaître avec opportunité. Aussi tout en allant naturellement, en dehors du monde réel, contre la morale et la logique, peut-il les suppléer et, en les suppléant, les servir. Il faut lui reconnaître une fonction morale et logique en ce sens qu'il remplit parfois avec plus d'efficacité qu'elles, la fonction que la logique et la morale devraient remplir. Et il utilise ainsi une adaptation particulière de ses forces et de ses qualités qui les retourne contre son principe essentiel.

§ 9

Ainsi d'une part l'art est essentiellement hostile à la morale, d'autre part il la sert tout de même et remplit parfois son office mieux qu'elle ne le peut faire elle-même. Parfois aussi il peut être une cause de déviation.

Ses effets varient selon les différences des esprits et des milieux. Toute œuvre d'art un peu haute peut être un instrument de ruine ou de grandeur, selon qu'elle sera employée d'une manière ou d'une autre. C'est l'affaire de chaque individu de l'employer de son mieux, c'est l'affaire de chaque société d'en tirer le meilleur parti possible. L'emploi individuel, l'emploi social des forces dont nous disposons détermine pour une grande part la nature, l'importance, la qualité de leur valeur.

L'immoralité foncière de l'art et sa moralité accidentelle sont très étroitement unies l'une à l'autre et celle-ci dépend de celle-là. C'est parce que l'art introduit forcément dans le monde une scission, une décoordination, un dédoublement qu'il peut, en certains cas, préparer, contribuer à réaliser une unité plus haute, une harmonie supérieure. C'est parce qu'il est immoral qu'il peut être plus moral que la morale.

Il y a là évidemment une déviation de son principe, et il y a aussi l'application d'une de ses qualités. Mais ce double fait est un phénomène constant dans le monde de la psychologie et de la sociologie, et l'art comme fait psychique et comme fait social ne pouvait manquer de le présenter. Dès qu'un phénomène se produit, immédiatement les systèmes psychiques et sociaux cherchent à l'utiliser. Ils agissent sur lui pour le transformer, se l'adapter, tandis que lui-même cherche à tirer parti des autres. Une passion dominante, comme l'amour, par exemple, fait dévier vers elle les sentiments, les impressions, les idées, cherche à provoquer des actes, écarte ce qui ne peut lui servir. Mais quand un fait comme l'art se produit, toutes les forces psychiques et sociales cherchent à s'en servir, et lui cherche aussi à profiter d'elles. L'amour, par exemple, y trouve un auxiliaire, un amoureux se fait volontiers poète par occasion, mais l'art aussi emploie constamment l'amour pour créer ses mondes illusoires. La religion se sert de l'art pour orner ses temples, pour chanter les louanges de Dieu, pour frapper en diverses façons l'esprit des fidèles, mais l'art aussi se sert, comme d'une matière esthétique, des sentiments religieux, des croyances et des cérémonies. Chaque force psychique ou sociale a sa tendance propre. Chaque système psychique ou social, par son principe interne, se développerait dans un certain sens, et entraînerait généralement la ruine ou l'avortement de toute organisation, de toute entreprise, ou se montrerait au moins impuissant à la créer, à la faire vivre, grandir, prospérer. Mais chacun en utilise d'autres qu'il détourne de leur but, et chacun est à son tour dévié de sa tendance propre pour d'autres et par d'autres. La science, dont le but essentiel est de connaître, est utilisée par l'industrie, l'industrie par la religion, et ainsi de suite. Ainsi se passent les choses pour l'art, et c'est ce que j'ai tâché de montrer.

Il semble qu'il y ait une sorte de sentiment confus de la valeur morale de l'art, et de l'immoralité de nos morales dans le respect dont l'art est entouré, dans ce zèle pour la liberté de l'art que proclament bien des gens dont les principes avoués se satisferaient mieux d'opinions entièrement opposées. Qu'a donc l'art de respectable en soi ? Et s'il devait nuire aux plus hautes formes psychiques et sociales, pourquoi ne pas le proscrire, ou tout au moins tâcher de le régler, de le diriger, de l'opprimer au besoin ? Le souci de l'esthétique devrait-il l'emporter sur le besoin de la santé sociale ? Mais c'est que précisément l'art nous est précieux même comme source et comme propagateur des idées fécondes, utiles, organisatrices. C'est qu'il subvient à la faiblesse de la morale reconnue, qu'il compense ses défauts, qu'il tend à l'élargir et à la corriger. C'est que sans lui le sort de l'humanité risquerait d'être bien pire, et que nous serions opprimés par des doctrines régnantes qui se prendraient beaucoup trop au sérieux, et ne voudraient point convenir de leurs imperfections.

Et n'oublions pas enfin que, si l'art est immoral, il l'est par souci de ce qui fait la moralité. L'œuvre de l'art ne se passe pas dans le même monde que celle de la morale, mais elle est de même ordre.

Les types que la morale tend à réaliser, elle les construit d'abord sous forme d'idéal. Elle aussi commence par créer un monde fictif qui donne satisfaction à des tendances comprimées par la réalité. C'est ce que fait l'art. Sans doute l'art n'a pas pour but de les faire passer dans le monde réel. Mais qui ne voit que les deux constructions, faites par des procédés différents, avec des caractères différents et pour des buts différents, peuvent cependant s'appuyer réciproquement, et que chacune des deux peut et doit profiter des changements opérés dans l'autre ? Toute une part du travail, l'établissement de l'idéal, peut servir aux deux, être la même pour l'une et pour l'autre, et toutes deux y contribuent. L'accord ne se produira pas toujours, heureusement ; les conflits abondent, et, si nous savons les comprendre et les utiliser, ils peuvent être féconds.

Enfin certains rapports plus compliqués unissent l'art et la morale. Des sentiments qui s'attachent généralement aux œuvres artistiques peuvent être rattachés à des œuvres pratiques et morales, et l'art rejoint encore ainsi la vie. On peut se préoccuper de la beauté de ses actes, d'une entreprise quelconque, vouloir faire de sa vie une œuvre d'art ; on prend ainsi l'attitude artiste vis-à-vis d'actes qui, semble-t-il, ne la comportent pas, mais cette attitude artiste n'est point exclusive de l'attitude morale ou pratique et, même elle s'harmonise avec elle, au moins en alternant avec elle et en suggérant à l'esprit des idées et des sentiments qui fortifient ceux que la pratique exige, qui les font triompher ou les complètent. Un homme pratique peut se détacher de temps en temps de son œuvre, la contempler en artiste d'une façon désintéressée, et puiser dans cette contemplation une énergie qui l'aidera à se remettre au travail. Et le gain réel peut être d'autant plus grand que le désintéressement momentané aura été plus complet.

Ainsi se retrouve toujours, à côté de la tendance essentielle de l'art, son rôle dérivé, tel que le lui imposent les conditions sociales dans lesquelles il se produit. Et sa moralité se lie étroitement à son immoralité et dérive d'elle (1).

(1) Je n'ai guère parlé que de l'idéal moral, psychologique et social. L'art construit aussi un idéal physiologique. Et son action, dans le domaine biologique est analogue à son action dans le domaine de la morale, mais elle n'y prend pas la même valeur. Aussi avons-nous eu surtout à parler, dans quelques parties de ce travail, de l'art littéraire, bien plus que de la peinture et de la sculpture.

Par la peinture et la sculpture l'art imite la réalité et la corrige dans son monde fictif, il la rend plus belle ou plus caractéristique, plus systématique, tant par les modifications qu'il fait subir à ce qu'il imite que par les procédés qu'il emploie. Je ne rechercherai pas ici si la vue des chefs-d'œuvre de l'art peut agir directement sur la beauté réelle d'une race. Cette influence, si elle n'est pas impossible, si elle n'est pas même peut-être invraisemblable, reste douteuse. Cependant, si elle ne s'exerce pas bien visiblement sur la forme fondamentale du corps, du moins peut-elle s'exercer sur cette partie de la forme et de l'expression qui dépend plus directement de nos états d'âme, sur la grâce, l'harmonie, les gestes et les attitudes, la convenance des mouvements. De plus, une ressemblance factice de l'homme et de la femme à l'œuvre d'art s'établit par une imitation voulue. Une statue, un tableau, un roman peuvent contribuer à créer, à transformer des modes, à faire revivre des types anciens. Sans doute ici c'est un art qui influence un autre art, mais celui-ci est si intimement mêlé à la vie réelle qu'il ne peut guère en être séparé.

Une autre action indirecte de l'art sur le physique peut résulter de l'influence de certains sentiments créés ou répandus par l'art; de l'expression habituelle ou voulue de certaines émotions mises à la mode, et qui déterminent d'ailleurs des modes d'allure et de costume. Je rappellerai le type « fatal » répandu par le romantisme.

L'art peut ainsi influer, en bien ou en mal, sur le développement du corps. Peut-être, si la littérature avait moins vanté la finesse de la taille, les femmes auraient-elles moins souffert du corset. Il y a une telle complication des actions et des réactions réciproques de l'art et de la réalité qu'on ne peut toujours discerner la responsabilité de chacun. L'art agit encore en répandant des idées plus ou moins justes sur l'hygiène, ou sur la beauté en tant qu'elle peut être en rapport avec elle. Mais tout ceci n'a pas besoin d'être développé.

CHAPITRE XII

Vues synthétiques. — Le rôle général de l'art et ses tendances

§ 1

Après avoir analysé l'art et ses diverses formes, je voudrais faire une rapide synthèse de la question en résumant ce qui précède et en étudiant le développement de l'art, en montrant comment il peut évoluer, se constituer en activité séparée et relativement indépendante, comment il rentre peu à peu dans le monde réel indirectement et par occasion, comment même il tend à se réaliser dans son intégralité, à transformer son monde fictif en monde réel, sous la pression de ses propres éléments et des forces extérieures, et comment il tend par suite à se désorganiser, et à provoquer sa propre disparition. En cela il ressemble à toutes les grandes fonctions sociales. Leur rôle est, comme je l'ai indiqué ailleurs, essentiellement provisoire et même contradictoire au fond. C'est donc un fait très général que nous étudierons en découvrant la contradiction dernière et le dernier mensonge intime de l'art.

Remontons donc aux premières formes, aux états les plus indifférenciés de l'art. Nous n'avons pas besoin d'aller en chercher les ébauches aux incertaines origines de l'humanité. Elles existent encore, et les animaux, les enfants nous donnent constamment l'occasion de les observer. Les manifestations supérieures de l'art n'empêchent nullement ses formes rudimentaires de continuer à vivre. Elles les provoquent parfois. L'art a progressé comme monte l'eau d'un bassin. Quand on le remplit, le niveau supérieur s'élève, mais le niveau inférieur reste le même.

Et reprenons les mêmes faits élémentaires. Je les ai observés et chacun a pu en voir d'analogues. L'enfant attendant sa soupe feint de manger avec sa cuiller vide, l'enfant privé de la présence de personnes aimées les retrouve par l'imagination et s'amuse avec elles. Ces faits montrent avec netteté le point de départ de l'art : une tendance comprimée, arrêtée, qui se satisfait par une simulation créant un monde fictif conforme à ses désirs. Et l'enfant qui se plaît à imiter l'activité des grandes personnes, ce qui est encore une des formes originaires de l'art, ne se comporte pas, en somme, autrement.

Ces satisfactions imaginaires ont souvent plus de pureté, plus de douceur que les satisfactions réelles de nos désirs. Pour les natures susceptibles, délicates, plus impressionnables qu'impérieuses, et pour d'autres aussi, elles sont quelquefois préférables aux satisfactions plus rudes et plus mêlées de la vie. Et dans l'existence, elles ne peuvent être négligées, il faut leur faire une place, une place parfois assez grande. Elles doivent ainsi, conformément à une loi bien connue, être aimées ensuite par elles-mêmes, devenir le centre d'une tendance plus ou moins autonome. Nous aimons cette activité illusoire en tant qu'illusoire, et c'est comme telle qu'elle se systématise et qu'elle tend à évoquer, à grouper, à diriger les phénomènes réels. La tendance à rêver devient une tendance générale chez certains individus, on aime à rêver, on en recherche les occasions. Mais la rêverie, l'image, l'idée, tend naturellement à se traduire par certains mouvements ; elle tend aussi, pour se préciser, pour se développer, pour se fixer, à éveiller d'autres phénomènes qui la supportent, qui lui permettent de vivre et de durer. Ainsi viennent se ranger autour de l'image intérieure des systèmes d'autres images, d'idées, d'impressions et de mouvements. Et peu à peu le dessin, la peinture, la sculpture, la littérature, la poésie, l'art dramatique apparaissent et se développent. Sous leurs formes les plus basses, on reconnaît encore assez nettement la nature de l'activité qui les a produites, ou qui a contribué à les produire et qui en a fait des arts (car elles ont pu avoir aussi une origine en partie industrielle, religieuse ou amoureuse). Et peu à peu aussi ces moyens de fixer l'image se développent, s'organisent en tendances autonomes, deviennent des fins à leur tour, acquièrent une existence propre, si bien qu'à la fin la technique et l'inspiration vont quelquefois s'opposer et que des hommes sauront admirablement se servir de la première et se passeront trop de la seconde, tandis que d'autres arriveront avec peine à être de grands artistes parce qu'ils ne sauront pas réaliser convenablement leur rêve.

§ 2

L'art naît de l'interruption, de l'impuissance de la vie réelle et pratique. Sans cette fêlure il n'existerait pas. Il la répare à sa façon, en créant un monde fictif où elle n'est pas.

En se développant, c'est-à-dire en la réparant de mieux en mieux fictivement, il la creuse de plus en plus en réalité. Il fait de plus en plus prédominer, sur l'adaptation de l'esprit aux conditions extérieures, l'harmonie intérieure pure, l'harmonie d'une partie de l'esprit, isolée, abritée, séparée du monde extérieur, soustraite de plus en plus aux agressions et aux chocs de la réalité, que son indépendance même préserve, et à qui elle permet de s'adapter mieux à nos aspirations. Et à mesure que ce monde intérieur et fictif s'organise, il se sépare de plus en plus de la réalité, il est de plus en plus important, et par conséquent le schisme est de plus en plus grave. Qu'y a-t-il de commun entre une sonate, entre une belle statue, entre une toile de maître envisagées comme œuvres d'art et la vie de tous les jours, l'adaptation de l'homme au monde réel ?

Naturellement, c'est en empruntant les forces du monde réel que le monde fictif se développe. Nos idées, nos impressions les plus fausses sont des phénomènes réels, comme les pinceaux du peintre et le piano du musicien. C'est une partie du monde réel que l'art détourne de la réalité. Cette partie devient de plus en plus importante à mesure que l'art devient plus fort et plus haut. Et l'art se sert même de formes exactement analogues à celles du monde réel. Il s'implante dans le monde, il en utilise les forces pour ses fins propres, et l'on voit la création d'un monde imaginaire absorber l'activité industrielle, le travail, le temps, les forces d'une masse considérable de personnes. L'art n'en garde pas moins son caractère illusoire et fictif. Tout l'ensemble de faits très réels qui prépare, qui constitue ou qui suit une représentation des *Burgraves* ne fait absolument rien pour rendre réelle l'existence de Magnus ou de Guanhumara.

§ 3

Dans l'individu comme dans la société, l'art, en s'organisant, exagère en somme la discordance primitive. Il s'impose à la vie réelle et parfois il l'envahit. Il suscite les désirs, il s'associe les idées et les rêves et pour cela il les détourne de la vie réelle. La rêverie, l'attitude artiste peut devenir le centre et le point essentiel d'une tendance, qui, comme toutes les autres, se rend facilement envahissante. Le monde de l'art est si doux, il se prête à nous avec tant de complaisance relative, au début du moins, et tant qu'il s'agit de se laisser aller à nos rêves plutôt que de les exprimer, que nous nous abandonnons volontiers à lui. Il est des gens qui vivent surtout dans leur songe, et ne donnent au monde réel que ce qui est nécessaire à la vie. Et dans ce cas, c'est le monde réel qui est subordonné, qui se met au service du monde fictif et travaille à le faire vivre.

Dès que le monde fictif existe, il ne peut exister que dans le monde réel, cela est trop évident. Il est une image réelle d'un monde qui n'existe pas, si ce n'est dans cette image. Peu à peu il tend à devenir réel, non point en cessant d'être fictif, mais en s'incorporant et en se subordonnant de plus en plus le monde réel. Chez l'artiste, il arrive à dominer entièrement la vie, soit qu'il annihile ou réduise considérablement l'activité des autres tendances, soit qu'il se serve d'elles. Et parfois il réprime ainsi les désirs de jouir de la vie, l'amour des richesses ou de la gloire même, l'amour et l'ambition ; parfois, au contraire, il se les subordonne, ou s'associe avec elles, et alors on voit le monde fictif s'organiser de mieux en mieux et l'esprit imaginer, de plus en plus, et par là s'enrichir et devenir glorieux, et faire profiter des biens acquis son imagination qui continue à créer des mondes irréels. Tout cela se complique encore par la réalisation de l'œuvre d'art qui est impliquée par toutes ces associations. Ce n'est pas la rêverie pure qui peut s'associer à tant de tendances, elle peut se les subordonner, mais non les satisfaire. Ce n'est que l'objectivation, la communication, par les procédés de l'art, du monde intérieur qui peut attirer l'amour, la gloire, la fortune ou la sympathie. Et c'est encore ici une solidification du monde fictif, et une entrée dans la réalité qui suppose son association avec des mots, des idées, des mouvements, des pratiques diverses, avec une foule considérable d'éléments psycho-physiologiques.

Mais tout cela encore, dans l'individu comme dans la société, ne tend qu'à introduire le monde fictif dans le monde réel, sans le rendre réel lui-même.

Cependant, remarquons-le, il y a là un développement de l'art qui est, à certains égards, une déviation. Le but premier de l'attitude artiste, c'est de nous dégager de la réalité; le caractère essentiel de la rêverie, c'est de nous sortir du monde où nous vivons pour nous introduire dans un autre monde. Au moment où ce monde nouveau va vouloir s'imposer à l'autre, il ne s'opposera plus à lui de la même façon, et va se trouver exposé lui aussi à des heurts et à des froissements, à des manipulations. Cet inconvénient tient évidemment à sa nature même, à ce mensonge primordial de l'image réelle d'un monde imaginaire; il va se développer et se faire de plus en plus sentir à mesure que le monde imaginaire va se former, se développer et s'imposer de plus en plus au monde réel.

§ 4

De là les souffrances de l'art, souffrances générales semblables à celles de toutes les autres tendances quand elles sont contrariées, souffrances spéciales qui prennent souvent la forme de l'impression de laideur, comme la joie de l'art prenait souvent, dans la contemplation réfléchie, la forme de l'impression de beauté.

L'activité artistique, d'après ce que j'ai dit de ses causes et de sa nature devrait être avant tout une joie, une délivrance. Et si c'est bien là souvent son caractère, il s'en faut bien qu'il en soit toujours ainsi.

C'est que d'abord le monde intérieur n'est jamais entièrement harmonisé. Il y a toujours, en somme, même en lui, quelque chose d'extérieur. Nos désirs et nos idées se heurtent et se blessent. Et si l'on se représente le monde intérieur comme une harmonie pure, préservée, sinon entièrement des chocs extérieurs, mais de toute discorde intime, nous ne sommes jamais bien chez nous ; en ce sens « nous » n'existons pas.

Les désirs qui, froissés par le monde extérieur, provoquent la rêverie et l'art, sont aussi gênés par d'autres événements intérieurs, et aussi bien le monde extérieur ne peut agir sur eux que par cet intermédiaire. Il n'est pas un de nos sentiments, par une de nos idées qui ne soit ainsi contrôlée, arrêtée jusqu'à un certain point. C'est une loi générale de l'existence. Et de plus, lorsqu'ils se développent le plus librement possible, ils portent encore en eux des germes de trouble et de discorde. Un sentiment qui se développe se divise, il hésite entre plusieurs voies, il contient des éléments disparates qui tirent chacun de leur côté, et tendent à lui donner des caractères, des allures opposés.

Il faut donc que l'art libère l'esprit non seulement du monde, mais de lui-même, il faut qu'il supprime ou annihile les heurts extérieurs et qu'il prévienne aussi les froissements intérieurs. Il y parvient parfois, mais il n'y parvient pas complètement.

L'art, en effet, délivre nos passions de l'opposition que leur font non seulement les circonstances extérieures, les passions des autres, le réseau social où nous sommes pris, mais aussi nos autres passions, nos préjugés, nos désirs, en les utilisant eux-mêmes. J'ai déjà signalé ce côté de son activité et indiqué comment il lève, par exemple, les inhibitions de la morale. On se représente volontiers — et quelquefois plus volontiers — comme irréels des actes qu'on n'oserait se proposer d'accomplir parce qu'ils choquent nos idées morales ou nos sentiments, nos affections. Nous trouvons agréable même la représentation fictive de nos souffrances.

Mais la barrière que l'art élève ainsi autour de son monde imaginaire pour le faire grandir et vivre en paix, n'est pas sans défauts. Insuffisamment épaisse ou serrée à tel endroit, elle n'est pas assez solide à tel autre. Elle faiblit, elle se fend, elle s'entr'ouvre ou elle casse et les impressions de la vie viennent se mêler à celles de l'art. De là les impressions pénibles que donne la lecture d'un roman triste. Ces impressions peuvent contribuer à l'effet artistique car la douleur même, à un faible degré, peut être écartée suffisamment de notre moi par l'art pour devenir agréable comme objet de contemplation. Mais il y a là une nuance difficile à observer. Certaines personnes souffrent beaucoup à lire des histoires tristes et ne peuvent les achever ou ne sont point tentées de les relire. Ce sont celles qui les prennent le plus au sérieux et y cherchent le moins les qualités techniques. Et de même certains auteurs donnent plus que d'autres cette impression de souffrance, et ce sont surtout ceux qui se préoccupent peu du métier. Un roman médiocre est parfois plus humainement émouvant qu'une œuvre de Gustave Flaubert, précisément parce que la barrière entre l'art et la réalité y est moins forte. Il remue comme un fait divers, ou comme un accident qui se passe sous nos yeux. Ces deux causes de variations dans l'effet d'une œuvre se combinent, et il en résulte des impressions très diverses et multiples, selon les auteurs, les lecteurs et les moments.

Les souffrances de l'art sont surtout occasionnées par l'impuissance de l'esprit, par son défaut d'harmonie interne. Nos idées, nos sentiments sont parfois gauches, malhabiles à se développer, trop faibles ou trop gênés. Et quand l'art se concrète en tendance il est soumis aux mêmes froissements que les autres tendances.

Il est des moments où l'on ne peut recevoir convenablement la suggestion artistique, et se délivrer par l'art. La littérature nous laisse indifférents, la peinture nous semble insipide, la musique nous fatigue et nous énerve, le théâtre nous ennuie, les distractions nous semblent fastidieuses. Le monde illusoire n'arrive pas à l'existence pleine, il s'ébauche, s'altère, disparaît, se reconstruit encore péniblement, s'écroule de nouveau. Et le monde réel nous opprime et parfois il utilise les forces dégagées par l'excitation factice et nous resserre d'autant plus que nous avons cherché à nous délivrer de lui.

D'autre part, si, au lieu de recevoir l'illusion, nous

cherchons à la créer, nous n'y réussissons pas toujours mieux. J'ai déjà parlé de cette impuissance singulière où l'on est souvent de préciser sa rêverie, de l'incarner en des images suffisamment nettes et nombreuses et riches, de penser sa pensée et de sentir son sentiment avec assez de vigueur. Et plus la rêverie doit s'objectiver, devenir réelle, se concréter par de vraies œuvres d'art, plus aussi les difficultés nous harcèlent.

Les déconvenues du créateur sont parfois extérieures. La tendance artistique est contrariée par l'indifférence du public, par la pauvreté, par la difficulté de trouver un éditeur pour un livre, un acquéreur pour un tableau, par la maladie aussi, si on peut la considérer comme une circonstance extérieure. Mais ses douleurs internes ne sont pas moins graves peut-être. Si la rêverie est une joie, si l'éclosion de l'invention est un bonheur, il s'en faut que leur réalisation soit toujours gaie. Il est des auteurs qui produisent avec facilité, ce ne sont pas toujours les meilleurs. D'autres sont agités, énervés, impuissants, obligés à s'acharner. George Sand peut servir de type, semble-t-il, pour les premiers, comme Flaubert pour les autres. Il passa sa vie dans les « affres du style ». Et l'art né pour la consolation et pour le rêve nous ramène, en s'implantant dans la réalité, à l'impuissance et au malheur.

§ 5

Le monde qu'il crée, pour l'opposer au réel, est réel aussi, et en tant que réel il demeure imparfait. Il est moins mauvais à certains égards que le monde extérieur. Il est fait pour créer une harmonie, il la crée, mais il la crée imparfaite et troublée. Les images, les idées, les impressions, les mots, les éléments matériels qu'il assemble, qu'il combine, qu'il pétrit ne répondent jamais entièrement à ce qu'il en attend. Et le désaccord auquel il a voulu remédier, il l'a amoindri, à certains égards, mais il l'a agrandi aussi, et il en a créé d'autres, et parfois le résultat final est un gain, parfois aussi c'est une perte. Parallèlement à la joie du rêve, l'art donne la souffrance du rêve, et à côté de la notion de beauté qu'il a créée, il a créé aussi la notion et la souffrance de la laideur.

C'est là la souffrance spécifique de l'homme en tant qu'il prend l'attitude artiste. Elle n'accompagne pas toute rêverie manquée, pas plus que l'impression de beauté n'accompagne toute rêverie heureuse. Elle suppose une contemplation assez nette et assez développée déjà, et la contemplation malheureuse, lorsque la tendance artistique déjà née et formée ne trouve pour se satisfaire que des idées, des impressions, des objets qui la contrarient trop, et qu'elle ne peut harmoniser. Une œuvre est « laide », quand elle choque notre sens esthétique, nos idées sur l'art. La laideur n'a pour l'artiste rien où presque rien de commun avec les sentiments pénibles que peut exciter une œuvre bien faite, encore que ceci ne soit pas absolu. Même une laideur représentée peut être belle, et le *Pied bot* de Ribera en est un exemple saisissant. Mais pour qui sent naïvement et sans tendance esthétique développée et spécialisée, la laideur, au contraire, résultera directement de l'excitation de ces impressions, et la laideur du personnage représenté pourra être confondue avec la laideur de l'œuvre.

§ 6

L'impuissance de la tendance esthétique ou sa contrariété produit, comme l'arrêt de toute autre tendance, des phénomènes variés. Elles provoquent des réactions réparatrices et des réactions artistiques.

De la rêverie, tout d'abord. C'est peut-être même la caractéristique de toute une classe d'impuissants. Ils rêvent à des œuvres d'art qu'ils ne réalisent pas, et la réalisation malheureuse les rejette dans le rêve. Au monde artificiel qui aspire vainement à vivre, ils substituent un autre monde artificiel par rapport au premier, un monde artificiel du second ordre. Ils ont, par exemple, une idée de roman. Cette idée n'aboutit pas, elle n'arrive pas à faire naître les ensembles de pensées, d'images, de mots qui la transformeraient en une œuvre réelle. Alors sur cette triste et incohérente fiction, une nouvelle fiction peut naître, et le raté va voir, dans ses rêveries, son roman terminé ; il aura une vague image de ce qu'il peut être, il pense à la gloire qu'il en aurait et à la jalousie de ses amis. Sur l'idée impuissante une autre fiction est née, impuissante aussi, mais peut-être un moment consolatrice.

Si les choses peuvent se passer ainsi chez le raté, il semble bien que les faits de ce genre ne soient point sans exemple chez les auteurs en général. Seulement l'arrêt de la tendance est alors momentané, moins grave. Mais il est des moments où le travail est difficile, où l'œuvre vient mal, où quelque moyen matériel d'exécution fait défaut, alors l'artiste rêve aussi, il continue idéalement son œuvre, ou bien il pense à ses conséquences. Un nouveau monde fictif vient encore se greffer sur l'autre. Et n'y a-t-il pas encore une illusion souvent dans cette conviction si facilement acceptée que ce que l'on avait à dire valait mieux que ce que l'on a dit? Enfin, il arrive qu'une forme d'art vient se substituer à une autre. Un homme a des visions plastiques, il s'y complaît, il essaye de les réaliser par le pinceau. Il réussit mal et le monde qu'il crée ainsi ne le satisfait point. Et alors un autre art vient incarner les images, et ce qu'il ne pouvait traduire heureusement par le pinceau, il le traduira par la plume. Il reste ainsi, dans le roman ou dans la poésie, un peintre, employant une plume au lieu d'un pinceau. Et ce fut un peu là, semble-t-il, le cas de Théophile Gautier.

La série peut recommencer, « nous sommes au rouet ». De nouvelles impuissances, de nouveaux obstacles peuvent surgir et des phénomènes nouveaux vont se dérouler dans un ordre analogue.

§ 7

Considéré en lui-même aussi, abstraction faite de ses effets sociaux, l'art évolue. Le monde qu'il réalise va se transformant, d'une part, par le changement des idées qui l'inspirent, et des sentiments qu'il doit satisfaire, d'autre part, par l'invention successive de procédés nouveaux, leur substitution à d'anciens procédés ou leur combinaison avec ceux-ci. Des dessinateurs préhistoriques à Rubens ou à Léonard, des mélopées primitives à la polyphonie wagnérienne, nous voyons à la fois changer la nature même du monde fictif de l'art et les procédés par lesquels il est construit, maintenu et réalisé en nous. Non que cette transformation soit absolue, elle ne l'est jamais et son importance varie extrêmement d'un cas à l'autre.

L'art nous donne une occasion de vérifier les idées générales sur l'évolution que j'ai indiquées ailleurs. Et tout d'abord, l'évolution implique un progrès, il n'y a évolution que s'il y a progrès. Si l'on ne se résigne pas à entendre ainsi l'évolution, il n'y a plus moyen de la distinguer d'un changement quelconque. Et par progrès, il faut entendre un accroissement de finalité, de systématisation.

De plus, l'évolution est une chose extrêmement compliquée. Parler de « l'évolution de l'art », cela est très vague. Cette évolution est, en résumé, un composé plus ou moins net et plus ou moins harmonisé de milliers d'évolutions différentes, parfois divergentes et parfois unies. Ces évolutions elles-mêmes sont composées aussi et ne se déroulent pas en général avec régularité. Peut-être faudrait-il même éviter ce mot d'évolution qui donne beaucoup d'idées fausses, ou le réserver pour les transformations fixées, qui, se répétant constamment de manière à peu près identique, ont pris une régularité plus grande, encore bien éloignée d'être parfaite. Ainsi pourrait-on parler de l'évolution de l'être vivant, de l'embryon à l'homme fait.

Mais l'évolution de l'art, c'est bien autre chose. Sans doute, à prendre les choses en gros, on peut dire qu'il y a eu un progrès de l'art. Le monde fictif que réalisent nos peintres, nos littérateurs et nos musiciens est supérieur à celui des premiers hommes, pour autant que nous le pouvons connaître. J'entends qu'il est plus complexe et relativement plus systématisé, plus harmonieux et plus riche, construit avec des procédés meilleurs, plus compliqués, plus efficaces. Mais si nous y regardons de près, nous voyons que se contenter de cette idée, ce serait rester beaucoup trop dans le vague.

Il s'est produit plusieurs évolutions bien distinctes. Si nous prenons la peinture, par exemple, il y a, au premier abord, au moins une évolution de la peinture antique et une évolution de la peinture moderne. En Italie, il faut bien des siècles pour refaire un art équivalent à celui de fresques de Pompéi. Et l'art se reconstitue par d'autres voies que celle de la transmission directe des idées et des procédés. Mais dans la peinture moderne, il est évident aussi que l'évolution de l'art hollandais n'est pas celle de l'art italien. L'influence italienne prédomine d'abord en Hollande, puis un art national se développe et, pendant un siècle, règne heureusement. Il arrive à son apogée avec Rembrandt, à qui nul autre sans doute ne peut être déclaré supérieur, puis il décroît, il s'affaiblit et bientôt après une nouvelle et fâcheuse prédominance des influences italiennes vient signaler son crépuscule. Voilà, si l'on veut, une « évolution », et « une régression ». Regardons-y de près. Que d'irrégularités encore ! Et Rembrandt qui en est comme le centre et l'aboutissant, comme il est à part, cependant ! Et comme son génie personnel, tout en restant très hollandais, déborde sur son école et sur son peuple ! Et si nous regardons l'Italie, et la France, mêmes constatations. Les dernières écoles italiennes ne forment pas, certes, « une » évolution. Et en France la peinture du dix-septième siècle, j'entends la peinture de Poussin, de Lebrun, de Jouvenet, de Lesueur, de Claude Lorrain même n'est certes pas le développement logique de celle du maître de Moulins ou d'Enguerrand Charonton, pas plus que celle de Watteau, de Pater, de Lancret et de Boucher ne prolonge celle de l'époque précédente. A peine peut-on dire qu'il y ait une évolution même dans chacune de ces séries qui se présentent à nous et s'imposent par quelques similitudes générales. Il y a bien en peinture un style du dix-huitième siècle, mais a-t-il évolué ? Comment se développe-t-il après Watteau ? Et la manière de David se développe-t-elle dans ses imitateurs ou ses élèves ? Prenons les mouvements artistiques qui suivent, les paysagistes du dix-neuvième siècle, la rivalité d'Ingres et de Delacroix, Manet, les impressionnistes. Où trouve-t-on en tout cela une évolution régulière ? Il faut, pour en découvrir, ou bien rester dans le vague, ou bien pousser très loin l'analyse et la décomposition des mouvements, rechercher la naissance et le développement, l'affaiblissement de telle mode, de telle habitude générale, de tel goût pour les couleurs riches et sombres ou pour les couleurs claires, et l'ensemble est un fouillis plus qu'une évolution si on le regarde dans sa réalité concrète. Ce qui se produit là, c'est un développement par déviation semblable à ceux que j'ai étudiés à propos de l'invention. C'est que c'est bien d'invention qu'il s'agit ici. Dès que les choses se régularisent, c'est que l'invention diminue, et l'art s'affaiblit aussi. Sans doute, il reste un art, c'est-à-dire la création d'un monde factice, mais ce monde factice n'a plus de prise sur nous, il nous reste extérieur, il ne répond plus à son but, s'il se borne à la répétition d'une formule. La nature même de l'art le condamne à ne pas évoluer régulièrement. Une réalité sociale n'évolue point comme un individu où l'évolution est fixée dans sa forme générale et dans beaucoup de ses détails par l'influence de milliers de générations antécédentes. Partout dans l'évolution de l'art, bien plus encore que dans celle de la science et de la religion, nous trouvons des déviations, des tâtonnements, des recommencements, des entrecroisements très compliqués d'influences hétérogènes, des réactions plus ou moins nettes, des combinaisons et des compromis, l'activité relativement indépendante des individus, et même des désirs et des idées. Çà et là, à travers les ondulations de la ligne suivie, on peut reconnaître une direction assez régulière, et qui se maintient quelque temps, mais ce n'est que çà et là. Pour atteindre son but, pour réaliser son monde fictif, l'art varie continuellement ses moyens, à mesure que changent les idées et les sentiments qu'il doit faire vibrer, à mesure que de nouvelles inventions transforment la technique, à mesure que change la matière qu'il peut approprier à ses fins et aussi selon l'âme qui tente de la réaliser.

Si nous consultions la musique ou la littérature, nous n'aurions, je crois, rien à changer à ces conclusions générales. Il n'y a pas « une évolution » de la littérature humaine. Elle paraît aller successivement vers des idéaux différents, tendre à réaliser par des procédés divers et des systèmes presque opposés, le monde d'illusion et de beauté. L'idéal de la prose n'est point celui des vers, celui de la comédie n'est point celui du drame, mais il n'y a peut-être pas même une évolution de la tragédie. Il y a une série de transformations, ce qui est tout différent, car l'évolution est bien une série de transformations, mais elle est plus que cela, elle est une série de transformations ordonnée et systématisée. Peut-être y a-t-il une évolution, assez irrégulière d'ailleurs et troublée, une évolution en zig zag, mais enfin tout de même une évolution de la versification française, depuis le moyen âge jusqu'à nos jours. C'est là, à mon avis, un des cas les plus réguliers d'évolution artistique, et remarquons qu'il ne s'y agit que de la forme extérieure de l'art. Si nous regardions l'ensemble, la poésie, le mélange de forme versifiée, d'idées et de sentiments, nous ne pourrions qu'être beaucoup moins affirmatifs. Et encore faut-il reconnaître que de nos jours, avec les parnassiens d'une part et les décadents de l'autre, l'évolution s'est comme scindée. Et comme ceci est peu conforme à l'évolution régulière ! Le vers de Hugo est, en somme, la source des deux courants opposés. Mais si l'un et l'autre ont entraîné plus loin, en certaines directions opposées, l'onde abondante qui s'est si largement épanchée, les deux réunis n'ont point su l'utiliser toute. Il y a dans Hugo de prodigieuses qualités de facture qu'aucun de ses successeurs, comme aucun de ses devanciers, n'a su réaliser. Et à vrai dire le courant parnassien semble avoir donné, avec Leconte de Lisle et Hérédia, tout ce qu'on peut en attendre comme perfection relative de forme dans leur genre de versification. Le « vers libre », d'autre part, a peut-être plus d'avenir, mais enfin la chose reste encore incertaine. Tout dépendra des talents qui vont se révéler, et qu'on ne peut prévoir. Mais il est bien douteux — je ne parle ici que de la contexture même des vers — qu'il puisse dépasser en liberté les dernières tentatives, sans retomber dans la prose. A vrai dire, depuis Hugo, une ou deux conquêtes peuvent passer pour acquises qu'il n'avait point tentées, mais qui sortent logiquement de ses réformes. Cela n'annonce pas une bien longue évolution nouvelle.

Ainsi quand nous disons que la musique ou la peinture ont évolué depuis les temps préhistoriques jusqu'à nos jours, nous disons une chose vraie, mais qui a besoin d'être interprétée. En fait, il y a eu entrecroisement d'une multitude d'évolutions souvent disparates et hétérogènes et assez inextricablement agencées pour qu'on ne puisse dire à quel moment a été atteint le point culminant de la courbe ni même s'il y en a eu un. D'abord, le génie ne paraît pas du tout apparaître régulièrement et sa présence ou son absence déterminent de singulières oscillations de la courbe. Le monde réalisé par l'art dépend de facteurs individuels dont rien ne permet de préciser l'apparition, car elle ne se rattache pas systématiquement à un ensemble donné et connu de conditions sociales ou psychiques. Sans doute il est produit selon un déterminisme très rigoureux, mais non régulier et systématisé. Et même pour la partie pour ainsi dire matérielle de l'art, pour a technique, l'imprévisible intervient efficacement, et l'on ne sait pas seulement toujours conserver ses trouvailles. Même la technique de Hugo, on ne la retrouve pas complète après lui, et des procédés de fabrication, comme la production de certains émaux, paraissent bien s'être perdus au cours des transformations artistiques.

Dans la vie des individus qui offre infiniment plus de régularité que la vie des peuples, pour des raisons assez visibles, l'évolution est sans doute plus apparente, même en ce qui concerne l'art. Les plus grands inventeurs commencent généralement par imiter ce qu'on a fait avant eux ; l'allure spéciale de leur génie se montre ensuite, se dégage peu à peu, s'affirme de plus en plus et finit par devenir une sorte d'instinct et comme une « catégorie » de leur esprit, qui donne sa forme à tout ce qu'il produit. Encore y a-t-il assez souvent des retours, des combinaisons, des hésitations, et aussi des déviations et des transformations.

Chez Rembrandt une évolution est assez visible des premières œuvres aux créations de sa maturité, et, par exemple, de *la Leçon d'anatomie* aux *Syndics des drapiers.* Une exposition récente a permis de se rendre compte de l'évolution du talent de Pissaro depuis ses toiles de 1864 à 1866 jusqu'à celles de la période qui va de 1871 à 1875 jusqu'à sa mort en 1903, et l'on apprécier dans les musées de Londres la transformation qui a conduit Turner de la manière de Claude Lorrain aux extraordinaires fantaisies de son génie libéré. Chez Hugo on voit la technique se développer continuellement, en même temps que certains procédés de l'imagination. Il serait très intéressant d'en suivre les progrès, si c'en était le moment, depuis ses premiers vers, depuis ses premiers recueils : les *Odes et Ballades*, jusqu'aux *Contemplations* d'abord, puis jusqu'aux *Châtiments* et à *la Légende des siècles*. Puis le procédé se fixe, l'imagination a ses habitudes et le génie sa routine. La technique reste ample, forte, riche, mais on sent le poncif, la fabrication, le moule qui a pris une ténacité invincible et où se coule toute pensée, et qui finit par devenir la chose importante, presque par exister en soi et pour soi. Le monde de l'art reste somptueux et systématisé, mais son harmonie est moins souple, plus fixe, plus prévue. Et l'œuvre paraîtrait à beaucoup plus « systématisée » à cause de l'étroite idée qu'on se fait d'un système, mais en fait elle l'est moins, car le monde qu'elle crée est moins vivant, moins riche en impressions fraîches et en pensées suggestives et fécondes, c'est-à-dire qu'il se fait suivre en nous d'un moins grand cortège d'images et d'impressions actives. Cela fait plus que compenser la systématisation que donne en surplus la plus grande régularité de l'œuvre obtenue par le passage de la vie libre au poncif et à la routine géniale.

§ 8

L'art se transforme pour donner à l'homme, avec un éclat et une richesse bien variables, les mondes imaginaires dont il a besoin. Il satisfait ses sentiments, il fait revivre les sentiments passés en les fixant, et il les satisfait encore. Si c'est peut-être une définition un peu sommaire que de dire que l'art classique nous présente les choses qui plaisaient à nos grands-pères, tout n'y est pas faux. L'art conserve et reproduit ainsi des impressions. Et de plus, il en provoque de nouvelles, il aide à la création de sentiments nouveaux, il suscite en nous des sentiments qui n'y auraient, sans lui, jamais vibré peut-être, tout au moins il les aide à se dégager. Les mondes qu'il nous offre ne se bornent pas à satisfaire nos sentiments contrariés par la vie, ils provoquent, ils appellent ceux que la vie réelle ne pourrait éveiller, mais auxquels nous sommes plus ou moins bien préparés cependant, ils font éclore ainsi des virtualités ensevelies en nous, rappelant le passé ou préparant l'avenir, ou simplement nous introduisant en des vies différentes et multiples, possibles sous des conditions irréalisables.

Ainsi le monde de l'art, sans perdre ses caractères essentiels, se transforme, se développe, s'introduit dans le monde réel et se le subordonne. L'art dirige des individus, il les domine, il détermine des types sociaux et des fonctions sociales. Être créateur de mondes fictifs, c'est une des spécialités que produit la réalisation du travail social dans un monde très réel. Et l'artiste peut devenir glorieux, on en est fier, après sa mort on célèbre sa mémoire, et l'on fait des œuvres d'art en son honneur. On le considère parfois comme le plus éminent représentant d'un temps, d'une race et d'une époque. Certains peuples doivent le plus clair de leur gloire aux mondes imaginaires qu'ils ont créés, aux rêves dont ils ont enchanté d'innombrables générations. L'art devient parfois une sorte de dieu, dans quelques milieux, dans certaines villes, parfois même, comme chez Flaubert, un dieu « fort et jaloux » qui accepte toutes les adorations, tous les esclavages et tous les sacrifices, impitoyable aux hérétiques et aux incroyants. Et en même temps l'art exige de plus en plus le concours d'un grand nombre d'individus, la convergence d'innombrables activités. En sorte que le monde actuel, déjà si dominé par le monde passé qui n'est plus et qui se survit, est encore organisé en partie, conduit, harmonisé, régi par des mondes imaginaires qui ne seront jamais, qui ne doivent pas être. Et cette impuissance primitive, ce débordement de force inemployée, froissée, comprimée, qui donne naissance aux plus humbles formes de l'art, s'est transfigurée. L'art, résultat d'une discordance et d'une incapacité, a conquis une belle partie du monde, il a magnifiquement illuminé la vie des hommes et les divers étapes des civilisations.

C'est là, à quelques égards, une déviation, mais une déviation très logique. Au lieu de rester un monde idéal, il s'est de plus en plus introduit dans le monde social. Mais c'est qu'il a toujours été réel, au moins en tant qu'état d'âme, en tant que fait psycho-biologique, et qu'ensuite il a naturellement obéi à la loi de toutes les tendances. Le noyau primitif s'est annexé le plus possible d'idées, de sentiments, de combinaisons, de mouvements et de gestes. Il est devenu communicable, il s'est fait social et a continué sa marche envahissante, dans la mesure où, selon les circonstances, les autres forces sociales le lui ont permis. Il n'a pas effacé la discordance progressive, il l'a au contraire aggravée, en l'incarnant avec tant de richesse et de puissance. Mais en fortifiant cette discordance, il a tendu à créer autour d'elle une systématisation réelle, psychique d'abord et sociale ensuite, si l'on remonte à l'origine vraisemblable des choses, mais où maintenant les facteurs psychiques et sociaux se confondent dans une inextricable combinaison.

Ainsi, tout en accentuant la discordance primitive, l'art tend cependant vers la systématisation objective et réelle de la société et, par suite, du monde. Ainsi éclate encore la contradiction essentielle qu'il enveloppe. D'une part, il reste l'expression de la non-satisfaction des tendances, de la désharmonie entre l'homme et le monde, il en découle et il la conserve ; d'autre part, il se sert de cette discordance des tendances et du monde pour créer une tendance nouvelle, pour transformer le monde et développer une nouvelle harmonie. La discordance devient ainsi l'élément fondamental d'une sorte d'accord consonant.

Par cette action on peut voir se dessiner les linéaments

d'une société orientée tout entière vers l'art. La tendance artistique, comme les autres, tend à se développer, à se subordonner les phénomènes, à inhiber les tendances qui s'opposent à elles, à susciter un monde voué à la contemplation et au culte de la beauté. Et par là aussi, d'ailleurs, elle tend à se supprimer, car sans les tendances qu'elle combat et qui la combattent, sans l'industrie, sans la religion, sans la science, elle ne pourrait subsister ; l'antagonisme des autres la soutient, la conserve et lui permet de se développer.

Elle tend au moins à créer une société où l'art domine, où les autres fonctions sociales lui soient subordonnées, et s'emploient surtout à faire vivre l'art. La société ainsi construite vivrait dans un monde radieux de sons, de couleurs, d'images séduisantes et d'idées splendides. Ce qui arrive déjà à certains individus, ce qui est peut-être partiellement réalisé pour certains groupes sociaux serait ainsi pratiqué par une société entière. Ce serait le triomphe de l'illusionnisme, l'évocation continue d'un univers étrange et resplendissant, un rêve de fumeur d'opium organisé par toute une société. Supposez encore une société de cénobites absorbés par leurs dévotions, par le culte rendu à un dieu imaginaire, s'exaltant et s'enivrant de leurs effusions et de leurs rêveries, l'excitant par la combinaison de tous les moyens artistiques connus, se créant ainsi une sorte de paradis délicieux et chimérique, ce serait là une des formes de la société artiste. Bien d'autres seraient sans doute possibles. Elles resteraient toutes imparfaites et impures, car la pureté ne peut être atteinte.

§ 9

Voilà donc une des portes par où l'art envahit la vie. Il en est bien d'autres. Et tout d'abord la vie utilise l'art, comme nous l'avons déjà entrevu, comme nous allons le voir d'une façon plus systématique et plus synthétique.

Si d'une part, en effet, la représentation, l'activité symbolique qui est l'essence de l'art tend à s'organiser et à organiser l'esprit et le monde en refoulant les autres tendances et en se servant d'elles, celles-ci aussi tendent à l'employer, à la détourner de ses fins pour le faire collaborer aux leurs. L'industrie, la religion, la science même, la politique, tâchent de profiter de l'art et de ses mondes imaginaires, de ses procédés et de ses pratiques. Toutes les activités sociales ont recours à lui. Une affiche de Chéret est une jolie échappée sur un monde imaginaire, alerte, séduisant, un peu pervers, et bien originalement coloré, mais c'est en même temps une invitation à acheter du pétrole de luxe ou à fréquenter tel établissement, artistique et industriel à la fois. Un tableau officiel est une œuvre d'art aussi. Même lorsqu'il représente un personnage réel, ou lorsqu'il rappelle une scène qui s'est réellement passée, c'est un monde fictif qu'il ouvre, et c'est une harmonie irréelle qu'il crée. Mais c'est en même temps un moyen de créer, d'augmenter, ou de maintenir un prestige, le prestige de tel personnage ou de tel régime politique. Une tragédie nous introduit dans un monde surhumain et faux, mais le moraliste — et même parfois le prédicateur — y peuvent prendre des occasions de faire pénétrer en nous certaines vérités morales auxquelles ils sont attachés et qu'ils veulent réaliser de leur mieux. Ils profiteront des charmes de l'art, de la facilité avec laquelle les images et les idées s'infiltrent dans nos âmes, pour le détourner de sa voie, et pour utiliser dans le monde réel les forces qu'il met en activité dans la formation d'un monde idéal.

Il y a de singulières complications et de singuliers retours dans toutes ces actions. Elles sont souvent bilatérales. Les affiches, d'un charme d'ailleurs assez superficiel et peu raffiné, que les compagnies de chemins de fer multiplient pour éveiller le goût des voyages, c'est de l'art subordonné à l'industrie. Mais elles peuvent aussi récréer un moment ceux qui ne voyagent jamais ; elles leur sont un voyage fictif, elles reprennent ainsi pour eux une valeur d'œuvre d'art. Et la tendance artiste profite ainsi d'un produit créé pour faire vivre une œuvre industrielle. Et de même les portraits des hommes d'État, des corporations, les reproductions de scènes historiques en vue d'un intérêt social et politique, si l'art y domine ; ils peuvent perdre peu à peu leur caractère politique et rester de pures œuvres d'art. Beaucoup sombrent et disparaissent, incapables d'ouvrir à l'esprit un monde assez intéressant, susceptibles seulement de fournir un renseignement historique, et d'être ainsi utilisés pour une autre fonction sociale. Mais d'autres survivent et alors, au bout de quelques siècles, l'art y triomphe de nouveau. Qui s'inquiète aujourd'hui de la ressemblance des arquebusiers de la garde civique peints par Rembrandt ? Et pourtant le désir de cette ressemblance fut un des motifs qui décidèrent la commande du tableau, et les arquebusiers n'étaient nullement mus par l'aspiration vers un monde chimérique. Aujourd'hui ils sont entrés dans le rêve.

§ 10

Ainsi toute manifestation de l'art est utilisée par des tendances plus pratiques. Tout au moins celles-ci cherchent-elles à en profiter et elles y réussissent sans doute en général, sinon toujours, jusqu'à un certain point.

La rêverie même est exploitée. Nos désirs y prennent des idées qui leur serviront à se satisfaire réellement. L'architecture a un côté industriel, ou religieux, ou politique évident. La peinture, la sculpture servent directement ou indirectement la religion, la politique, l'industrie ; la musique est utilisée par la religion aussi, par la politique également (chants nationaux), par l'industrie (réclames chantées, entreprises théâtrales, etc.) ; le roman, le théâtre sont utilisés pour la diffusion d'idées politiques, sociales, morales, religieuses même ; la poésie sous ses formes basses est très utilisée par des réclames industrielles — il est tel savon qui a rempli les journaux de réclames versifiées — et ainsi de suite. On pourrait multiplier et détailler indéfiniment ceci, comme chacun le sait.

Ce n'est pas seulement en employant l'art, ses

moyens, ses procédés au service d'une œuvre réelle qu'on l'utilise, c'est aussi en lui prenant des idées, des sentiments, des inspirations. Nous avons vu cela à propos de la moralité de l'art.

§ 11

Il est un autre aboutissant de l'art qui fait éclater autant, et peut-être plus que les autres, sa contradiction essentielle.

C'est la réalisation non plus de l'art lui-même en tendance organisée, mais du monde fictif de l'art. Nous avons reconnu tout à l'heure cette tendance de la représentation même artistique à ses réalisations. Il ne faut pas voir là un effet accidentel et détourné, un envahissement de l'art par des activités différentes et opposées qui en font la conquête.

Naturellement l'activité subjective qui constitue le monde idéal tend à produire une activité réelle. Toute idée, tout sentiment est une tendance ou un élément de tendance. Et l'idée et le sentiment qui existent dans l'œuvre d'art ne diffèrent pas des autres.

Mais en même temps, l'art s'oppose à la réalisation, il suppose et il maintient le caractère illusoire et subjectif du monde créé, et le caractère artistique se perd quand la réalisation se produit.

Il faut dire, je crois, que l'art tend naturellement à perdre son caractère d'art, et ce fait est l'expression d'une loi très générale que j'ai indiquée ailleurs, mais que je dois considérer ici dans un de ses cas particuliers.

Nous avons vu et nous avons dû le constater à diverses reprises, que l'art recherche l'harmonie. Mais en tant que cette harmonie se réalise, l'œuvre se rapproche quelque peu de la réalité. Toute systématisation nouvelle, en même temps qu'elle est, à certains égards, un pas fait vers la séparation plus grande de l'œuvre et de la réalité, est en même temps, considérée d'un autre point de vue, un pas vers la réalisation, c'est dire qu'elle affirme et qu'elle nie à la fois la qualité artistique, l'essence même de l'art.

L'art crée des êtres fictifs, mais plus ces êtres sont harmonieux et beaux, plus l'art s'élève. Et en tant qu'ils demeurent irréels, il manque toujours quelque chose à leur harmonie. La vie, la réalité, c'est aussi une systématisation. L'image d'une vie supérieure est une négation de notre vie, mais elle est, en soi, une tendance vers la réalisation de cette vie supérieure. Dire d'un peintre, d'un romancier, d'un auteur dramatique que ses personnages sont vivants, c'est lui adresser un des plus hauts éloges qu'il puisse désirer. Mais si au lieu de la vie fictive et apparente, il était permis à l'artiste de leur donner une vie réelle, son œuvre en serait-elle moins belle? Le sculpteur qui pourrait animer sa statue dégénérerait-il? Galatée n'est-elle pas la plus belle des œuvres d'art? Peut-être, mais ce n'est plus une œuvre d'art. Et certes, il ne vient à l'esprit d'aucun sculpteur de créer par les moyens de son art des êtres vivants, il n'en reste pas moins que l'idée, l'image qu'il réalise est une tendance vers la vie, un désir incomplet de la vie réelle. Et c'est ainsi que l'art aspire inconsciemment à une réalisation qui le nie et que son achèvement complet serait en même temps sa contradiction radicale.

§ 12

Sans doute, ceci peut paraître nier certaines idées fort répandues et, en somme, assez justes. Il est admis que l'art ne doit pas chercher le trompe-l'œil, ni se rapprocher trop de la nature. La statue de cire peinte est généralement horrible. Mais le trompe-l'œil est une forme assez basse de l'art, et qui ne reproduit que des objets insignifiants. Il crée un monde mesquin et bien rétréci. Et la statue de cire est en général laide par elle-même. La même image en marbre et sans couleur ne serait pas d'un art bien supérieur. Supposons une statue de cire vraiment admirable. L'effet en serait peut-être différent. Je crois, cependant, qu'il serait souvent désagréable, et peut-être un peu répugnant. Pourquoi ? C'est, je pense, à cause du contraste violent que produiraient les apparences très appréciables de la vie, et l'absence même de la vie. Il y aurait là une discordance profondément choquante pour nous — et qui peut-être s'affaiblirait ou disparaîtrait par l'habitude. Mais supposons que l'artiste tente un dernier effort et réussisse à créer, au lieu de la statue morte, un être vivant, que pourrait-on dire contre son œuvre ? Rien sans doute, si, en même temps que l'harmonie de la vie, elle offrait aussi ce genre d'harmonie que nous demandons à l'art parce que la réalité a coutume de nous le refuser et si elle pouvait garder pendant toute sa vie l'harmonie que la réalité refuse si souvent. Rien, veux-je dire, si ce n'est qu'elle serait sortie de l'art, en même temps qu'elle serait entrée dans la vie.

Et cette tendance à la réalisation, il est un art dont j'ai parlé et qui nous la montre d'une façon toute spéciale. Nous y pouvons étudier et comprendre, d'une manière peut-être plus positive, la contradiction essentielle dont je parle. C'est l'architecture. Ici le rêve doit se réaliser. Il ne suffit point à l'architecte de rêver un palais splendide, ni d'en offrir à notre admiration des plans, des coupes et des élévations, ni même un modèle réduit et inutilisable. Il aspire à produire une œuvre réelle et il y arrive, au moins quand son génie y suffit et que les circonstances extérieures le favorisent.

Et nous voyons bien ici que la conception artistique tend à se réaliser. Conçue avant d'être, rectification subjective du monde réel, elle grandit d'abord dans le monde fictif, s'y développe, s'y organise, éveille les idées, les impressions, les images, les mouvements qui la complètent et l'amènent à sa perfection d'irréalité. Puis elle tente de s'introduire dans le monde réel et de le façonner à son gré ; l'idée de l'artiste fait sortir de terre les pierres, assemble les ouvriers et les artistes, coordonne leurs efforts, les associe à sa vie, s'incarne peu à peu dans leur travail, et finit par surgir dans le monde réel, rêve de pierre réalisé.

Personne ne niera que dans la première ébauche d'un rêve architectural, il n'y ait déjà un germe de réalisation. Si quelque chose me déplaît dans la maison que j'habite et que je me la représente autrement qu'elle n'est, voilà une impression qui correspond exactement au geste de l'enfant mangeant une soupe absente. Il se peut que la chose en demeure là, et alors l'art reste sans mélange. Mais la tendance active et pratique existe déjà et elle est, en certaines conditions, susceptible de se développer. Alors elle peut, tout d'abord, se répandre en images, en créations subjectives ou bien s'objectiver par le dessin. Puis, si les circonstances s'y prêtent, la barrière de l'art sera franchie et la réalisation complète se fera.

Il est de la nature d'une œuvre architecturale d'être réalisée. Tant qu'elle ne l'est pas, elle reste incomplète. Mais en se réalisant elle perd son caractère d'art pur, pour ne le reprendre que par l'attitude artiste et désintéressée de celui qui la contemple, ou par les circonstances qui, rendant cette attitude plus facile, viennent la faire sortir de la réalité pratique, pour la faire rentrer dans le domaine de l'art. C'est le cas pour les ruines, pour les vieux monuments qui n'ont plus d'utilité, ne répondent plus à nos mœurs, à nos religions, à nos goûts de confort. Et nous comprenons mieux ainsi, il me semble, et le caractère mixte et spécial de l'architecture et aussi la contradiction intime de l'art. Il doit rester en dehors de la réalité, il tend vers la réalité. S'il n'arrive pas à créer réellement son monde, il reste impuissant; s'il y arrive, il n'est plus de l'art. En somme, l'art est quelque chose comme un avortement splendide et fécond. Les termes sont contradictoires, mais leur contradiction répond à la contradiction des choses, qu'il faudrait s'habituer à reconnaître.

§ 13

Il est, en revanche, un autre art qui semble absolument réfractaire à toute réalisation. Et c'est la musique. Il est même permis de se demander si le mot de réalisation peut avoir, en ce qui la concerne, un sens acceptable, compréhensible. C'est, nous l'avons vu, cette séparation profonde d'avec la réalité qui fait peut-être de la musique l'art par excellence. Cependant, il est permis de supposer que la musique a une signification symbolique et représentative, c'est-à-dire au moins que certaine musique s'adapte à une réalité différente de celle qu'indique une autre musique. Je ne veux pas rappeler seulement par là les sentiments humains que peut évoquer la musique, mais aussi des formes plus générales et plus abstraites d'harmonie. Il est une artiste qui a essayé de trouver des danses pour traduire des sonates, par exemple. Ne l'ayant pas vue, je n'ai pas d'opinion personnelle sur le succès de cette tentative, mais des amateurs l'ont trouvée intéressante. Ne pourrait-on pas rêver un monde complet, non plus seulement une série de pas, qui correspondrait, par son caractère, au caractère de telle ou telle musique? La *symphonie en ut mineur*, de Beethoven, ou tel quatuor de Schumann ne correspondent-ils pas à tel ou tel univers que l'on peut vaguement imaginer? A coup sûr, ils nous rendent mieux certains mondes que certains autres. Et ne sont-ils pas ainsi une tendance à la réalisation de ces mondes? Et ne tendent-ils pas plus directement à former les esprits, à créer des âmes qui les comprennent, et qui soient faites, pour ainsi dire, à leur image ? Une musique lente, une musique vive, une musique passionnée suscitent des dispositions différentes ; elles tendent à s'incarner dans notre âme, et peut-être à réaliser un monde entier et réel. On voit assez, je pense, en quel sens on peut prêter aussi à la musique cette tendance à la réalisation que nous trouvons partout dans l'art. Elle demeure ici symbolique et assez abstraite : cela tient non pas à la nature de l'art en général, mais aux caractères spéciaux de l'art musical.

§ 14

L'art, avec sa contradiction intime et radicale, prend un caractère relatif et provisoire. Comme toutes les grandes fonctions psychiques et sociales, il est une sorte d'échafaudage. Il permet la construction qui le rendrait inutile et devant laquelle il devrait disparaître si l'évolution aboutissait. C'est là sûrement une conception grossière et qui reste très loin de la réalité. L'art construit lui-même le palais qui le remplacera ; tout au moins y travaille-t-il, et c'est lui-même qui, en se développant, se supprimerait en se transformant, un peu comme l'enfant se supprime, en tant qu'enfant, à mesure qu'il devient homme.

Ainsi apparaît dans l'art le germe de mort, d'évanescence plutôt, qui est au fond de toute chose. Le germe peut ne pas se développer, et les choses n'arrivent pas toujours à l'évanescence (1), les conditions de leur existence ne le leur permettant pas toujours. Il est très possible que l'art dure autant que l'homme.

Mais la nature même des choses s'oppose invinciblement à ce qu'une d'elles développe absolument son essence. C'est que toute essence est contradictoire, et toute existence aussi. Elle ne peut subsister qu'en se maintenant imparfaite et précaire. Tout ce qui veut et peut pousser à bout ses conséquences et développer logiquement sa nature conformément à son principe aboutit soit à la mort, soit à l'évanescence, arrive à se supprimer sans avoir fait son œuvre, ou à se transformer en la faisant.

La contradiction de l'art est une des plus évidentes, elle éclate dans son caractère essentiel de fiction et de réalité à la fois. En marchant sur sa route, l'art tend à disparaître, en contredisant son principe, dans la réalisation d'un monde harmonieux, d'un monde artistique illusoire qui se transformerait en monde réel, c'est-à-dire en monde où la morale, la politique, la logique trouveraient, elles aussi, leur réalisation, payée sans doute, mais nous n'avons pas à examiner ici ce point, d'une transformation essentielle.

C'est une hypothèse séduisante à première vue que celle de ce monde harmonieux où viendraient se perdre, transfigurées par l'apothéose, les principales activités de la société humaine, un monde qui serait le beau,

---

(1) Voir sur l'évanescence, comme tendance générale de l'évolution, mon article : « le Mensonge du monde », *Revue philosophique*, mars 1906.

le bon, le vrai, le juste, l'art même, portés à leur degré le plus haut, exaltés et transformés l'un par l'autre, identifiés en quelque magnifique unité aussi adorable qu'elle est pour nous impossible à concevoir.

Il est possible d'en rêver la réalisation imparfaite. On peut s'enchanter d'un monde où nos conceptions artistiques les plus hautes vivraient et marcheraient sous nos yeux, où la morale et la logique disparaîtraient en tant que fonctions distinctes parce qu'elles seraient d'inutiles échafaudages de vaines survivances, comme les plans d'un palais après qu'il a été bâti, où l'industrie aurait disparu aussi après avoir transformé le monde, où l'univers ne serait qu'une sorte de prolongement de l'être vivant, un être vivant lui-même. Mais, même alors, le monde paraîtrait peut-être aussi loin qu'aujourd'hui de sa fin dernière. Nos problèmes résolus, d'autres se lèveraient.

C'est que la discordance est un élément de l'harmonie et une condition de l'existence. J'ai indiqué ailleurs cette idée, il me suffit de la rappeler ici. Nous ne pouvons concevoir l'harmonie que par l'existence de plusieurs êtres qui s'accordent sur certains points, mais qui, implicitement ou explicitement, se combattent sur d'autres. La musique ici nous enseigne et nous renseigne. Il y a quelque différence entre un accord consonant et un accord dissonant. Mais même l'accord le plus consonant suppose quelque opposition des sons qui le composent. Même l'unisson de deux instruments de timbres différents produit de légères dissonances dues aux notes harmoniques qui donnent son timbre à chaque instrument. Et l'unisson de deux instruments semblables, on n'ose plus l'appeler une « harmonie », parce que les différences n'en sont pas assez sensibles. Cependant dans chaque cas les harmoniques même sont encore un principe de dissonances légères. Et même le son fondamental, relativement simple, privé de ses harmoniques recèle encore quelque opposition, l'opposition des éléments qui le constituent, des ébranlements physiologiques et psychologiques correspondant aux vibrations qui se succèdent. Pour supprimer toute compétition et toute discordance, c'est l'existence même qu'il faudrait supprimer.

La force d'organisation elle-même, cette tendance à la systématisation qui est au fond de toute existence, dont l'art est, si l'on prend les choses d'un peu haut, une fonction passagère et transitoire, cette force est transitoire et passagère, elle aussi. Elle tend à se supprimer. L'existence, comme l'art qui la soutient et la développe, tend vers sa propre destruction à mesure qu'elle réalise l'harmonie vers laquelle elle marche.

CHAPITRE XIII

L'EXISTENCE UNIVERSELLE DE L'ART

§ 8

J'ai distingué, autant que je l'ai pu, l'activité artistique de l'activité pratique, morale, scientifique, religieuse, pratique, logique. Il fallait évidemment tout d'abord prendre une idée aussi précise et aussi nette que possible de cette activité et pour cela la différencier d'avec les autres. Mais nous avons dû voir des forces différentes et mêmes opposées converger cependant, à certains égards, tendre à se confondre, et surtout à se mêler. C'est ce côté à peine entrevu de la question que je voudrais explorer maintenant. Et il me semble que notre conception de l'art s'achèvera ainsi en s'assouplissant, et nous nous rendrons mieux compte de sa nature et de son rôle en en retrouvant partout des ébauches et des fragments.

L'activité scientifique, l'activité industrielle, l'activité religieuse, l'activité morale ont également leur condition dans une discordance, et, comme l'activité artistique, elles commencent par des idées, des impressions, des images ébauchant plus ou moins la réparation de cette discordance, et formant un système. Je rappelle encore, pour fixer les idées, l'exemple initial que j'ai choisi.

Et souvent ces états de différentes activités se ressemblent au point que leurs conséquences seules les distinguent, qu'engendre la variété des attitudes prises vis-à-vis d'eux. Une idée industrielle peut surgir chez un littérateur, mais s'il la reçoit en artiste, il ne la réalisera pas en œuvre d'industrie, il la développera en idées et en images, il l'introduira dans quelque roman, il la fera réaliser par quelque personnage imaginaire. Elle ne sortira pas pour lui du domaine de l'art. Mais si elle naît chez un industriel, celui-ci essaiera de la réaliser, il en sera tenté du moins. Il se peut qu'elle n'arrive pas à la vie réelle. Alors l'industriel considérera son idée comme un avortement, il n'en fera pas une œuvre d'art complète. Cependant cette idée, ce projet ébauché, pris en lui-même, c'est bien une sorte d'œuvre d'art, un monde fictif et harmonique ou qui tend à l'être. Mais il a toujours été considéré comme devant être réalisé, comme n'ayant point sa fin en lui-même. Pourtant il n'en a pas eu d'autre que sa propre existence. Comparez son sort avec celui de l'œuvre d'art, qui, faite pour un monde imaginaire, aboutit quelquefois au monde réel, le transforme à son image et finit par s'y réaliser, et vous saisirez à la fois les différences et les rapports des deux activités. On peut dire que, en ce cas, l'artiste, le littérateur a été un industriel ou un moraliste involontaire et inconscient, que l'industriel a été, malgré lui, une manière d'artiste.

§ 2

Le moraliste qui édifie un système de préceptes encore inappliqués et qu'on ne suivra pas de longtemps, l'industriel qui veut faire travailler une chute d'eau inemployée, l'homme d'État qui ébauche un projet de loi organisant un impôt nouveau, ou qui médite quelque conquête, le savant qui conçoit une hypothèse, l'homme religieux en qui une croyance nouvelle vient à s'ébaucher, tous commencent par se construire un monde idéal.

Ce monde idéal, comme chez l'artiste, se substitue au monde réel, au moins de temps en temps et par intervalles. Il s'oppose à celui-ci. Réfugiés dans le monde de leurs projets ou de leurs hypothèses, le moraliste, l'homme politique, l'industriel, sont en dehors de la vie actuelle. Et, comme l'artiste, les autres inventeurs trouvent dans ce monde non seulement un remède au mal auquel il doit directement parer, mais aussi ou surtout un refuge contre les préoccupations, les ennuis, contre la vie agitée et troublée.

Leur monde, comme celui de l'artiste, se constitue et se développe à part, il faut le préserver contre les heurts un peu rudes de la réalité, contre les forces actuellement triomphantes, surtout tant qu'il est jeune et chétif. Sans doute une idée morale, scientifique, industrielle ne doit pas être préservée de la même façon qu'une idée artistique. Il faut, au contraire, la mettre en contact avec l'expérience, mais dans des conditions choisies ; ne pas la lancer ou essayer de la réaliser trop tôt et sans l'avoir fortifiée. Et l'art aussi doit bien affronter, lorsqu'il se réalise quelque peu, les chocs de la réalité. Il faut souvent que l'œuvre s'inspire du réel et il faut aussi qu'elle cherche à s'incarner dans quelque matière, et qu'elle tâte son public. Les analogies, en tout cas, sont considérables, et les différences essentielles que j'ai signalées ne doivent point nous abuser sur elles. Si nous nous rappelons aussi ce que j'ai dit sur la tendance de l'art à pénétrer dans le monde pratique, nous verrons qu'il y a des ressemblances profondes entre les grandes formes de l'activité sociale. Leur point de départ est le même, et, bien inconsciemment dans beaucoup de cas, elles tendent vers le même but ; les procédés qu'elles emploient se ressemblent aussi.

§ 3

A part ces ressemblances et ces rapports généraux et nécessaires, il en existe d'autres en quelque sorte accidentels. L'art s'écarte de son principe pour réaliser un monde idéal. Il se rapproche souvent de la morale, de la religion, de l'industrie. Mais de même les autres grandes fonctions sociales subissent assez souvent des déviations qui les rapprochent les unes des autres, et, ce qui nous intéresse ici, de l'art en particulier.

Cela arrive d'abord dans le cas de l'attitude artiste sur laquelle j'ai assez insisté et que nous pouvons prendre vis-à-vis d'une œuvre industrielle, d'une religion, d'un système de morale ou d'une théorie scientifique, et, en général, vis-à-vis de n'importe quelle réalité. Nous pouvons de même prendre l'attitude morale, ou l'attitude scientifique, ou religieuse, ou politique vis-à-vis d'une œuvre d'art, si, au lieu de la contempler, nous tâchons de la classer, de l'expliquer, de la juger au point de vue religieux ou moral. Et tout les phénomènes ainsi produits l'enchevêtrent et se compliquent à l'infini. Le résultat de notre attitude industrielle vis-à-vis d'une œuvre d'art, nous pouvons l'envisager en artiste, admirer notre habileté d'acquéreur ou de revendeur, et ainsi de suite.

Mais en outre il faut tenir compte de l'attitude artiste inconsciente, involontaire, qui va même contre les intentions de celui qui la prend. Et j'entends par là le geste mental de l'homme qui, croyant ou voulant faire une œuvre religieuse, scientifique ou industrielle, fait en réalité une œuvre d'art.

L'art s'introduit partout, sous un déguisement. Nous le retrouverons dans la science, si au lieu de vérifier le plus possible ses suppositions, de contrôler des lois, de s'assurer de l'existence réelle des faits, le savant imagine légèrement les uns et les autres, s'il ne s'inquiète pas suffisamment de les éprouver par l'expérience, de les systématiser avec les données de la perception et du raisonnement par les procédés rigoureux qui sont la spécialité de la science, et s'il cherche surtout à satisfaire avec eux les idées qu'il a déjà, ses sentiments, ou son désir général d'harmonie intellectuelle, d'idées et de représentations bien coordonnées.

Bien des gens veulent être des savants qui sont plutôt, malgré eux, des artistes, et souvent de mauvais artistes. Pendant bien longtemps, l'esprit scientifique est ainsi resté engagé dans l'esprit artistique et aussi dans l'esprit religieux. Il s'en est dégagé peu à peu, et ç'a été une des grandes tâches du dix-neuvième siècle que de lui donner une existence plus nette, plus pure et plus indépendante. Mais on retrouve encore des traces de cette confusion. Des mots fameux comme « mon siège est fait » peuvent l'illustrer assez bien.

Le monde scientifique, lorsque le savant n'a pas un souci suffisant de la vérification, devient tout à fait analogue au monde de l'art. Une histoire fausse ne diffère pas toujours d'un roman historique, ni une théorie erronée d'une fantaisie sur la science. Par quelques points sans doute on peut les distinguer, mais surtout peut-être par des caractères assez secondaires, comme les intentions et plutôt encore les illusions des auteurs. Et les intentions comme les illusions sont souvent des phénomènes si peu précis, si mobiles, si changeants, si difficiles à apprécier rigoureusement qu'on ne peut toujours discerner tout à fait l'œuvre d'art de l'œuvre de science.

Une question un peu embarrassante se pose : Suffirait-il de quelque imperfection dans une œuvre de science pour la transformer en œuvre d'art ? Et alors quelle est l'œuvre de science qui mériterait vraiment ce nom ?

C'est évidemment une affaire de degré. Une erreur, quelques erreurs ne transforment pas la science en art; autant vaudrait nier la science, ce qui d'ailleurs serait assez logique si l'on voulait prendre la science au sens absolu, comme il serait logique de nier l'art absolu. L'ensemble des caractères d'une œuvre permet en général de la classer à peu près exactement. Mais, en fait, cette classification n'est pas rigoureuse. Il reste toujours un peu d'art inconscient dans la science. Notre expérience ne peut embrasser l'univers, nos conceptions générales sont toujours plus ou moins hypothétiques, nos constatations les plus minutieuses et les plus sûres contiennent encore une part d'induction, c'est-à-dire d'hypothèses. Et à mesure que nous nous éloignons de l'observation immédiate, pour aller vers les inductions plus compliquées, vers des lois plus spéciales et vers des lois plus générales, synthétiques et abstraites, les rapports du monde intérieur, de notre représentation et du monde réel (tel même que nous pouvons ou pourrions le connaître) deviennent, en bien des cas, de plus en plus douteux.

Par conséquent, il y a toujours une partie d'art dans la science, une partie plus ou moins considérable selon que le savant est plus ou moins consciencieux, plus ou moins attentif, plus ou moins hardi, plus ou moins habile, qu'il a plus ou moins d'imagination et d'intelligence. Et ce sont parfois les défauts et les lacunes de son esprit qui l'entraînent vers l'art, parfois aussi ce sont ses qualités. Le savant, le logicien, le philosophe tous ceux qui cherchent à construire un monde de vérité, un monde d'idées et d'images correspondant au monde réel, sont toujours, à des degrés différents et très variables, des artistes. Des artistes inconscients parfois, mais qui parfois aussi savent un peu ce qu'ils sont et s'y résignent parce qu'ils ne peuvent pas faire autrement, ou s'en plaignent parce qu'ils ont un autre idéal que celui de l'art, ou même y prennent quelque plaisir.

§ 4

L'art se mêle à la religion comme à la science et à la philosophie. Je ne parle pas ici de l'art accepté comme tel, employé pour illustrer, répandre, orner des croyances religieuses, et comme tel subordonné à ces croyances. Mais qu'est-ce qu'une religion, dans son ensemble, si elle n'est pas vraie, sinon un art puissant, poussé jusqu'à l'illusion complète ? Et combien y a-t-il de religions non erronées ? Au plus une, sans doute. Toutes les autres, sauf celle-là, que chacun peut choisir à son gré, seraient donc les œuvres d'art, grandioses ou mesquines, des œuvres d'art méconnues. Et s'il n'y en a même pas une de vraie, c'est cela qu'elles sont toutes.

En effet une grande religion fausse est un monde imaginaire d'idées et de sentiments, de manifestations variées, de gestes, de cérémonies inventé pour parer aux discordances du monde actuel. Elle explique nos maux, elle leur donne des satisfactions fictives par l'espérance et l'imagination d'un meilleur avenir, soit dans ce monde où nous vivons, soit dans le monde d'une vie future. Elle subvient à l'impuissance de notre science et de notre philosophie en nous donnant les explications des choses ignorées ; elle subvient à notre incapacité d'agir ; elle console nos souffrances en nous promettant l'appui des êtres supérieurs ou de lointaines récompenses. L'homme qui, pour expliquer le monde, en fait la création d'un dieu, ou qui, dans sa souffrance, invoque une puissance suprême et imagine sa joie future, agit à peu près de la même façon que l'enfant qui, n'ayant pas sa soupe, envoie tout de même sa cuiller dans son assiette et la porte en suite à sa bouche. Partout et toujours la religion nous donne, comme l'art, un monde idéal où, d'une manière ou de l'autre, les tendances froissées et déçues par la vie se trouvent satisfaites. Et si ce monde idéal n'est point, par miracle, réel, s'il est aussi fictif que le monde de l'art, il est comme lui isolé du monde réel. Et l'on sait jusqu'à quel point il lui ravit l'homme pour l'accaparer. Qu'est-ce qu'un solitaire religieux, ou le membre d'une communauté, sinon un artiste qui vit, loin du monde réel, isolé ou avec quelques âmes amies, son rêve d'art ?

Sans doute il subsiste des différences entre la religion et l'art et je les ai assez indiquées, il fallait montrer aussi ce qu'elles ont de relatif et de mobile. Et de même sont celles qui séparent l'art de la morale.

La morale aussi reste fictive et vaine en partie. Pour qu'elle ne le fût pas il faudrait qu'elle se réalisât pleinement. Mais quelle est la morale qui peut se réaliser pleinement, être universellement pratiquée ? Il ne pourrait y en avoir qu'une, mais il n'y en aura vraisemblablement point. Ni la morale bouddhique, ni la morale stoïcienne, ni la morale chrétienne, ni la morale de Kant, ni l'utilitarisme n'ont conquis le monde. Elle n'ont pas même conquis leurs propres partisans, en ce sens qu'aucun d'entre eux ne les a jamais pleinement pratiquées. Qui a constamment rendu le bien pour le mal, ou toujours agi de manière à ce que son acte pût dégager une maxime universelle ? La morale demeure ainsi toujours, même dans l'esprit qui l'accepte comme vraie, un monde subjectif, séparé du monde réel, où se réparent aussi les imperfections du monde réel, mais d'une façon idéale, un monde fictif qui nous console ou nous désole, selon notre tendance à nous sentir consolés ou désolés, mais qui, comme le monde de l'art, s'oppose au monde réel, et pour l'harmonie et pour la réalité.

Et si, par impossible, la morale venait à se réaliser, on n'aurait plus besoin d'elle, elle disparaîtrait par ce fait même. Ce serait l'évanescence, c'est dire que la morale, en tant qu'elle existe, a toujours quelque chose d'artistique, de fictif et aussi de faux, car une prévision complète, et une prévision même purement morale, est impossible à l'homme.

L'industrie même n'est pas plus séparée de l'art que la science, la morale ou la religion. Comme l'art, l'industrie part d'un obstacle opposé à la satisfaction de nos désirs. Comme l'art, elle imagine un monde actif, réel et fictif qui corrige ces défauts et augmente l'harmonie.

Elle diffère de l'art en ce qu'elle tend à réaliser son monde fictif, et nous avons vu le caractère relatif de cette différence. Mais combien de projets avortent avant de s'être développés complètement même dans le cerveau de l'industriel ! Et parmi ceux qui se réalisent, combien se réalisent exactement tels qu'ils ont été conçus, et opèrent, dans tous ses détails, la transformation qu'ils ont préparée ? Aucun sans doute, et nous trouvons ainsi les caractères de l'art jusque dans l'industrie. Même il est souvent difficile de discerner, à l'origine, un rêve d'une idée pratique. La forme reste parfois assez longtemps indistincte. Nous savons tous qu'on traite de rêverie certaines idées qui se montrent plus tard pratiques et fécondes, et que bien des gens ont cru réalisables des projets aussi éclatants et aussi peu solides que des bulles de savon.

Et que dire aussi de la politique et des sciences sociales ? Combien de projets de lois, d'idées de réorganisation sociale, de conceptions politiques n'ont été que des rêves plus ou moins beaux. Une utopie, qu'est-elle, une œuvre d'art ou un acte politique ? Les deux peut-être, en tout cas pas exclusivement l'un ni l'autre. Vraiment ceux qui manient les hommes en essayant de déterminer et d'orienter la marche d'une société, ceux qui rêvent les grands empires et les larges modifications de frontières paraissent presque toujours, autant que des hommes pratiques, des poètes actifs, bienfaisants ou dangereux. Et comme, surtout lorsqu'ils sont morts depuis quelque temps, et que nous ne ressentons plus directement et bien consciemment les résultats heureux ou malheureux de leurs effets, nous sommes disposés à prendre, vis-à-vis de leur œuvre, l'attitude artiste, autant que l'attitude du moraliste et de l'historien !

§ 5

Allons plus loin, et après les produits, examinons les facteurs ; après les grandes fonctions sociales, étudions, du même point de vue, les fonctions psychiques et les phénomènes de l'activité mentale, nous trouverons encore épars et diffus, pour ainsi dire, les caractères essentiels de l'œuvre d'art.

Qu'est-ce, en effet, que les idées, les images, les sentiments, la conscience en général, sinon des signes d'un fonctionnement imparfait de l'activité mentale, et en même temps une occasion de remédier à ces défauts ou de les compenser, des signes à la fois d'une activité défectueuse et d'une activité réparatrice? L'action bien organisée est inconsciente. Si elle est un peu entravée dans certaines conditions que je n'ai pas à indiquer ici, la conscience se produit, sous les formes variées que nous lui connaissons. Mais les nouveaux phénomènes qui se produisent ainsi ont aussi cette fonction de remédier au désordre qu'ils indiquent. Le sentiment de suffocation, par exemple, qui nous annonce que la respiration se fait mal, nous incite à lui donner de meilleures conditions d'exercice. Et alors, le mal réparé, il disparaît. La conscience, comme toutes les activités, tend à se supprimer elle-même.

Tous les faits conscients qui naissent continuellement en nous et s'y développent signalent ainsi les imperfections, parfois très bien comprises par nous et parfois aussi méconnues. Ils tendent directement ou non à les corriger, ils sont au moins un des éléments possibles de la tendance rectificatrice, mais généralement ils n'arrivent pas à cette fin. Ils, forment un petit système, né à propos d'une impuissance de l'activité, un petit monde plus ou moins isolé dans l'esprit et qui souvent acquiert ainsi une existence individuelle plus ou moins en désaccord avec les autres formes de l'activité, les autres idées, les autres sentiments, les autres impressions.

Et ce sont là quelques-uns des principaux caractères de l'art. La nature désintéressée et subjective de l'art vient précisément de ce que le monde de l'art reste plus ou moins isolé en nous, soustrait aux influences extérieures et intérieures qui le nieraient ou le combattraient. Ce caractère se retrouve à quelque degré dans tous les phénomènes conscients. Ils sont tous isolés par rapport à quelques-uns des autres faits de même ordre, et, s'ils ne le sont pas à un moment donné, ils le sont certes à un autre moment. J'ai insisté ailleurs sur la vie indépendante des éléments psychiques. Il y a dans chacun d'eux quelque chose qui existe en soi et pour soi, qui le met à part de l'ensemble dont il fait partie, une certaine individualité qui ne disparaît jamais complètement tant que l'élément subsiste comme tel. Plus ou moins soumis à l'activité de ceux que l'entourent, il ne s'y soumet jamais complètement, pas plus qu'il ne s'en sépare complètement jamais. C'est dire qu'il est, jusqu'à un certain point, une sorte de petit monde isolé et « fictif », puisque le caractère de la fiction n'est, après tout, qu'un caractère d'isolement et de discorde.

Par conséquent, *à certains égards*, tout fait conscient,

intellectuel ou affectif peut être considéré comme une sorte d'œuvre d'art. Comme l'œuvre d'art, il présente ce double caractère d'harmonie interne et de discordance avec l'extérieur, d'indépendance relative et d'isolement plus ou moins marqués. Il a sa vie propre qui est l'indice d'une discordance dans ses rapports avec ce qui n'est pas lui. Si l'on comprend la part d'invention et de volonté qui entre dans tous les phénomènes psychiques, à côté de leur part d'invention et de suggestion, d'automatisme et de routine, peut-être sera-t-on moins surpris de cette conclusion.

Il ne faut pas sans doute insister longtemps pour rappeler tout ce qu'il y a de personnel, d'illusoire, dans nos perceptions, nos images et nos idées et aussi dans nos désirs et nos volitions, et ce qui demeure en tous ces états d'inefficace et d'inutile, mais d'harmonisé en soi. Et dans toutes les combinaisons que nous en faisons, les mêmes caractères éclatent. Nos projets, nos amours, nos ambitions, nos croyances sont toujours, par quelque côté, des mondes fictifs et consolants, de véritables œuvres d'art.

Ils en ont le caractère symbolique en même temps que le caractère fictif. Chacune de nos pensées, chacune de nos impressions, chacune de nos idées, chacun de nos gestes est le symbole d'un univers entier, de l'univers qui s'harmoniserait avec lui ; il l'appelle, crie après lui et l'évoque dans la mesure de ses forces. Le désir de l'amoureux tend à créer un univers d'amour et le geste de l'ambitieux un monde de grandeur. Et ces mondes sont contradictoires entre eux et ils sont aussi, pour harmonisés qu'ils semblent, contradictoires en eux-mêmes. Aucun n'arrivera à la pleine existence, mais, comme le monde de l'art, ils s'ébauchent un moment en nous et s'épuisent à colorer diversement l'incohérence du monde réel, qui n'est fait, en somme, que de leurs fragments déchiquetés.

§ 6

Sans doute on pourrait pousser plus loin encore l'assimilation partielle de l'œuvre d'art aux phénomènes plus élémentaires. On en retrouverait les caractères plus atténués et plus vagues dans les phénomènes inconscients, dans les faits biologiques, et même sans doute dans tous les phénomènes, parce qu'ils sont tous des ensembles systématisés et aussi des symptômes de désharmonie et d'impuissance. Ils sont réels en eux-mêmes, comme l'œuvre d'art ; ils ne sont pas « vrais », en ce sens qu'ils n'entrent point dans une harmonie universelle, qu'ils vivent, pour une part, en eux-mêmes et pour eux-mêmes.

Et tout cela est bien plus visible encore, si, au lieu de regarder au-dessous de nos idées et de nos sentiments nous regardons au-dessus. L'homme est, lui aussi, un système imparfait et toujours, à certains égards, isolé de tout et de tous, isolé dans la société, isolé dans tous les groupes dont il fait partie, qui utilisent et qui favorisent aussi certaines de ses tendances en froissant et en blessant les autres. Et ces groupes sont plus ou moins isolés dans chaque société ou dans un ensemble plus vaste, et les sociétés les plus compréhensives elles-mêmes sont isolées dans l'humanité, qui est isolée dans le monde. Elle lutte contre la planète qui la porte et qu'elle exploite en la transformant ; elle lutte contre les êtres vivants qu'elle utilise aussi et qu'elle modifie. Tout au plus peut-elle imaginer, dans ses songes les plus hardis, quelque vague confédération de planètes, ou même de systèmes astronomiques qui resterait encore perdue dans le temps et dans l'espace.

Si l'on ne craignait pas l'anthropomorphisme, on dirait que la matière, le monde, l'homme, l'humanité sont des espèces d'œuvre d'art, des jouets gigantesques pour nous, par lesquels un Dieu s'est distrait de son impuissance à être, à être pleinement, à remplir l'univers, à créer l'harmonie universelle, les poèmes ébauchés ou avortés par lesquels il s'est consolé. Et comme son impuissance est essentielle, comme son rêve est irréalisable, il est lui-même une sorte d'œuvre d'art, et l'art se retrouve au fond de tout, il est dans l'essence même des choses, il exprime ce qu'elles ont de fictif et d'illusoire, la part de contradiction qui est au cœur du réel. Dégageons cette conception de ce qu'elle renferme d'inadmissible et nous aurons une vue à peu près exacte, semble-t-il, des rapports de l'art avec le monde.

Mais quand je dis qu'il y a de l'art partout, il ne faut pas entendre que tout est de l'art. Tous les états de conscience pourraient également être comparés à des œuvres d'industrie, de science ou de morale. Ils tendent tous à faire connaître, et à faire agir, à rétablir les fonctions entravées, à créer des combinaisons nouvelles. Nous pourrions retrouver ainsi, si c'en était le moment, en toute activité, les rudiments de l'activité industrielle, scientifique, morale, ou religieuse. Et nous avons vu qu'on les retrouvait même dans l'art. Ce que nous appelons du nom spécial de morale, d'art ou de science, c'est une activité complexe où domine seulement, où paraît dominer tout au moins, une forme spéciale, une catégorie d'éléments.

TABLE DES MATIÈRES

	Pages
Introduction	1

Chapitre premier
L'art idéaliste et supra-humain 9

Chapitre II
Le sentimentalisme et le réalisme dans l'art. 31

Chapitre III
L'attitude artiste 73

Chapitre IV
L'immixtion de la vie réelle et morale dans l'art 85

Chapitre V
L'art et le beau 103

Chapitre VI
Les arts industriels et l'ornementation 126

Chapitre VII
L'art et le jeu 155

Chapitre VIII
Les formes frustes de l'art. La rêverie et ses suites. L'imagination, l'art actif 184

Chapitre IX
L'art social 240

Chapitre X
L'immoralité de l'art 290

Chapitre XI
La moralité indirecte de l'art 276

Chapitre XII
Vues synthétiques. Le rôle général de l'art et ses tendances   322

Chapitre XIII
L'existence universelle de l'art 361

1-06. — Tours, imp. E. Arrault et Cⁱᵉ.

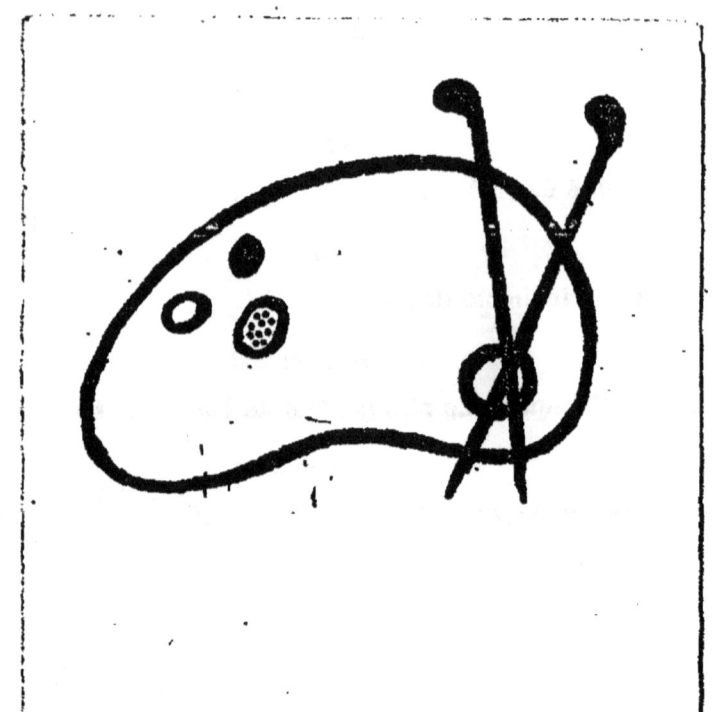

Original en couleur

NF Z 43-120-8

www.ingramcontent.com/pod-product-compliance
Lightning Source LLC
Chambersburg PA
CBHW070437170426
43201CB00010B/1129